COLOR IDENTITY

컬러 아이덴티티

김보민 · 황현희 · 박은경 · 박선주
서우영 · 윤수진 · 윤주현 · 이성심

박영story

Prologue

감정의 시각화 색채심리 소울팝 컨셉 스토리

감정은 인간 존재의 핵심이다. 감정을 인식하고 돌보는 것은 건강한 개인과 사회를 만드는 중요한 요인이다. 우리는 모든 사람이 자신의 감정을 섬세하게 살피고, 이를 주체적으로 표현할 수 있기를 바란다. 감정을 바라본다는 것은 자신을 이해하고, 타인과 연결되며, 삶의 주도권을 회복하는 길이라고 생각하기 때문이다.

하지만, 보이지 않는 복잡한 감정을 이해하기란 쉽지 않다. 불편한 감정들을 '짜증 난다'라고 말하거나, 괜찮지 않은 감정들을 '괜찮아', 벅차오르거나 행복한 감정들을 '좋아'라고 말하는 것처럼 감정을 더욱 모호하고 불명확하게 이해하고 있다. 이러한 감정의 불명확성은 자신과 타인을 이해하고 공감하는 것을 방해하는 주요한 장벽이 된다.

우리는 그러한 간극을 메우기 위해 '색채'를 활용하여 심리학적으로 인간을 이해하기 위한 시도를 하게 되었다. 색은 심리적 반응에 영향을 미치거나, 무의식적으로 특정 감정이나 성향과 연결되기 때문에, 오랫동안 정서적인 언어로써 인간 내면 상태를 이해하고, 감정을 표현하는 데 사용되어왔다.

'소울팝'(Soul Pop)은 단지 추상적인 개념이 아닌, 마음 안에 존재하는 감정의 공간과 다양한 감정으로 가득 채워진 그 사람만의 고유한 '나'를 의미한다. 다양한 감정이 어우러져 형성된 '소울팝' 캐릭터는, 각기 다른 색채의 결합으로 표현되어 개성 있는 나와 타인을 쉽게 이해할 수 있도록 조력자이자 안내자 역할을 한다.

색은 단순한 시각적 자극을 넘어 감정과 사고, 기억과 무의식에 깊이 관여하는 상징적 언어다. '소울팝' 캐릭터는 이러한 색채의 심리적 의미를 시각화하고, 독자들이 보다 '감정과 색-나'의 연결을 통해 직관적으로 자아를 이해할 수 있도록 개발되었다. 이 책을 통해 내면을 탐색하고자 하는 이들에게 유용한 안내서가 되기를 기대한다. 아래는 소울팝의 철학과 컨셉을 이해하기 쉽게 작성된 인사말이다.

여러분은 한평생 하나의 캐릭터로만 살아간다고 생각하시나요?
우리는 다양한 사람들과 환경 속에 살아가며
때에 따라 주요 감정과 그에 맞는 캐릭터를 선택해 살아갑니다.
다면적인 나를 이해하게 되면
'나는 원래 그래'가 아닌 '지금은 그래'로 자신을 이해할 수 있고
하나의 감정이나 캐릭터에 얽매이지 않아
조금 더 자유로운 나를 만날 수 있습니다.
우리는 끊임없이 변화하며, 그런 나를 있는 그대로 받아들일 때
비로소 진정으로 나를 바라보며 사랑할 수 있습니다.
우리 마음속에는 복잡한 감정이 존재하며,
그 모든 감정은 '나'라는 사실을 잊지 않기를 바랍니다.

지금의 나를 사랑하고,

앞으로 변화될 나를

웃으며 반길 수 있는 그 날까지.

이 모든 것이 나야

"All of this is ME. Soul Pop."

Contents

GREEN 133

BLUE 169

PINK 209

ROYAL BLUE 245

MAGENTA 283

VIOLET 325

Color Psychology and Soul Pop Characters

색채심리와 소울팝 캐릭터

색채심리와 인간의 성격 및 감정 특성

색은 언제나 우리 곁에 존재한다. 색이 없다면 사물을 지각할 수 없고, 생명을 유지하는 데 어려운 조건이 된다. 인간은 오감 중 시각을 80% 정도를 활용하며, 색채에 의한 감정 반응이 70%를 차지하기 때문에 뇌에서 결코 거부할 수 없는 삶의 불가결한 필수 요인이라고 할 수 있다. 일반적으로 '색(色)'이라는 개념은 모든 색에 대한 총칭을 말하며, '색채(色彩)'는 물리적인 성질뿐만 아니라, 사물의 이미지나 분위기 등 색이 주는 감각적 느낌이나 감정에 가까워 '색'보다 인지적 개념이 포함된다.

색채는 인간의 심리에 영향을 주며 마케팅, 건축, 교육, 심리치료 분야 등 인간과 관련 있는 모든 분야에서 폭넓게 활용되고 있다. 특히 색채심리학은 인간의 정서적 변화, 사회·문화적 맥락, 개인의 경험을 포함한 상황적 사고(Contextual Thinking)를 이해하는 데 중요한 역할을 한다. 최근에는 색을 인간의 감정과 특징으로 연결해 유형을 파악할 수 있는 도구들이 개발되어, 자신과 타인의 이해를 위한 도구로 활용되고 있다.

인간에게 직접적인 영향을 미치는 색채의 특징은 역사적으로도 철학자와 심리학자들의 관심을 끌었다. 플라톤(Plato)은 색채가 인간의 내면세계를 반영한다고 보았으며, 칼 융(Carl Jung)은 색을 무의식의 메시지를 표현하는 상징적 도구로 간주했으며, 막스 뤼셔(Max Lüscher)는 색을 통해 사람들의 심리적 균형과 내면 욕구를 확인하고자 하였다.

색채를 지각하는 물리적 관점에서 심리적 관점으로 논의되기 시작한 건 괴테(Johann Wolfgang von Goethe)부터이다. 그의 저서 《색채론(Zur Farbenlehre)》은 각각의 색이 인간의 감정을 달리 자극한다고 설명했다. 색과 감정의 연관성을 살펴보기 위해 색을 긍정적 색(warm colors)과 부정적 색(cool colors)으로 나누고, 각각의 색에 감정적 반응을 살펴보았다.

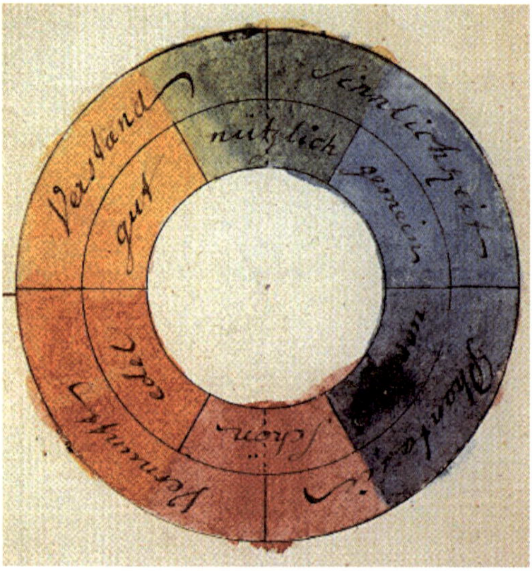

• Johann Wolfgang Goethe: Color Wheel, 1810

특히 괴테의 색상환은 두 개의 원으로 구성되어, 색이 인간의 감정, 인식, 도덕적 가치 판단과 어떻게 상호작용하는지를 시각적으로 설명하고 있다. 외곽의 큰 원은 색이 인간에게 유발하는 인지적·도덕적 판단을 나타내며, 중심의 작은 원은 색을 보았을 때 직관적으로 느껴지는 감정적 반응을 표현하였는데, 옐로(gut:선함, 좋음), 오렌지(edel:고귀함, 고상함), 레드(schön:아름다움), 바이올렛(unnötig:불필요함), 블루(gemein:비열함), 그린(natürlich:유용함)이다. 괴테는 이처럼 색이 인간의 심리에 미치는 영향을 고찰하여 색과 감정의 연관성을 이론적으로 정립했으며, 현대 색채심리학의 기초를 마련하였다.

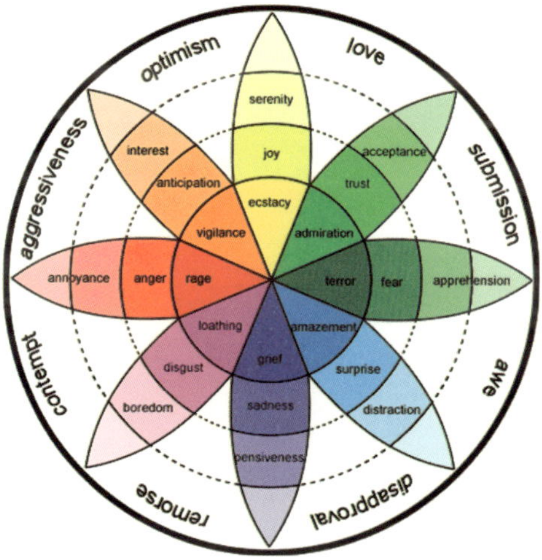

· Plutchik's Wheel of Emotions, 1980

1980년 미국 심리학자 로버트 플루치크(Robert Plutchik)는 색과 감정의 연관성을 찾아 키워드로 정리한 도구로 플루치크의 감정바퀴를 개발했다. 이 도구는 수년간 감정의 구조와 표현 방식을 연구하면서 분노(Anger), 기대(Anticipation), 기쁨(Joy), 신뢰(Trust), 두려움(Fear), 놀람(Surprise), 슬픔(Sadness), 혐오(Disgust)의 여덟 가지 기본 감정이 있다고 제안했다. 플루치크의 감정바퀴는 감정이 하나만 존재하는 것이 아닌,

기본 감정의 강도와 조합에 따라 복합적인 감정을 효과적으로 탐색할 수 있도록 시각화하여, 심리 상담, 교육, 마케팅, 브랜딩 등 다양한 분야에서 활용되고 있다.

색을 통해 개인의 성격유형을 구분하고 해석한 인물로는 스위스 심리학자 막스 뤼셔와 미국의 색채 치유 전문가 하워드 선&도로시 선(Howard Sun&Dorothy Sun)이 있다.

막스 뤼셔는 저서 《4색 인간》에서 4가지 색을 기반으로 8가지 인간 유형을 제시하였다. 그는 인간의 심리를 4가지 주요 색인 레드, 옐로, 그린, 블루로 나누었으며, 개인이 선호하는 색을 통해 감정, 동기, 성격적 특성을 해석할 수 있다고 보았다. 예를 들어 레드를 선택하면 활동적이고 도전적인 성향을 보이며, 옐로는 낙천적이고 창의적인 특성을 가진 것으로 해석된다. 그는 '색은 사람의 내면을 표현하는 무의식의 언어로, 말보다 정직하다'고 표현하였다.

하워드 선&도로시 선은 저서 《Colour Your Life》에서 색채반영리딩(Color Reflection Reading, CRR)이라는 색채심리 진단 기법을 소개하였다. 이들은 색이 인간의 심리와 삶의 방향에 미치는 영향을 오랫동안 연구해 왔으며, 1986년 CRR 기법을 개발하였다. CRR은 레드, 오렌지, 옐로, 그린, 터쿼이즈, 블루, 마젠타, 바이올렛 총 8가지 색상과 함께 각각의 도형으로 구성되었다. 색과 도형이 결합된 CRR은 개인이 선택한 색의 순서에 따라 개인의 본질인 성격, 현재 심리상태인 욕구나 결핍, 내면적 소망과 비전을 이해할 수 있도록 하였다. 이들은 색을 통해 자기 발견과 성장, 정서적 치유가 가능하다고 강조하였다.

이처럼 색을 통해 인간의 심리적 감정 상태와 성격특성을 이해하고, 치유로 이끌어가는 시도는 오랜 시간 동안 이어져 왔다. 색은 단순히 아름다움을 표현하는 시각적 요소를 넘어, 인간의 무의식에 내재된 감정과 성격을 드러내고 해석할 수 있는 강력한 심리 언어로 작용한다.

필자는 디자이너 출신으로, 퇴사 후 2015년부터 퍼스널컬러 진단을 수행해왔다. 수년간 컨설팅을 진행하면서 한 가지 본질적인 고민이 있었다. "외적 아름다움이 내면 치유로 이어질 수 있는가? 내면의 회복이 외적 아름다움으로 확장될 수 있는가? 두 질문이 모두 타당하다면, 단단한 아름다움을 위해 무엇을 우선시해야 하는가?"에 대한 질문이었다. 이는 퍼스널컬러 컨설팅을 받으러 온 이들의 주된 동기가 외적으로 받은 심리적 상처를 치유하기 위한 도구로 퍼스널컬러가 사용됨을 현장에서 반복적으로 확인하면서 비롯된 고민이었다. 필자는 단단한 아름다움이라는 것은 내면에서부터 시작되어야 하며, 그 출발점은 자기 이해에 있다고 보았다. 이후 김보민&황현희는 색채 지각, 색채 심리 반응, 색채 감정 요인, 색채 선호도, 색채 성격유형 등에 관한 선행연구들을 기반으로, 개인의 성격 경향과 감정 상태를 보다 체계적으로 구분하고 이해할 수 있도록 2021년 색채심리성격유형분석(Color Character Type Analysis, CCTA)을 개발하였다.

CCTA는 색채를 활용한 심리검사인 만큼, 결과를 캐릭터로 시각화하여 직관적으로 쉽게 이해하도록 개발되었다. 개인의 내면 색을 상징하는 '소울팝' 캐릭터는 총 9가지로, 레드, 오렌지, 옐로, 그린, 블루, 핑크, 로열블루, 마젠타, 바이올렛으로 구성된다. 이는 삶의 기본적인 욕구를 설명하기 위한 최소 단위로 자극 욕구(오렌지, 옐로, 바이올렛), 지배 욕구(레드, 마젠타, 로열블루), 안정 욕구(그린, 핑크, 블루)로 구분된다. 9가지 색의 성격 특징은 기존 색채심리 연구에서 제시된 색채의 심리적 의미, 상징, 관계성, 성격 특징 및 유형 도구 등을 종합적으로 분석하여 도출한 결과이다.

초기 연구에서는 각 색을 심리적 요소와 연결하여 성격 특성인 동기, 정서, 사고, 행동의 네 가지 요인으로 구분하였다. 또한, 9가지 색과 관련된 단어들을 수집하고, 색의 의미와 성격유형의 구성요소를 확인한 뒤, 중복되거나 빈도가 높은 핵심 키워드를 선별하여 캐릭터별 26개의 대표 키워드를 도출하였다. 이를 기반으로 문항을 개발하였으며, 색채심리전문가, 심리상담전문가, 교육전문가의 검토를 통해 내용 타당도를 확보한 후, 총 135문항으로 구성된 초기 검사 도구를 사용하였다. 이후 실용성과 활용도를 높이기 위한 추가 연구를 거쳐, 현재는 신뢰도와 타당도를 확보한 45개 문항 도구를 사용하고 있다.

CCTA는 한 개인을 하나의 색으로 설명하지 않는다. 인간은 본질적으로 복합적이고 입체적인 성격 구조를 지니고 있기 때문에, 한 사람이 9가지 색상의 성격적 특성을 모두 지니고 있다고 전제한다. 검사 결과는 9가지 캐릭터의 특성을 1순위부터 9순위까지 나열할 수 있으며, 각 캐릭터의 결합 순서와 강도에 따라 해석이 달라지므로 수만 가지 성격 유형 해석이 가능하다. 따라서 CCTA는 복합적이고 정교한 해석이 요구되기 때문에 자격을 갖춘 전문가에 의한 해석을 통해서만 안전한 진단과 상담 또는 교육적 적용이 가능하다. 이에 본 책에서는 누구나 접근할 수 있도록 오픈 소스로 제작된 '소울팝 색채심리테스트'를 기반으로 내용을 풀어가고자 한다.

소울팝 검사 결과와 해석 길라잡이

소울팝 색채심리테스트는 27문항으로 제작되었으며, 소울콘텐츠 공식 홈페이지를 통해 무료로 배포하고 있다. 테스트를 진행하면 개인의 주 성향에 해당하는 1위 캐릭터와 보조 성향인 2위 캐릭터를 확인할 수 있으며, 각각의 결과를 통해 주요 감정, 언어&행동 특징 등을 간략히 확인할 수 있다. 해당 온라인 테스트는 상담과는 달리 주 성향과 보조 성향을 개별적으로 제시하지만, 실제 성격은 주 성향+보조 성향이 결합된 독립적으로 고유한 '나'로서 성격을 입체적으로 이해할 필요가 있다. 또한 상담에서는 9가지 캐릭터의 전체 조합을 종합적으로 분석하여 통합적인 나로 해석하지만, 본 책에서는 모두 다룰 수 없기에 상위 두 색의 조합을 중심으로 주요 성격 특징과 그에 따른 긍정적·부정적 경향을 설명하고자 한다.

이제 본격적으로 책의 내용을 읽기 전에, 사전 준비를 해보자. 독자 중 교육 프로그램 등을 통해 이미 검사를 완료한 경우에는, 기존에 받은 검사 결과지를 펼쳐놓고 내용을 함께 확인하면 된다. 만약, 본 검사를 처음 접하는 독자라면, 다음에 제시된 QR코드를 통해 먼저 색채심리테스트를 진행한 후 이 책을 읽어가는 것을 권장한다.

자신의 검사 결과 기록하기

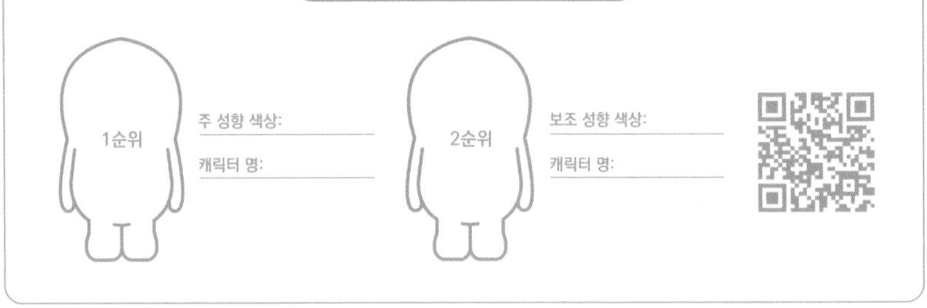

QR코드에 제시된 검사는 27문항으로, 본 검사인 45문항 구성과는 차이가 있어 실제 검사 결과와 상이한 순위가 나타날 수 있다. 27문항의 합산 점수는 9개의 캐릭터의 중복 순위가 다수 발생하기 때문에, 일부 캐릭터가 동점일 경우 미리 설정된 우선 순위 기준에 따라 결과가 산출되도록 코딩되었다. 따라서 QR코드 검사를 진행한 독자는 1순위+2순위의 단순 결합 해석에 그치기보단, 다양한 각도로 해석하며 자아의 초점을 정밀하게 맞춰보는 것을 추천한다.

색채심리성격유형분석의 결과 중 1순위가 레드, 오렌지, 옐로, 그린, 블루, 핑크, 로열블루, 마젠타 중 하나인 경우와, 1순위가 바이올렛인 경우 책을 읽는 방법은 서로 다르다.

검사 결과가 레드, 오렌지, 옐로, 그린, 블루, 핑크, 로열블루, 마젠타가 1순위로 나타난 독자는 다음과 같은 순서로 책을 읽기 바란다. 예시는 1순위가 그린, 2순위가 마젠타인 경우이다. 읽는 방법은 다음과 같다.

읽는 방법 예시

1. 그린 읽기
2. 그린+마젠타 읽기
3. 마젠타 읽기
4. 마젠타+그린 읽기
5. 그린과 챕터에 나온 모든 컬러 조합 읽기
6. 마젠타와 챕터에 나온 모든 컬러 조합 읽기

대부분은 그린 또는 마젠타의 단독 설명보다 그린+마젠타 또는 마젠타+그린의 결합 설명이 자신을 더 정밀하고 세밀하게 설명한다고 느낀다. 그러나 결합 설명보다 그린 또는 마젠타의 단독 설명이 더 잘 맞는다고 느껴진다면, 이는 하나의 단일 컬러가 결합된 컬러들보다 더 강한 심리적 비중, 즉 매우 높은 치수를 갖는다는 뜻으로 해석할 수 있다. 추가적으로 '5. 그린 챕터에 나온 모든 컬러 조합 읽기, 6. 마젠타 챕터에 나온 모든 컬러 조합 읽기'를 통해 후순위 성향까지 유추해볼 수 있다.

두 번째는 바이올렛이 1순위로 제시된 경우이다. 바이올렛은 예술적이고 창의적이며 독특한 성격을 가진 캐릭터인 만큼, 해석하는 방법 또한 특별하다. 바이올렛은 뒤에 오는 2순위 캐릭터에 따라 해석법이 다시 3가지로 나눠진다.

첫 번째 1순위가 바이올렛이면서, 2순위 레드, 오렌지, 옐로가 결합된 경우 '발산형 바이올렛(열정적 바이올렛)'에 해당된다. 예시는 1순위가 바이올렛, 2순위가 레드인 경우이다. 읽는 방법은 다음과 같다.

읽는 방법 예시

1. **바이올렛** 읽기
2. **바이올렛** 캐릭터 발산형 읽기
3. **바이올렛**+**레드** 결합 읽기
4. **레드** 읽기
5. **레드**+**바이올렛** 결합 읽기
6. 바이올렛 챕터에 나온 모든 컬러 조합 읽기

두 번째 1순위가 바이올렛이면서, 2순위 그린, 블루, 로열블루가 결합된 경우 '수렴형 바이올렛(조용한 바이올렛)'에 해당된다. 예시는 1순위가 바이올렛, 2순위가 그린인 경우이다. 읽는 방법은 다음과 같다.

읽는 방법 예시

1. **바이올렛** 읽기
2. **바이올렛** 캐릭터 수렴형 읽기
3. **바이올렛**+**그린** 결합 읽기
4. **그린** 읽기
5. **그린**+**바이올렛** 결합 읽기
6. 바이올렛 챕터에 나온 모든 컬러 조합 읽기

세 번째 1순위 바이올렛 2순위 핑크, 마젠타가 결합된 경우 '선택형 바이올렛(선택적 바이올렛)'에 해당된다. 예시는 1순위가 바이올렛, 2순위가 핑크인 경우이다. 읽는 방법은 다음과 같다.

읽는 방법 예시

1. 바이올렛 읽기
2. 바이올렛 캐릭터 선택형 읽기
3. 바이올렛+핑크 결합 읽기
4. 핑크 읽기
5. 핑크+바이올렛 결합 읽기
6. 바이올렛 챕터에 나온 모든 컬러 조합 읽기

마찬가지로 바이올렛의 단독 설명보다 바이올렛+2순위 또는 2순위+바이올렛의 결합 설명이 자신을 더 정밀하고 세밀하게 설명한다고 느낀다. 그러나 결합된 설명보다 바이올렛의 단독 설명이 자신과 더 잘 맞는다고 느껴진다면, 이는 바이올렛의 단일 컬러가 결합된 컬러들보다 더 강한 심리적 비중, 즉 매우 높은 치수를 갖는다는 뜻으로 해석할 수 있다. 추가적으로 '3. 바이올렛+2순위 결합 읽기 4. 2순위 읽기 5. 2순위+바이올렛 결합 읽기 6. 바이올렛 챕터에 나온 모든 컬러 조합 읽기'를 통해 후순위 성향까지 유추해볼 수 있다.

마지막으로, 상위 두 캐릭터가 전혀 다른 특성을 지닌 결합으로 인해 모순적 상태가 되었을 때, 이를 어떻게 해석하고 이해하면 좋을지 이야기하고자 한다.

우리는 삶을 살아가면서 종종 상반된 감정이나 태도를 동시에 경험한다. 친한 친구와 대화를 나누는 시간은 즐거웠지만, 집으로 돌아가는 길에는 괜히 만났나 싶은 공허함이 밀려오기도 하고, 깊은 사랑을 느낄수록 오히려 외로움이 커지기도 한다. 일할 때는 독사처럼 냉정한 태도를 일관하면서도, 집에 돌아오면 강아지처럼 귀엽고 따듯한 내가 나타나기도 한다. 이처럼 우리 안에는 서로 다른 성향과 감정들이 공존하며, 때로는 그것들이 충돌해 고민과 혼란을 느끼게 된다.

모순적인 성격 특성의 결합은 일, 감정, 관계 등 상황에 따라 다르게 발현된다. 예를 들어 1위가 레드이며 2위가 로열블루인 경우, 일을 실행하는 데 있어 모순된 감정을 지닌다. 레드는 불가능해 보이는 일이라도 직접 해보지 않으면 직성이 풀리지 않는 성향이라면, 로열블루는 경험하지 않아도 결과를 예측할 수 있기 때문에 불가능하다는 판단이 들면 절대 실행하지 않는다. 이처럼 정반대인 특성의 조합이 바로 '나'라는 것이다.

관계에서 나타나는 모순의 예로는 로열블루+핑크의 조합을 들 수 있다. 로열블루는 사람들에 대한 관심이 없으며, 타인의 부정적 평가에도 '그건 네 생각이고, 너나 잘하세요'와 같은 반응을 보인다. 반면, 핑크는 타인에게 친절하면서도 예민성이 높아 부정적 평가에 하루가 흔들릴 만큼 감정이 크게 요동친다. 이처럼 상반된 성향의 사람들은 관계를 맺고 유지하는 과정에서 내면의 충돌이 일어나 불협화음을 겪게 된다.

기업이나 센터, 청소년과 성인 등 다양한 교육 현장에서 유형을 분석해보면, 생각보다 많은 이들에게서 모순적인 캐릭터 조합이 나타나는 것을 쉽게 볼 수 있다. 이러한 조합은 선택의 순간마다 양면적인 감정이 나타나기 때문에, 머릿속이 복잡해지고, 왜 이랬다 저랬다 하는지 스스로 잘 이해하지 못한다.

그렇다면 모순적인 특성의 결합이 꼭 나쁜 것일까? 앞으로 소개될 모든 캐릭터들은 각자 다른 방식으로 모순적인 상태를 지닌다. 이러한 모순적인 캐릭터의 조합은 자신을 긍정적 또는 부정적인 방향으로 흘러가게 할 수 있다. 모순적인 캐릭터를 긍정적으로 사용하는 방법은, 무엇보다도 '내가 그러한 특성을 지니고 있다'는 인지에서 시작된다. 그 사실을 지각하는 순간, 각각의 모순된 컬러는 서로의 단점을 보완하고 장점을 극대화하는 방향으로 작동하게 된다. 이러한 이해는 나를 가장 효과적으로 이해할 수 있는 방법을 찾아가는 데 중요한 열쇠가 된다.

교육 중 한 참여자가 고개를 갸우뚱거리며 다가왔다. "대표님. 저는 레드+그린인데요. 레드는 저돌적으로 부딪히고 문제를 해결하며 리더십 높은 사람이고, 그린은 오랫동안 인연을 맺은 사람들에게 친절함과 깊은 유대감으로 일을 안정적으로 처리하는 사람으로 나왔어요. 저는 영업을 하는 사람입니다. 영업을 좋아하긴 하지만, 때때로 사람들과 부딪칠 때면 높은 스트레스를 받아요. 직업이 잘 맞는 것 같으면서도 아닌 느낌을 하루에도 몇 번이나 받아요. 왜 그러는 걸까요?" 필자가 준 답은 이랬다. "일을 시작할 때면 활기찬 에너지로 기분 좋은 시작이 되지만, 새로운 사람들을 만나고 나를 피하는 느낌이 들 때면 높은 스트레스로 그만둬야 하나, 맞지 않는 건가 생각하셨을 것 같아요. 그러나 조금만 더 참아보세요. 시간이 흘러 신규 고객이 장기 고객으로 넘어가게 되면 스트레스는 줄고, 수익은 쉽게 늘어나 천직을 만났다고 생각하실 겁니다."

레드가 영업을 할 때면 당장의 빠른 수익화에 초점이 맞춰진다. 그러나 사람을 많이 만날수록 스트레스를 받는 그린이 2위 캐릭터라면, 영업 초반에는 속이 썩어 들어가는 듯한 스트레스 속에서 꽤나 힘든 시간을 보냈을 것이다. 하지만, 영업이 어찌 돌진하는 자에게만 성공을 가져다 주겠는가. 영업은 결국 사람과 사람이 만나서 이루어지는 일이기 때문에 관계 중심의 색인 핑크, 그린, 마젠타 같은 성향도 함께 필요하다. 특히 그린은 사람을 오래 만나고 정성을 들일수록 진실되고 착한 마음이 상대방에게 자연스럽게 전달돼 추가 거래나 장기 거래로 이어지는 데 수월할 수 있다. 레드의 불같이 도전하고 시도하는 행동력은 그린이 갖기 어려운 레드의 긍정성이며, 차분하고 따듯한 마음을 전달하며 신뢰를 쌓아가는 방식은 레드가 쉽게 가질 수 없는 그린만의 긍정성이다. 이처럼 모순적인 결합은, 어떤 일을 실행하거나 중요한 선택을 해야 할 때 1위인 주된 캐릭터를 중심으로 사용하고, 그 캐릭터의 단점을 보완하는 것으로 보조 성향을 활용할 수 있다.

본 책에는 수많은 모순 컬러의 조합이 등장한다. 책의 내용을 통해

'나를 깊게 이해하는 순간'을 경험하게 된다면, 모순되어 보이던 캐릭터들이 서로 상호보완하며, 오히려 특별하고, 때로는 천재적인 특성으로 발현될 수 있다는 사실을 알게 될 것이다.

책장을 넘기기 전, CCTA 검사지 또는 QR코드를 통해 색채심리테스트를 완료하고, 자신의 1순위와 2순위 컬러를 기록했다면, 진솔하고도 투명한 자아를 만날 준비가 끝났다. 이제부터는 자신에게 해당하는 1순위 컬러 페이지로 넘어가, 나와 닮은 캐릭터를 만나고, 속마음을 나누며 '나'를 이해하고, '타인'을 공감하는 시간을 가져보기를 바란다.

“COLOR IDENTITY”

당신 안의 본질은 어떤 색으로 빛나는가?

그동안 외면했거나 놓쳐왔던 ‘나’를

다시 바라보는 순간이 되기를.

RED

열정

추진력

도전적

진취적

용기 있는

성취 지향

생존 본능

인정욕구

도발적인

단순한

과도한 흥분

경쟁 중독

강압적

분노

공격적

충동적

RED

레드에게 불가능은 없다.
더 높은 산을 만나더라도 정복의 야망이 있는
레드는 일단 산을 향해 걸음을 옮긴다.

태초에 인류는 생존과 연관 있는 혈액, 음식과 체온을 책임지는 불, 모든 생명의 원천 에너지인 태양 등의 요소로 가장 먼저 레드(Red)를 색으로 인식했을 것이다. 레드는 컬러 스펙트럼(Color Spectrum)에서 가시광선이 가장 긴 컬러로 에너지를 멀리 전달하여 시각적 주목성이 높다. 신호등의 정지신호나 위험 약품 경고 라벨처럼 생명과 연관되어 즉각적인 주의가 필요한 경우에 사용되는 이유이다.

오늘날 우리가 인식하고 있는 빨강 또는 핑크의 붉은색은 여성을, 파랑은 남성을 상징하는 등식을 자연스럽게 받아들이고 있지만, 과거에는 빨강이 남성, 파랑이 여성을 상징했다. 고대 전사들은 전쟁, 용기, 공격성, 승리의 의미를 담아 레드를 사용했으며, 군복에는 남성의 힘과 용기를 상징하는 표식으로 레드를 활용했다. 색채론을 작성한 괴테(Johann Wolfgang von Goethe)는 빨강을 '색의 여왕'이 아니라 '색의 왕'이라고 말한 것처럼 왕의 권력을 상징하는 의복에도 자주 사용되었다. 이처럼 과거에 빨강은 힘과 적극성, 공격성, 권력의 색으로 남성성을 강조하는 색으로 인식되었다.

여러 언어권에서 빨강을 뜻하는 남자 이름을 다수 발견할 수 있는데, 붉은 머리카락이나 피부를 뜻하는 이름으로 라틴어 루프스(Rufus), 스코틀랜드 게일어 Ruadh에서 파생된 로이(Roy), 영미권에서 부르는 러셀(Russell)이 있다. 그밖에 아담(Adam)은 빨간 흙으로 빚은 사람을 뜻한다. 이에 반해 빨간색에 관한 여자 이름은 거의 없다. 이러한 사실만으로도 과거에는 빨강을 남성의 색으로 보았지만, 오늘날 레드는 사랑, 열정, 로맨스와 연결되거나 빨간 립스틱, 장미, 드레스 등 여성과 관련된 장면에서 흔히 볼 수 있는 것처럼 빨강은 시간의 흐름에 의해 남성이 아닌 여성의 색으로 인식되고 있다. 이처럼 색채에 대한 감정과 해석은 불변하는 것이 아니라 시대적 흐름과 배경, 환경적 요인에 의해 끊임없이 변화된다.

레드는 인간의 신경을 자극하는 대표색으로 심리적 특징을 살펴보면, 쉽게 흥분을 유발하며 불안을 초래하거나, 높아진 각성 상태로 인해 시간을 더 길게 느껴지게 만든다. 또한, 긴박하고 흥분된 감정을 느끼게 하여 빠른 행동력과 결정을 내리는 동기에 영향을 미친다. 레드의 긍정적 키워드는 결단력, 리더십, 자신감, 열정, 추진력, 적극성, 도전 정신, 동기 부여 등이 있으며, 부정적으로는 분노, 공격성, 과도한 흥분 상태, 충동적 행동 등이 있다.

노르웨이의 화가 뭉크(Edvard Munch)의 '절규'는 빨강의 심리적 표현을 잘 나타낸 작품 중 하나이다. 뭉크는 자신의 일기에 빨강에 대해 다음과 같이 묘사했다.

"나는 두 명의 친구와 길을 걷고 있었다. 일몰을 보고 있었다. … 하늘이 갑자기 피처럼 빨갛게 바뀌었다. 나는 그 자리에 발걸음을 멈춘 채 다리 난간에 가까이 갔다. 굉장히 피곤한 상태였다. 검푸른 피오르드(협만)와 도시 위에는 피와 혀 같은 노을이 물들어 있었다. 친구들은 계속 걸었고, 나는 남았다. 나는 공포에 떨면서 풍경을 뚫어지게 응시하면서 큰 외침을 들은 것이다."

죽음에 대한 불안함을 역동적이고 강력한 이미지를 가지고 있는 레드를 통해 표현했다. 뭉크는 레드를 피와 연관 지어 삶과 죽음, 고통, 희생의 상징 등 원초적인 색으로 해석한 것을 볼 수 있다. 또한, 레드는 인간의 강한 감정을 전달하는 매개체로 활용되어, 강렬한 자기표현 욕구와 감정의 폭발적인 분출을 극대화하는 역할을 했다. 내면의 고통이 붉은 하늘로 확장되는 심리적 투영은 레드의 심리적 특성을 잘 드러낸 작품이기도 하다.

색채심리학에서는 색을 인간의 상호작용과 연관지어, 정서적 · 신체적 행동 변화를 발산과 수렴의 에너지로 설명하고 있다. 레드와 같이 붉은색 계열은 정서를 자극시켜 행동을 촉진시키는 발산적 에너지를, 블루와 같이 푸른 계열은 혈압을 낮추고 정서를 차분하게 하는 수렴적 에너지로 설명한다. 색 중에서 가장 긴 파장을 지닌 레드는 빛을 발하는 색으로 안에서 밖으로 에너지를 표출시키는 특성이 있다. 엄청난 에너지를 생성해 가는 생(生)의 색으로 무엇보다 강렬하게 각인되는 색이다.

레드의 심리적 특성을 닮은 레드 유형의 사람은 마음에 활화산을 담고 있다. 그 활화산은 붉게 끓어오르고 뜨거워 한평생 '타오르고 폭주하는' 나를 마주하게 된다. 그 어느 누구도 레드의 폭주와 열정을 멈출 수 없고 당사자인 자신도 얼마나 끓어오르고 있는지, 언제 터져 번아웃이 오는지 모르고 넘실대는 용암을 안고 살아간다.

눈앞에 켜켜이 산적해 있는 일들을 해결해 나갈 때 희열감을 느끼지만, 그 수많은 일을 처리하고 나면 공허함과 무기력한 자신을 마주하게 된다. 그때서야 비로소 내가 번아웃이라는 것을 알아차린다. 따라서 레드 유형은 빠른 속도로 달려가는 만큼 스스로에게 의도적인 쉼을 주어야 한다. 잘 쉬어야 오래 달릴 수 있음을 깨닫고 자신의 열정 에너지를 건강하게 불태우기 위해 곳곳에 쉴 수 있는 자리를 마련해야 한다.

자신을 불태우며 앞으로 나아갈 때 희열감을 느끼는 레드에게 만약 삶에 목표가 없다면 어떤 느낌일까? 열정, 에너지 추진력을 장착한 레드 캐릭터 '뿌시(BBUSI)'를 분석해보자.

레드 캐릭터 뿌시 BBUSI

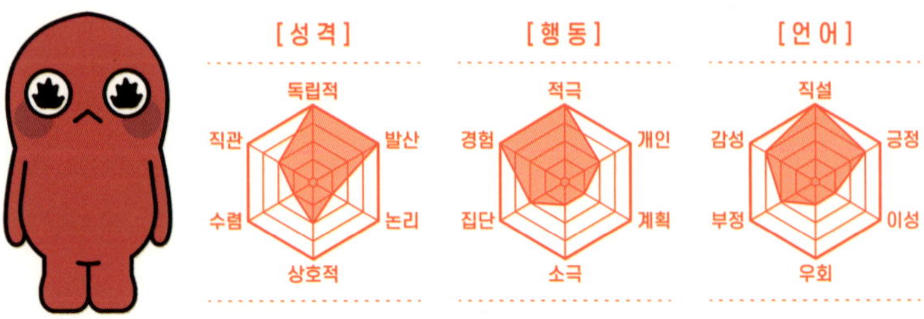

레드 캐릭터 뿌시(BBUSI)의 특성 그래프

앞으로 나아가 쟁취하는 즐거움

높은 온도로 모든 것을 녹이며 앞으로 나아가는 용암의 색 레드의 심리학적 키워드는 열정의 힘이다. 인간의 특성을 언어적 습관과 연결하면 다음과 같다. “자 나를 따르라, 나에겐 불가능이란 없다, 고민보다 일단 하자, 몸이 부서질 때까지 앞으로, 내가 승리한다!”. 경쟁과 대립 구도 속 자신의 역량을 펼쳐내는 것에 살아있음을 느낀다.

모든 것을 부숴버린다는 의미의 뿌시의 매력은 강렬하고 뜨거운 외적 모습과 조화를 이루는 순수한 열정에 있다. 내면 깊은 곳에서 타오르는 불꽃은 눈빛에 고스란히 나타난다. 뿌시는 열정이 넘치고 의지가 강하며, 자신이 믿는 가치를 향해 끊임없이 전진하며 어떤 역경 속에서도 꺾이지 않는 불굴의 모습을 보인다.

뿌시는 행동을 할 때 심사숙고하며 조심히 처리하기보다 속전속결로 빠르게 행동하며 추진해 나간다. 어떤 문제가 다가와도 충분히 돌파하며 앞으로 나아갈 수 있다는 자기 믿음과 성공한 내 모습에 집중되어 있기 때문이다. 빨강하면 떠오르는 연상 단어인 열정, 적극적, 활동적, 속도감, 쟁취, 승리 등과 같이 뿌시의 에너지 방향은 밖으로 향하고 있다. 머릿속으로 하는 간접경험보다 바로 부딪치고 실행하며 전진할 수 있는 직접경험을 선호하는 이유이다. 이러한 특징은 조심성이 높아 돌다리를 두드리는 데 오래 걸리는 그린과 핑크, 실수와 실패가 싫어 여러 고민과 계획을 세우는 데 오랜 시간이 걸리는 블루와 로열블루를 이해하고 받아드리는 데 어려움이 있다.

뿌시의 행동력은 앞으로 나아가는 것을 넘어 원하는 것을 쟁취하는 것에 높은 가치를 둔다. 쟁취하려는 목적이 너무 높거나 불가능에 가깝다는 생각이 들면, 나아가는 길이 괴롭거나 다른 길로 새어나갈 수 있다. 내가 만약 하루하루가 버겁다고 느끼는 경우, 잠시 발걸음을 멈추고 손에 잡힐 것 같은 단기 목표를 설정하는 것이 필요한 순간일 것이다. 게임을 보면 한 번에 최종 보스 단계로 가는 게임은 없지 않은가? 지루하고 재미가 없기 때문이다. 최종 목표로 가는 길에 여러 퀘스트를 설정해 보자. 지치지 않고 한 걸음 한 걸음 걸어가는 것이 즐거움의 연속이 될 것이다.

극단적 감정분출의 뿌시

뿌시는 감정조절에 중간이 없다. 외부의 자극에 바로 반응하고 실행하는 캐릭터로 자신이 원하는 대로 상황이 이루어지지 않으면 분노라는 감정으로 정서를 표출하게 된다. 타인의 생각과 의견을 들을 새도 없이 결과에 빠르게 도달하는 것에 방점이 찍혀있어 중요한 결정이나 방향을 전환하는 데 자신의 판단을 최우선으로 삼는다. 타인의 생각이나 감정들이 잡음으로 들려, 일을 진행하는 데 방해요인이 된다고 생각하기 때문이다.

뿌시의 감정분출은 일에 국한되지 않는다. 답답해하는 모든 순간에 감정은 분출된다. 걸어가는 길에 있는 돌부리를 피하기보다 발로 차는 모습과 같은데, 작은 돌이든 큰 돌이든 발로 차 스스로 다치게 하기도 한다. 뿌시는 자신에게 주도권이 있을 때 편안함을 느끼기 때문에 부드러움보다는 직설적이고 단호한 커뮤니케이션을 즐겨한다. 그러기에 자신에게 통제권이 없다는 생각이 들거나 누군가가 자신을 통제하려 들면 갑작스러운 감정분출이 일어난다. 이로 인해 상처받은 사람들이 주변에 많아지고, 나에게 쓴소리하는 괜찮은 사람들은 사라진 상태이며, 아첨하는 사람들만 남기도 한다.

좋은 사람을 곁에 두기 위해서는 자신의 분노가 무엇 때문에 올라오는지 알아차림의 과정이 필요하다. 감정을 알아차리는 데 도움이 되는 가장 쉬운 방법은 매일 밤 감정일기를 작성하는 것인데, 조용한 곳에서 글을 쓰며 사유하는 것을 좋아하지 않는 뿌시에게는 숙제와도 같을 것이다. 몸을 움직이며 사유할 방법으로는 가벼운 산책이나 조깅을 추천한다. 달리면서 생각해 보자. 내 주변에는 어떤 사람들이 남아있는지. 달콤한 말로 현혹하며 올바른 의사결정을 방해하는 사람이 많은 건 아닌지. 좋은 사람을 곁에 두기 위해서 나의 감정을 어떻게 관리해야 하는지 말이다.

도파민으로 이루어진 삶을 사는 뿌시

뿌시는 다른 캐릭터보다 하루를 48시간처럼 사용한다. 결정도 빠르고 행동도 빠르기에 많은 일들을 한 번에 처리한다. 다른 사람들이 보기에 '과연 저 많은 일들을 어떻게 처리하려고 하지?' 하는 일도 거뜬히 해낸다. 많은 일들을 받다 보니 일 폭주기관차가 되어 질주하지만 멈추는 법을 모르는 경우가 많다. 일을 하나씩 끝내는 순간을 희열감과 뿌듯함으로 느끼기에 도파민 중독으로 연결되기도 한다. 자신의 에너지가 소진되는지 모르고 달리는 뿌시는 몸의 이상 신호로 번아웃이 온다. 레드 성향이 강한 사람들의 주요 취약점 중 하나는 자신의 에너지를 조절하는 데 어려움을 겪는 것이다. 루틴화된 일상을 만들고 스트레스 조절 방법을 갖고 실행할 필요가 있다. 에너지가 바깥으로 향하는 타입으로, 운동 같은 발산적 활동이 스트레스 해소에 잘 맞는다.

뿌시에게 가장 필요한 것은 신체 나이와 마음 나이 사이의 간극, 그리고 스스로 감당할 수 있다고 믿는 에너지와 실제로 감당 가능한 에너지 사이의 간극을 조절하는 것이다. 다른 캐릭터보다 발산 에너지 레벨이 높다 보니 수용 가능한 에너지의 한계를 잘 알지 못하며, 한계를 넘어선 순간 도파민 과잉으로 살아있다 착각하며 중독에 빠질 수 있다. 따라서 자신의 에너지를 조절하는 것이 뿌시의 삶에 중요한 포인트가 된다.

자신의 한계를 넘어선 에너지 폭발은 놀라운 성과와 추진력을 만들어 내지만, 다른 한편으로는 심각한 소진과 번아웃의 위험을 동반하기 때문에 반복적인 일상, 아무것도 일어나지 않는 일상을 잘 견디고 바라보는 삶의 자세가 요구된다.

신체 나이가 언제나 20대가 아님을 우리는 알고 있다. 에너지 발산을 현명하게 조절해야만 장기적으로 자신의 영향력을 지속할 수 있다. 도파민의 유혹에 완전히 빠져들지 않으면서도, 자신의 열정과 에너지를 건강하게 유지하는 것. 이것이 바로 뿌시가 배워야 할 중요한 삶의 기술이다.

레드의 혼합 컬러 해석

R O 레드+오렌지 결합

주 성향 레드
보조 성향 오렌지

레드+오렌지 유형은 서로 다른 에너지의 충돌이 삶의 도전 과제가 된다. 레드는 강렬한 목표 지향성과 추진력을 갖고 고지를 향해 달려가는 반면, 오렌지는 즐겁고 재미있는 현재의 순간에 집중하며 여유로운 삶을 추구한다. 따라서 두 색의 결합은 '목표를 향해 강하게 매진해야 하나, 이 순간을 즐기며 살아야 하나'라는 내적 갈등을 자주 경험하게 된다. 이 결합은 마치 열정적인 모습과 즐거움을 추구하는 삶의 모습이 동시에 존재하는 것과 같다.

레드+오렌지 유형이 강력한 성과를 이루기 위해서는 체계적인 계획과 실행이 필요한데, 오렌지의 특성상 재미있고 즐거운 일들에 쉽게 이끌려 계획에서 벗어나는 경우가 많다. 마치 운동선수가 엄격한 훈련계획을 세워놓고도 친구들과의 즐거운 약속에 자꾸 흔들리는 것처럼, 이들은 강한 의지와 즐거움 사이에서 끊임없이 고민하게 된다.

R O 긍정성 '열정의 즐거움으로 세상을 이끌다'

레드+오렌지 결합의 강점은 강력한 추진력과 유쾌한 창의성의 조화에 있다. 레드의 열정은 목표를 향해 달려가게 하는 힘을 제공하고, 오렌지의 밝은 에너지는 그 과정을 즐겁고 창의적으로 만든다. 따라서 두 결합의 장점은 열정적인 실행력과 유쾌한 문제해결 능력을 동시에 갖추고 있다는 점이다.

레드의 주 특징인 거침없는 실행력과, 자신의 현재 삶의 즐거움이 우선순위인 오렌지의 결합은 '새로운 것을 찾고 행동하는 삶은 늘 즐거워'이다. 긍정적 에너지를 밖으로 발산하고, 말로만 머물지 않고 행동으로 실천하는 행동파에, 재밌고 흥미로운 것으로 연결하는 행동력까지 갖추고 있어, 레드+오렌지 결합과 함께 있으면 해보지 않은 경험을 마주하게 될 가능성이 높다. 이들은 바쁜 일상에서도 자신이 원하는 취미와 여행을 다 해내는 능력이 있으며, 주변인들에게 늘 가능성을 제시하며 결과에 이르도록 이끄는 매력이 있다.

드라마에서 찾아본다면 〈응답하라 1988〉의 '성덕선' 캐릭터를 꼽을 수 있다. 자기 생각과 감정표현에 거침이 없으며, 가족들에게 의견을 제시할 때에도 눈치 보지 않고 직접적으로 강하게 표현하는 모습은 레드와 닮아있다. 또한, 일상의 재미인 웃긴 춤에 빠져있으며, 다운된 분위기 전환을 위해 위트 있는 농담을 하거나, 나이 상관없이 장난치며 웃음을 퍼트리는 모습은 오렌지와 닮아있다. 드라마 장면 중 레드와 오렌지의 캐릭터를 제대로 보여주는 장면이 있다. 성덕선과 친구들이 수학여행 장기자랑 대회에서 일등을 해, 갖고 싶었던 마이마이를 획득하기 위해 춤을 연습하는 장면이 나온다. 열심히 연습해 수학여행 길에 오르지만, 댄스대회 전날 친구들이 몰래 담을 넘다 다리를 다치는 사고가 발생한다. 성덕선은 고민하다 결국 옆 고등학교 동네 남자친구들에게 직접 무대에 올라가 춤을 추도록 명령 같은 부탁을 하고, 일등을 하게 된다. 문제가 발생했을 때 포기하지 않고 기지를 발휘하여 쟁취하는 것, 또한 긍정적인 감정을 심어주고 격려하며 목표하는 것으로 끝까지 이끄는 모습은 레드+오렌지의 특성을 잘 보여준다.

이처럼 레드+오렌지의 긍정성은 강력한 추진력과 밝은 에너지의 결합으로, 목표를 향해 나아가는 과정 자체를 즐겁고 창의적인 여정으로 만드는 특별한 능력을 보여준다. "성공이란 즐기면서 하는 것"이라는 문장은 레드+오렌지의 본질을 잘 보여준다.

R O 부정성 '목표로 향한 길을 방해하는 충동적 쾌락'

레드+오렌지 결합의 부정성을 보여주는 극단적인 예시 중 하나로 운동선수를 들 수 있다. 운동선수에게서 드러나는 부정성은 마치 내면의 격렬한 갈등과도 같다. 레드가 가진 강력한 목표 지향성은 끊임없이 승리와 성과를 향해 달려가고자 하지만, 오렌지의 충동적이고 즐거움을 추구하는 본능은 목표로 향한 여정을 방해하는 요인이 된다.

운동선수가 엄격하게 계획한 훈련 일정은 오렌지의 유혹에 쉽게 흔들린다. 마치 치밀하게 준비한 식단과 운동 계획이 친구들과의 즐거운 모임이나 순간의 유혹에 무너지는 것처럼, 이 유형은 목표 달성을 방해하는 충동적 쾌락에 취약하다.

레드의 거침없는 추진력은 때로 과도한 자신감으로 변모하고, 오렌지의 모험심과 결합하면 불필요한 위험을 감수하게 만든다. 부상의 위험을 무시하고 극단적인 훈련을 강행하거나, 장기적인 경력 관리보다 순간의 즐거움을 우선시하는 모습은 이 유형의 전형적인 부정성을 보여준다.

감정의 스펙트럼이 넓은 이 유형은 열정과 즐거움 사이에서 끊임없이 흔들리며, 동기 부여의 일관성을 잃어버리기 쉽다. 성과에 대한 즉각적인 보상을 갈망하며, 인내심 있게 긴 여정을 견디는 데 어려움을 겪는다. 레드+오렌지 유형의 운동선수에게 부정성은 단순한 약점이 아니라 잠재력을 방해하는 내적 방해물이다. 이들의 역동적인 에너지는 통제되지 않으면 오히려 성장을 저해하고, 목표 달성의 길을 우회로로 만들어버린다.

그러나 역설적으로 이 에너지를 제대로 다스릴 줄 안다면, 그 어떤 운동선수보다도 더욱 창의적이고 열정적인 여정을 만들어갈 수 있을 것이다. 이러한 문제를 해결하기 위해서는 순간의 즐거움과 충동을 절제하는 법을 배워야 한다. 강력한 추진력이 긍정적인 결과로 이어지기 위해서는 책임감 있는 판단과 신중한 행동이 반드시 필요하다는 것을 인식해야 한다.

"당신의 열정은 진정 목표를 향해 가는 길인가, 아니면 순간의 즐거움에 불과한 도파민적 행동인가?"라는 질문을 스스로에게 자주 던지자.

주 성향 레드
보조 성향 옐로

R Y 레드+옐로 결합

레드의 강력한 추진력은 옐로의 창의적인 아이디어를 실현시키는 원동력이 된다. 옐로는 레드가 제공하는 실행력과 결합하여 혁신적인 도전을 두려워하지 않고 새로운 영역을 개척해나간다. 레드+옐로는 시간이 흐를수록 열정적인 도전정신과 창의적 발상이 시너지를 이루며, 자신만의 독특한 성공 방식을 구축하고 이를 바탕으로 새로운 가치를 창출하는 특징이 있다.

이들은 도전을 두려워하지 않으며 실험정신이 강하고, 문제를 해결하는 과정에서 기존의 틀을 깨는 혁신적인 시도를 통해 새로운 패러다임을 제시하고 변화의 선도자로 인정받으며 성장한다. 레드의 불굴의 의지와 옐로의 창의성이 만나 독보적인 혁신을 이뤄내는 것이 이들의 가장 큰 특징이다. 요즘 같이 격변하는 시대에 잘 어울리는 컬러가 아닐까 싶다.

R Y 긍정성 '열정으로 혁신을 창조하다'

레드+옐로의 결합은 강력한 추진력과 창의적 발상이 만나 혁신적인 변화를 이끌어내는 특별한 시너지를 만들어 낸다. 레드의 불타는 열정은 옐로의 독창적인 아이디어를 현실화시키는 원동력이 되며, 이들은 '상상을 현실로 만드는 혁신가'의 모습을 보여준다. 이러한 특성을 잘 보여주는 인물로 스티브 잡스(Steve Jobs)를 들 수 있다. 그는 레드의 주도적인 추진력으로 '불가능은 없다'는 신념을 실천하며, 옐로의 창의성으로 세상을 놀라게 할 혁신적인 제품들을 탄생시켰다. 아이폰이라는 혁신적 제품을 구상했을 때, 많은 사람들은 불가능하다고 했지만, 그의 창의적 비전과 확고한 실행력은 불가능을 가능으로 바꾸어냈다.

레드+옐로의 특징적 강점들을 나열하면 다음과 같다. 혁신적인 아이디어를 실현시키는 강력한 실행력, 문제해결에 대한 창의적이고 대담한 접근, 변화를 두려워하지 않는 도전정신 그리고 새로운 가치를 창조하는 혁신적 사고를 들 수 있다. 이들은 특히 기존의 틀을 깨는 혁신이 필요한 상황에서 빛을 발한다. "다르게 생각하고, 강력하게 실행하라"는 말은 이들의 특성을 잘 보여준다.

RY 부정성 '성공 보장 유혹'

레드의 성공을 향한 욕망은 옐로의 호기심과 결합하여 수익으로 이어질 수 있는 배움에 집중하게 된다. 운동을 제외하고 새로운 것을 배운다는 것에 즐거움을 느끼기보다, 소득 증가에 확실한 도움이 되는 학위나 자격증, 사업에 관심이 많으며 주저하지 않고 도전한다.

진로를 선택할 때에도 눈앞에 보이는 수익의 크기 즉 시급, 월급, 연봉을 중요시 생각하며, 상위 1%와 같은 높은 목표 실현이 가능한 분야에 매력을 느낀다. 그러나 '이것만 하면 돈을 많이 벌 수 있다. 부자가 될 수 있다. 상위 1%가 될 수 있다'는 마케팅이 넘쳐흐르는 현시대에, 이들은 유혹처럼 빠져들어 조급한 선택을 하는 실수를 범한다. 저조한 수익 안에서 인내의 시간을 보내며 느리고 단단한 성장은 이들에게 고통과도 같기 때문이다.

하나의 사례를 소개한다. 30대 박씨는 A직업의 수입이 만족스럽지 못했다. 어느 날 a라는 직업으로 높은 월수입을 얻기 시작했다는 지인을 만나게 되었고 솔깃한 마음이 들었다. 박씨는 지인을 통해 a 직업의 길을 주저 없이 선택했다. 그러나 a의 유행은 점차 사그라지고 박씨는 사업을 접으며 큰 손실을 얻게 되었다. 세상은 변화되고 그 속에서 다양한 분야의 경제 시장은 작아졌다, 커졌다, 있다, 없다를 반복한다. 수익을 보고 좇는 진로는 마치 모래성과도 같아서, 겉으로는 그럴듯해 보이지만 단단한 기반이 없어 언제든 무너질 수 있는 위험을 안고 있다.

세상에는 겉만 번지르르한 허상이 많은데, 레드의 돈에 관한 관심과 옐로의 변화를 향한 조급함이 만나 성공을 보장한다는 유혹에 현혹되어 여러 길로 들어서고, 결국 자신의 알맹이를 잃어버리는 경험을 하게 된다.

레드의 성공 욕구와 옐로의 탐구 정신이 자신만의 역량과 전문성으로 승화되기 위해서는, 새로운 유혹에 흔들리지 않는 단단한 뿌리가 필요하다. 이것이 바로 레드+옐로가 반드시 극복해야 할 가장 큰 도전이다. 잠시 글 읽기를 멈추고 현재 독자들이 선택한 진로의 뿌리가 무엇인지 생각해 보자. 그리고 그 뿌리가 흔들리지 않기 위해서, 강한 영양분을 주기 위해서 자신은 무엇을 해야 할까.

RG 레드+그린 결합

주 성향 레드
보조 성향 그린

레드의 과감한 추진력에는 조급함이라는 불안정성이 존재하는데, 그린은 차분하고 안정적인 선택을 할 수 있도록 돕는다. 따라서 레드+그린은 열정적인 도전정신과 함께 안전하고 견고한 성공 시스템 구축이 가능한 상태로 상호보완된다. 특히 장기적인 프로젝트나 조직의 성장을 이끄는 데 있어 탁월한 능력을 보여준다.

책임감과 의리가 키워드인 레드와 가족 중심 평화주의자가 키워드인 그린이 만나 일할 때는 장군처럼 이끌고, 일 밖에서는 가족처럼 챙겨주며 책임감 높은 리더의 모습을 갖는다. 이는 열심히 일하며 가족까지 돌보는 슈퍼맨 같은 아버지, 어머니상을 떠오르게 한다. 실제로 일정한 수익이 보장되는 일과 가족의 평화가 동시에 이루어져야 근심 걱정이 없어진다고 말하는 내담자가 많았다. 일도 성공하면서 건강하고 아름다운 가족을 꿈꾸는 것이다.

RG 긍정성 '강하고도 따뜻한 엄마와 같은 위로'

레드는 사람들 사이에서의 의리와 책임감을 중요하게 생각한다. 그린은 자신보다 가족의 평화가 중요하기에 자기 생각과 감정을 드러내기보다 가족 구성원에게 배려하고 헌신하는 관계중심의 캐릭터이다. 두 결합은 내 곁에 있는 사람과 가족의 울타리를 견고하게 만들기 위해 높은 책임감을 갖고 사는 것을 말한다. 생계의 위협이 있다면 잠을 자지 않고 수익 창출에 몰두해 가족을 지킬 것이고, 직장 내 승진이나 소속된 팀의 위협이 있다면 잠을 자지 않고 성과에 몰두할 것이다.

레드+그린이 결합된 사람은 조직 내에서 특히 소속감과 결속력을 아주 중요하게 생각한다. 조직이 잘 굴러가고 함께 결과물을 만들어 내는 데 큰 실수와 낙오자 없이 끝까지 함께하는 것이 중요하다. 그렇기에 일을 잘 추진하면서도 누군가 힘들어하지 않는지, 누구에게 도움이 필요한지 주위를 잘 살피고 이야기를 들어주며 부드러우면서도 추진력 있게 앞장서는 리더의 모습을 보여준다. 벌처럼 날아올라 나비처럼 다가오는 모습이라고 생각하면 이해가 쉬울 것이다.

우연히 SNS에서 이런 글을 보았다. 대표는 일할 때 저돌적으로 일하고, 실적을 중요시 생각하고 팀원을 다그치면서도, 직원의 가족이 상을 당하면 그곳이 어디든 버스를 빌려 찾아가 곁에 있어 준다는 내용이었다. '일은 엄격하게, 사람은 따뜻하게' 대하는 균형 잡힌 모습을 보여주는 사례다. 이런 레드+그린 결합의 리더십 안에서는 팀원들이 단순히 실적 때문이 아닌, 진정한 소속감과 가족 같은 결속력으로 일하게 된다. 그래서 어려운 시기에도 서로를 위해 더 노력하고, 결국 더 높은 성과를 이루어낸다. 이처럼 추진력과 따뜻함을 동시에 가진 리더는 팀원들에게 '나는 언제나 중요한 사람'이라는 메시지를 전달하며, 결국 그 조직은 위기에도 흔들리지 않는 강한 연대감으로 함께 성장해 나간다.

RG 부정성 '누구를 위한 전력 질주인가'

분노 조절이 어려운 레드와 감정을 숨기고 희생하며 스트레스 관리에 약한 그린이 만난다면 어떤 모습을 보여줄까? 높은 책임감으로 권위 있는 모습을 보이면서도, 타인을 위한 희생으로 쌓인 스트레스를 가까운 사람에게 분노로 표출한다. 밖에서는 권위 있는 사람, 안에서는 권위주의적인 사람으로 보일 수 있다는 뜻이다.

레드+그린은 쌓인 감정을 관리하는 방법을 잘 모른다. 그동안 희생하고 억압했던 것들이 별거 아닌 일에 스파크가 튀어 히스테릭한 모습으로 분출되고 관계의 어려움을 불러일으킨다. 그렇기에 레드+그린의 결합은 스트레스 발산을 평상시에 자신만의 방법으로 잘 풀어내는 것이 중요하며, 특히 삶의 목표와 방향이 자신을 위한 것인지 스스로에게 질문을 자주 던지며, 습관적 책임이나 희생에서 벗어날 필요가 있다. 나의 꿈이 아닌 누군가의 꿈을 위한 전력 질주를 하고 있을지 모르기 때문이다.

R B 레드+블루 결합

주 성향 레드
보조 성향 블루

대충 계획하고 도전하는 레드와 세부적으로 계획하고 실패 이후까지 생각하지만 쉽사리 도전하지 못하는 블루의 결합이다. 이 모순점은 강렬한 실행력과 치밀한 전략으로 상호보완하며 시너지를 이루어 혁신적 성과를 창출하는 특징으로 나타난다. 특히 혁신적인 기술 개발이나, 도전을 망설이게 하는 복잡한 프로젝트 수행에 탁월한 효과를 보여준다.

레드+블루의 결합은 마치 대담한 외과 의사의 기술이 정밀한 수술 도구를 만나 놀라운 치유를 이뤄내는 것 같이 복잡한 문제해결의 새로운 차원을 열어낸다. 레드의 폭발적인 추진력이 블루의 깊이 있는 분석력에 의해 걸러지고 정제되면서, 단순한 시도를 넘어선 혁신적이면서도 굳건한 성과를 만들어 낸다.

R B 긍정성 '알잘딱깔센'

일의 추진력 행동파 레드와 체계적인 계획파 블루가 만난다면 흔히 말하는 알잘딱깔센('알아서 잘 딱 깔끔하고 센스 있게'의 줄임말) 사람이 된다. 강력한 일의 추진력과 일의 플랜 A, B, C, D 그리고 장애요인까지 계획에 넣고 될 때까지 실천하기 때문이다. 이로 인해 레드+블루 조합에게 일을 맞기면 빠르면서도 탄탄한 결과물이 완성된다.

레드+블루 성향을 가진 파트너와 일을 했던 경험이 있었다. 아무리 어려운 일도 일단 해보겠다 말하고, 다양한 가능성을 염두에 두고 미리 준비하고 실행하는 모습에 감탄할 수밖에 없었다. 실행력과 준비력이 겸비된 그 누구도 반박할 수 없는 상황으로 일을 하며 마무리까지 깔끔한 모습에 모두들 찬사를 보냈다.

R B 부정성 '야망을 품은 무서운 설계자'

감정조절에 어려움이 있는 레드와 타인 공감에 어려움이 있는 블루가 결합되면 어떤 모습을 보여줄까? 드라마의 한 장면으로 보자면 〈원더풀 월드〉의 '김준'이다. 극에서 빌런으로 등장하는 김준 국회의원은 자신의 권력을 위해서라면 사람을 해하는 일도 서슴지 않는 인물이다. 권력을 향한 대단한 열정으로 주변 사람들을 하나하나 자신의 사람으로 포섭하며 세력을 넓혀가는 모습을 보인다. 자신의 꿈을 이루어 줄 인물들을 포섭하거나 제거해 가며, 자신에게 유리한 여론을 조성하기 위한 판을 미리 짜놓고, 자기 세상을 만들기 위한 치밀한 계획을 세운다. 대통령이 되고야 말겠다는 야망으로 모든 일을 계획하고, 한 계단씩 올라가는 추진력에서 레드+블루 결합을 강하게 느낄 수 있다.

레드+블루의 약점은 사람들과의 공감대 형성, 정서적 교류 공감 능력, 정서적 지지가 어렵다는 점이다. 대화에 있어서 편을 가르거나, 과정보다 결과주의에 빠져 상대방에게 필요 없는 상처를 줄 수 있다. 또한, 일 잘하는 레드+블루는 일에 서툰 이들의 말은 모두 잡음으로 들릴 수 있다. 직급이 올라갈수록 구성원들의 어려움이 무엇인지, 어떻게 하면 함께할 수 있을지에 대해 고민하며 더 나은 리더의 모습이 무엇인지 생각해 볼 필요가 있다.

RP 레드+핑크 결합

주 성향 레드
보조 성향 핑크

레드는 목표를 향해 달려가면서 타인의 의견보다 자신의 생각과 판단을 우선시하는 반면, 핑크는 주변 반응과 평가에 민감해 행동하기 전 주변 분위기에 따라 망설이는 경우가 많다. 레드+핑크 결합은 강하게 밀어붙이다가도 누군가의 불만이나 상처, 부정적 여론이 생기면 잠시 멈춰 사람들의 의견을 듣고, 목표의 방향성과 강도를 조율하려 한다. 이들은 인정 욕구와 사랑받고 싶은 욕구를 동시에 지니고 있어, 일과 인간관계를 모두 놓치지 않으려는 경향이 강하며, 바로 이 점이 스트레스의 주요 원인이 되기도 한다. 레드+핑크는 겉은 강하지만 속은 여린 외강내유 스타일로, 빠른 추진력과 따듯한 공감력, 리더십과 친화력을 두루 갖춰, 강한 에너지와 부드러운 감성이 어우러진 매력적인 사람이다.

R P 긍정성 '불타오르는 순수한 사랑'

레드+핑크는 권위 있는 리더십과 따뜻한 감성이 조화를 이루며, 일에 대한 뜨거운 열정과 사람을 향한 깊은 애정을 동시에 지닌 균형 잡힌 인간상을 보여준다. 이들은 삶을 대하는 태도가 열정적이고 진정성 있어 주변 사람들에게 에너지를 주는 영감의 원천이 되곤 한다.

레드+핑크는 사랑의 불꽃이 튀는 순간 강렬한 애정 표현을 거침없이 쏟아 낸다. 특히 이들은 아름다움에 쉽게 매료되며, 고민 없이 직진하기 때문에 사랑의 크기가 가벼워 보일거란 오해를 받을 수 있다. 그러나 레드+핑크에게 가벼운 사랑은 없다. 당신을 사랑하는 순간 높은 책임감으로 보호하고, 사랑의 감정을 온전히 전달하기 위해 시간과 비용을 아낌없이 제공하는 순정파이다. 레드+핑크 특성을 가진 인물은 영화 〈노팅 힐〉의 영화배우 '안나 스콧(Anna Scott)'을 예로 들 수 있다.

영화 〈노팅 힐〉은 스타 안나가 작은 서점을 운영하는 윌리엄과 사랑에 빠지는 순간을 담았는데, 레드+핑크의 사랑 방식을 그대로 보여준다. 그녀는 우연히 윌리엄을 만나 작은 사건으로 그의 집에 들어가게 된다. 헤어지는 문 앞에서 안절부절못하는 그에게 안나가 먼저 키스를 하거나, 스타의 위치에서 여왕의 자리를 지키며 치열하게 살면서도, 윌리엄 앞에서 만큼은 사랑을 바라는 여인의 모습으로 순수하고 열정적인 사랑을 한다.

레드+핑크는 일과 사랑 모두에서 빛을 발한다. 자신이 사랑하는 일에서는 최고의 성과를, 사랑하는 사람에게는 최선의 애정을 쏟아붓는다. 이들에게 있어 성공과 사랑은 결코 양자택일의 문제가 아니며, 둘의 조화를 통해 더 큰 성장과 행복을 이루어낸다.

RP 부정성 '숨 막히는 사랑'

레드+핑크의 에너지가 부정적으로 나타나면 어떨까? 감정을 쉴 틈 없이 표출하는 레드와 감정 롤러코스터를 타는 핑크의 결합은 시도 때도 없이 감정표현이 난무하는 사람처럼 비칠 수 있다. 예를 들어 칭찬–오해–비난–싸움–화해의 서클이 반나절 만에 몇 번이나 일어나거나, 바로 헤어질 것처럼 열정적으로 싸웠다가 다시 처음 사랑한 사람처럼 열정적으로 사랑하는 이들이 이곳에 해당된다.

일과 사랑 모두 타인의 생각과 의견과 상관없이 자신이 원하는 대로 끌고 가려 하며, 그 과정은 감정이 주가 되어 주변 사람들을 심적으로 피곤하게 만든다. 예를 들어 부하직원이 일도 잘하면서 자신의 감정을 따듯하게 충족시켜주어야 한다거나, 사랑하는 사이에서는 자신의 사랑 욕구를 끊임없이 채워주어야 하는 것을 말한다.

레드+핑크는 자신의 강렬한 애정 표현이나 감정적 요구 사항이 상대에게는 무거운 짐이 될 수 있음을 기억해야 한다. 일방적으로 쏟아붓거나 요구하는 감정은 상대방의 마음에 불안을 심어주고, 숨이 턱 끝까지 막히게 만든다. 레드+핑크는 상대방의 숨 쉴 공간을 배려하고, 서로가 편안한 거리를 찾아가는 것, 그것이 이들이 배워야 할 성숙한 인간관계의 방식임을 알아야 한다.

레드+핑크라면 꼭 기억하자. 열정적인 사랑이 항상 좋은 것만은 아니다. 당신은 이미 충분히 매력적이고 사랑받을 만한 사람이기에, 과도한 애정 표현이나 집착으로 상대방을 압도할 필요가 없다. 진정한 사랑은 서로를 존중하고 이해하는 것에서 시작된다.

R RB 레드+로열블루 결합

주 성향 레드
보조 성향 로열블루

레드와 로열블루는 서로 섞이기 어려운 모습의 강점이 있다. 목표를 향해 무조건 달려가는 실행파 레드와 드론을 띄우듯 위에서 상황을 바라보고 전체를 파악하는 능력을 가진 로열블루가 만나면 높은 기준으로 최상의 결과물을 보여준다. 같이 일하는 직장에서 이런 상사를 만나면 '일을 정말 제대로 배우겠다. 하지만 힘들다는 말을 하기는 어렵겠구나' 하고 생각하면 된다. 뜨거운 레드와 차가운 로열블루가 결합된 캐릭터의 특징을 살펴보자.

R RB 긍정성 '열정과 통찰로 세상을 이끌다'

레드+로열블루는 강력한 추진력과 전략적 사고력이 결합되어, 비전을 현실로 만드는 탁월한 실행력을 보여주는 캐릭터가 된다. 레드+로열블루가 목표를 향해 나아갈 때는 한계를 뛰어넘는 열정과 날카로운 분석력으로 더욱 강력한 힘을 발휘한다.

이러한 특성을 가진 인물로는 구글의 창업자 래리 페이지(Larry Page)를 들 수 있다. 그는 불도저 같은 추진력으로 불가능해 보이는 혁신적 도전을 현실로 만들어냈고, 이 과정에서 로열블루의 깊은 통찰력이 더해져 단순한 성공을 넘어선 시대의 혁신을 이루어냈다. 페이지는 레드의 빠른 판단력으로 검색 엔진이라는 아이디어를 급속도로 발전시켰고, 여기에 로열블루의 분석적 통찰력이 더해져 세계 최고의 미래 기술이 적용된 기업으로 성장시켰다.

"미친 듯이 빠르게 움직여라, 그리고 부숴라(Move fast and break things)". 페이지의 경영 철학처럼, 그는 망설임 없는 도전과 과감한 실행으로 인공지능, 자율주행차, 생명공학 등 다양한 분야의 혁신을 주도해 왔다. 특히 아이디어를 즉각적으로 실행에 옮기고 빠르게 시장을 장악해 나가는 그의 레드 추진력은, 로열블루의 깊이 있는 분석과 만나 구글을 단순한 검색 회사에서 미래 기술의 선도 기업으로 탈바꿈시켰다.

"큰 도전 없이는 큰 성공도 없다"는 그의 철학은 불굴의 도전정신과 강력한 실행력이라는 레드의 본질을 정확히 보여준다. 이처럼 레드+로열블루는 불가능을 가능하게 하는 힘과 미래를 꿰뚫어 보는 통찰력으로 세상을 보다 나은 방향으로 이끌어가는 진정한 혁신가의 모습을 보여준다.

R RB 부정성 '성공만이 진리다 무슨 수를 써서라도'

레드는 폭주하는 기관차급 추진력에, 로열블루는 절대적 신념에 집중한다. 두 결합의 경우 '내가 믿는 성공을 향해 무슨 수를 써서라도 도달해야 한다'는 강박적 집착을 보인다. 레드+로열블루의 부정성은 자신의 목표 달성을 위해 모든 것을 정당화하는 데 있다. 왜 이것이 부정적일까? 자신의 성공이 절대적 진리라고 믿으며, 이를 위해서라면 어떠한 수단과 방법도 정당화하기 때문이다.

일하는 과정에서만 보면 일의 성과가 너무나도 좋기에 직장의 상사나 회사 입장에서는 레드와 로열블루의 캐릭터를 반기지만 반대로 같이 일하는 직장 동료들에게 힘든 상황일 수 있다. 그 이유는 바로 일을 추진하는 것이 우선순위인 레드와 타인에게 관심이 없는 로열블루의 결합이기 때문이다.

무엇보다 따듯함과 차가움이 공존하는 레드+로열블루는 일 밖에서는 호형호제가 가능한 것처럼 관계의 거리를 가깝게 만들면서도, 일만 시작하면 본인이 원하는 대로 추진되길 원하기에 자신의 목표에 걸림돌이 되는 상황이라면 타인의 감정이 다치는 것에는 관심조차 없다. 이로 인해 관계에 혼선이 생기고 오해와 다툼이 발생된다.

레드와 로열블루의 부정적인 모습만 극대화가 되면 드라마 〈SKY 캐슬〉의 입시 코디네이터 '김주영' 선생님의 모습이 나타나게 된다. 김주영 선생님은 학생과 부모에게 따듯한 말과 행동으로 무한한 신뢰를 주면서도, 계약과 함께 학부모와 학생을 자기 마음대로 컨트롤하기 시작한다. 1등을 위해서 부모도 용서하지 말라고 말하며 학생이 받는 상처, 부모와의 관계에 미치는 영향에 관심조차 없는 모습이 자주 등장한다. 이는 목표가 최우선인 레드+로열블루의 부정성을 여실히 보여준다.

레드+로열블루의 가장 취약점은 과정을 이해하고 타인을 격려하는 모습이 빠진 채 결과에만 매진하는 것이다. 자신이 레드와 로열블루의 부정적인 면만 일상에서 자주 사용하고 있다고 느낀다면 지금부터 조절하는 시도를 해보자. 목표를 성취하기 위해 타인의 상처를 모른 척하고 있지 않은가? 과정에서 발생하는 부정성에 나는 어떻게 행동하고 있는가? 타인의 감정은 배제하고 있지 않은가? 공감은 시도를 통해 어느 정도 개발 가능하다는 것을 꼭 기억하자.

RM 레드+마젠타 결합

주 성향 레드
보조 성향 마젠타

타오르는 정열과 행동력으로 주변인을 이끄는 레드와 타인을 향한 깊은 공감과 세심한 배려심을 지닌 마젠타의 장점이 어우러져, 타인에게 원동력을 불어넣고 성장할 수 있도록 이끌어주는 인생 조언자의 이미지를 연상케 한다. 예를 들어 자신의 한계에 갇혀있는 사람을 만났을 때 그 한계를 직접 돌파하도록 자극을 주는 역할을 한다. 무기력한 마음에 동기 부여를 주고, 실천적 조언을 통해 잠재력을 발현할 수 있도록 구체적으로 안내하면서 행동의 변화를 끌어내는 리더의 모습이다.

R M 긍정성 '열정으로 세상을 변화시켜'

자신의 오른팔이나 가족과 같다고 생각하는 대상에게 의리를 지키고자 하는 레드는 책임감 또한 강하다. 타인의 어려운 상황, 도와주고자 하는 마음을 장착하고 세상을 바라보는 마젠타가 결합이 되면 타인의 성장과 변화를 위해 열과 성의를 다해 도움을 주고자 하는 마음이 크다.

"함께 해보면 어때?"

"함께하고 얻어지는 수익을 같이 나누자"

"이렇게 하면 너의 OOO부분에 더 도움이 될 것 같아"

"이게 진짜 너에게 도움이 되는 일이야 이걸 해봐"

실행력이 높은 레드가 앞에 있기에 상대방에게 직접적인 도움을 주는 것을 중요하게 생각한다. 실제로 레드와 마젠타가 있는 내담자를 상담했을 때 강점 하나를 꼽자면, 주변 사람들에게 성공 또는 성장할 수 있는 일을 제안하고 끝까지 책임지며 함께하는 모습이다. 자기 일을 나누면서 부수적인 급여를 받을 수 있도록 제안을 하거나, 어려움을 함께 극복한 사람에게 금전적인 부분도 아낌없이 나눈다는 이야기를 들었다.

본인이 주도적으로 이끌어 성과를 내는 것이 중요한 레드와 다른 사람을 도와 성장하게 만들고 용기를 줄 때 행복감을 느끼는 마젠타가 결합하면 실질적인 도움을 주는 것에 최적화가 된다. 실질적인 도움이라는 것은 경제적 상황이 어렵다면 돈으로 지원해 줄 수 있고, 집 안에서 나오지 않는다면 약속을 잡아 집밖으로 나오도록 하거나, 산책과 걷기 운동을 제안하면서 어두운 곳을 박차고 나올 수 있도록 함께하는 것이다. 즉, 말뿐인 조언이 아닌 함께 행동하는 문제해결사이다.

레드+마젠타는 시선이 주변에만 머물지 않는다. 불의를 보면 참지 못하는 레드와 세상 모든 약자 편에 서있는 마젠타의 결합은 맨 앞에 서서 정의를 실현하고, 약자를 보호하며, 불평등에 맞서 싸우는 원동력으로 '불공평한 세상을 바꾸는 실천가'가 된다.

이러한 특성을 잘 보여주는 인물은 인권운동가 마틴 루터 킹 주니어(Martin Luther King Jr.)이다. 킹 목사는 강력한 신념과 행동력으로 인권운동을 이끌었으며, 비폭력 저항이라는 평화적 방식으로 변화를 이끌어 냈다. 그는 열정적인 연설과 실천적 행동으로 사람들의 마음을 움직였고, 인종차별이라는 사회의 부조리에 맞서 싸웠다.

우리는 여전히 수많은 차별과 불평등이 존재하는 사회에 살고 있다. 이러한 시대에 레드+마젠타의 강력한 실행력과 따뜻한 인간애의 결합은 더없이 소중하다. 이들은 불의에 맞서 싸울 용기와 실천력을, 약자를 보호할 따뜻한 마음을 동시에 지니고 있기 때문이다. 이처럼 뜨거운 열정으로 정의를 실천하고, 따뜻한 마음으로 세상을 변화시키는 레드+마젠타의 정신이 AI의 영향력이 미치는 현대 사회에 더욱 널리 퍼져나가길 바란다.

R M 부정성 '너를 위한 구원이라는 이름의 통제'

레드+마젠타의 부정성은 타인을 향한 과도한 열정이 통제로 변질되는 데 있다. '도와주려는 것'이라는 명분 아래, 명령하듯 지시하는 태도가 습관처럼 굳어져 있다. 이러한 문제 행동은 강자에게는 반발심을 유발하고, 약자에게는 자율성을 억압해 결국 미성숙한 존재로 취급받게 만든다.

'도와주는 것'이라는 단어를 뜯어보면 배려와 희생에 목적이 있는 것보다, '내가 너보다 더 많은 경험과 실패를 경험했으니 내 말이 옳아. 그러니까 내 말을 따르도록 해. 이건 명령이야'가 내포되어 있다. 실제로 레드+마젠타 내담자에게 이런 질문을 자주 던진다. "그 도움은 누가 요청한 건가요? 그 도움이 누구를 위한 건가요? 그 도움에 강제성은 없나요?" 이 질문에 자신을 다시 바라보고 성찰하는 내담자들이 대부분이다. 자신이 레드+마젠타 캐릭터라면 스스로에게 질문해보자. 지금 내가 하려고 하는 행동은 누가 원하는 행동인가? 그 행동에 강제성은 없는가? 도움 이후 기분 좋은 감정이 서로 연결되는가?

레드+마젠타는 사람들과의 관계에서 내가 원하는 욕구와 다른 사람이 원하는 욕구가 무엇인지 그리고 건강한 관계를 유지하기 위해 생각, 감정, 행동의 조절을 어떻게 해야 하는지 매 순간 성찰하는 태도를 지닐 필요가 있다. 그러한 태도는 레드+마젠타를 카리스마 있고 성숙한 모습으로 다양한 관계 속 중심으로 우뚝 서게 만들 것이다.

R V 레드+바이올렛 결합

현실의 한계를 뛰어넘어 새로운 도전을 추구하는 레드와 예술적 영감으로 독창적인 메시지를 전달하는 바이올렛의 결합은 자신만의 독창적인 비전이 떠오르면 그것을 실현시키기 위해 모든 열정을 쏟아붓는 특징이 있다. 특히 쉽사리 도전하지 않는 미지의 영역에 매력을 느끼거나, 엉뚱한 상상도 지나치지 않고 실행시키는 특징이 있다. 레드가 주가 되어 비로소 바이올렛의 엉뚱하고 창의적인 생각들이 눈치 보지 않고 폭발하는 모습으로 나타난다. 레드+바이올렛은 사람들의 지지를 받지 못해 처음엔 미약하게 시작하지만 다양한 시도와 집착 끝에 미지의 세계를 개척하고 성공하는 인물로 성장하는 경우가 많다.

주 성향 레드
보조 성향 바이올렛

R V 긍정성 '꿈같은 현실을 만들다'

준비하기 전에 행동을 먼저 하는 레드와 남들과 다른 길을 가며 창의적인 생각을 하는 것에 최적화가 되어있는 바이올렛이 만나면 그 누구도 상상하지 못하는 독창적인 결과물을 만들어낸다. 생각만 하고 지나치는 아이디어나, 엉뚱하고 요상하다고 평가받을 수 있는 상상들을 여과 없이 표현하고 발 빠르게 결과물로 보여준다는 것은 한 차원 앞에 서서 선두주자가 된다는 것과 같아 특출난 장점으로 볼 수 있다. 불가능해 보이는 꿈을 현실로 만들어내는 혁신가의 모습과, 창의적인 상상력을 실제적인 결과물로 구현해내는 능력은 레드+바이올렛의 강점이다. 이는 단순한 상상이 아닌, 열정적인 실천으로 새로운 가치를 창조하는 것이다.

레드+바이올렛의 특성을 잘 보여주는 인물로 월트 디즈니(Walt Disney)를 들 수 있다. 그는 단순한 만화영화를 넘어, 환상과 현실이 공존하는 새로운 엔터테인먼트 세계를 창조해낸 혁신가다. 디즈니는 바이올렛의 독창적인 상상력으로 꿈의 세계를 구상하고, 레드의 실행력으로 그것을 현실화시켰다.

그 당시에 디즈니는 상상도 할 수 없었던 장편 애니메이션을 제작하고, 테마파크라는 새로운 개념의 놀이공원을 만들어냈다. 많은 사람이 실패할 것이라 예상했지만, 그의 창의적 비전과 불굴의 추진력은 불가능을 가능으로 바꾸어냈다. "모든 꿈은 실현될 수 있다. 당신이 그것을 실현시킬 용기만 있다면"이라는 그의 말은 레드+바이올렛의 본질을 잘 보여준다.

이들의 가장 큰 특징은 꿈꾸는 것에 그치지 않고, 실행시키는 행동력에 있다. 다른 사람들이 불가능하다고 여기는 것을 가능하게 만드는 과정에서, 이들은 끊임없는 도전과 혁신을 통해 새로운 길을 개척해나간다. 상상력은 현실의 씨앗이며, 열정은 그 씨앗을 키워내는 힘이다. 레드+바이올렛은 이 두 가지를 모두 가진 진정한 꿈의 창조자이다.

R V 부정성 '환상을 위한 맹목적 광기'

자신이 원하는 대로 타인과 환경을 통제하길 원하는 레드와 자신만의 세계가 중요한 바이올렛이 결합되면 다른 사람들과 섞이기 어려운 모습으로 우리에게 비친다. 자신의 생각과 아이디어는 특별한 반면 타인의 생각과 의견들이 너무나 평범하다고 느끼기 때문에 대화하는 것을 거부하거나 비난과 조롱이 섞인 말을 쉽게 내뱉는다.

두 결합의 부정성이 높을 때 '실현 불가능한 환상을 향한 광적인 집착'으로 나타난다. 이들은 자신의 비현실적 상상을 반드시 실현시켜야 한다는 강박에 사로잡혀, 그 과정에서 발생하는 피해나 희생을 당연시하는 위험한 모습을 보인다. 자신의 특별함에 심취해 있어 '혁신을 위한 불가피한 과정이다'라는 독선적인 태도로 타인의 걱정과 염려를 무시한다. 이들이 추구하는 목표는 현실과 동떨어진 환상에 기반하고 있으나, 그들은 이를 '혁신적 비전'이라 착각하며 맹목적으로 추진한다. 결과적으로 자신의 환상을 실현하는 과정에서 발생하는 피해를 '진보를 위한 필연적 희생'이라며 합리화한다.

이러한 모습을 잘 보여주는 캐릭터는 영화 〈블랙 스완(Black Swan)〉의 주인공 '니나 세이어스'를 들 수 있다. 그녀는 완벽한 공연을 위해 자신의 모든 것을 파괴적으로 투자하며, 현실과 환상의 경계를 잃어버린다. 예술적 완성을 향한 그녀의 광적인 집착은 결국 자기 파괴로 이어진다.

레드+바이올렛의 성숙한 조절을 위해서는 주변의 우려와 조언에 경청하는 습관을 기르는 시도가 필요하다. 그렇다고 우려 섞인 조언을 따르라는 것은 아니다. 레드+바이올렛의 특별함을 유지하되, 늪에 빠지지 않게 귀를 열고 세상을 넓게 바라보라는 것이다. 자기 파괴적 집착이나 피해를 주는 광기가 되지 않고 롱런하는 레드+바이올렛이 되었으면 한다. 누군가는 그러한 꿈과 같은 세상을 만들어 줄 당신을 기다리고 있으며, 당신을 누구보다도 지지해줄 것이기 때문이다.

Red's core message

'쉬는 것도 목표에 넣자'

뿌시는 그게 무엇이든 시작했다면 거침없이 앞으로 나아간다. 핑계를 대거나 미루는 것은 용납되지 않는다. 원하는 것을 성취하기 위해 굉음을 울리며 달려가는 스포츠카처럼, 달리고 있을 때 자신이 살아있고 자신의 역량을 잘 드러내고 있음을 느낀다. 이 과정에 자신의 심리와 신체적 소진에 대해 돌아보는 삶의 과제만 잘 해결되었으면 한다. 잘 쉬면 더 잘 달릴 수 있기에 레드에게 필요한 인생의 핵심문구는 '쉬는 것도 목표에 넣자'이다. 잘 달리기 위해 잘 쉬는 전략이 레드의 삶에 반드시 필요하다. 그렇게 된다면 레드가 원하는 열정적이고 자신의 영향력을 끝까지 발휘하여 성공하는 삶의 모습과 마주하게 될 것이다.

ORANGE

자유로운

재미있는

활기찬

유쾌한

낙천적인

창의적인

사교적인

순수한

유아적인

비체계적인

철이 없는

공허한

자극추구

참을성 부족

무책임한

즉흥적인

ORANGE

누군가 나에게 삶의 정답을 묻는다면?
'내 마음이 이끄는 대로, 그것이 무엇이든
정답이 될 수 있다'라고 말할 것이다.

주황은 단독적인 이름이 존재하지 않는다. 붉을 주(朱)와 누를 황(黃)이 합쳐져 빨강과 노랑의 의미가 결합된 형태를 갖는다. 영어에서도 주황이란 색을 지칭하는 단어는 없으며, 오렌지(Orange)라는 사물의 명칭을 색명으로 사용한다. 주황색은 과거부터 현재까지 오렌지 과일처럼 달달하면서 상큼한 느낌을 전달하여 다양한 영역에서 활용되고 있다.

과일 오렌지는 과거 알렉산드로 대왕이 전장에 나갈 때 동행한 학자들을 통해 유럽으로 퍼져나간 것으로 전해진다. 유럽에서는 지중해 지역에서 재배되었고, 특히 십자군 전쟁을 통해 프랑스에 전해졌다. 중국에서는 4천 년 전부터 오렌지의 매력적인 향과 생기를 주는 과즙 때문에 재배했다고 한다. '오렌지'라는 색명은 17세기부터 사용되기 시작했으며, 유럽과 신대륙의 언어권을 통해 퍼져나가 생기와 활력을 주고 건강한 이미지를 떠올리게 하는 색으로 인식되었다.

마케팅 관점에서 오렌지색은 젊고, 도전적임을 상징하는 반면 일시적이고 유행적인 이미지를 만든다. 오렌지는 자유와 일탈, 충동의 감정을 불러일으키는데, 일상에서 벗어나 자유로운 일탈을 자극해 여행사와 항공사의 아이덴티티 색으로 사용된다. 또한 충동 구매력을 높여 고가의 브랜드와 저가의 브랜드 양극단에 활용되기도 한다. 그 예로 고가의 브랜드 에르메스(Hermès)와 저렴한 쇼핑을 즐길 수 있는 테무(TEMU)를 들 수 있다. 그밖에 할인행사 시즌에는 브랜드 고유색에 상관없이 오렌지색을 사용해 구매력을 높이는 모습을 쉽게 발견할 수 있다.

색채치료 관점으로 구분한 오렌지의 특징은 거만함과 과시욕이라 약점을 지니지만, 정신적으로는 열정과 활기를 준다는 점이 강점으로 작용한다. 또한, 오렌지는 잠시나마 고통에서 벗어나는 치유의 색이기도 하다. 상담 케이스를 살펴보면 충격적인 사건을 경험하는 경우, 현실에서 벗어나고자 하는 욕구와 정신적 고통에서 벗어나기 위해 오렌지색의 패션 소품이나 메이크업을 취하는 공통점을 발견할 수 있었다. 여행지의 펜션을 떠올려 보면 오렌지 카펫이나 쿠션, 화병 등의 소품들을 인테리어에 활용하는데, 이 또한 억압된 감정에서 벗어나 일탈과 즐거운 감정을 불어넣기 위해 사용된다.

오렌지의 특징을 닮은 대표적인 인물은 짐 캐리(Jim Carrey)이다. 짐 캐리는 10살 때 자신이 좋아하는 프로그램에 고정 게스트로 출연시켜 달라는 편지를 보냈다. 타인에게 웃음을 주었던 경력과 성대모사를 할 수 있는 인물이 담긴 이력서는 거절당했지만, 당시 프로그램 진행자였던 캐롤 버넷(Carol Burnett)의 답장을 받고 가능성을 깨닫게 되었다. 그 후 자신이 좋아하는 스타들을 직접 만나기 위해 가족들에게 항상 슈퍼스타가 되겠다고 말했다. 그는 학교에서는 인기 만점이었지만 너무 산만해 수업 진행에 어려움을 주어, 학교 선생님은 짐 캐리에게 수업시간에 조용히 있으면 학우들 앞에서 몇 분 동안 공연할 기회를 주겠다고 설득했다는 이야기가 전해진다.

애니메이션 음악에 오렌지의 특징이 나타나기도 한다. 〈뽀로로〉의 주제곡 중 '노는 게 제일 좋아 친구들아 모여라. 언제나 즐거워!'처럼 즐거움을 추구하고 혼자보다는 함께 모여 즐긴다. 〈티몬과 품바〉에서는 '근심과 걱정 모두 떨쳐버려, 욕심 버리면 즐거워요. 하쿠나마타타!'라는 대사를 통해 자유와 행복을 추구하는 오렌지의 철학을 엿볼 수 있다. 표현 방식도 주로 캐릭터가 노래와 춤을 추거나 먹고 즐기는 모습이 관찰된다.

이처럼 오렌지의 특징을 살펴보면 고통을 회피하고 충동성에 미성숙해 보이지만 반대로 고통받지 않길 바라는 마음이 심리적으로 나타나기도 한다. 오렌지색은 어떤 색보다도 자신을 보호하고 사랑하는 컬러이며, 스스로를 옥죄이고 비난하는 사람에게 더 필요한 색일 수 있다.

그렇다면 오렌지색의 심리적 특성을 닮은 사람들은 어떤 긍정성과 부정성을 지니고 있을까? 이제부터 상큼한 과일처럼 톡톡 튀는 매력을 지닌 오렌지색 캐릭터 '꺄르(KKYARU)'의 이야기를 전해본다.

오렌지 캐릭터 꺄르 KKYARU

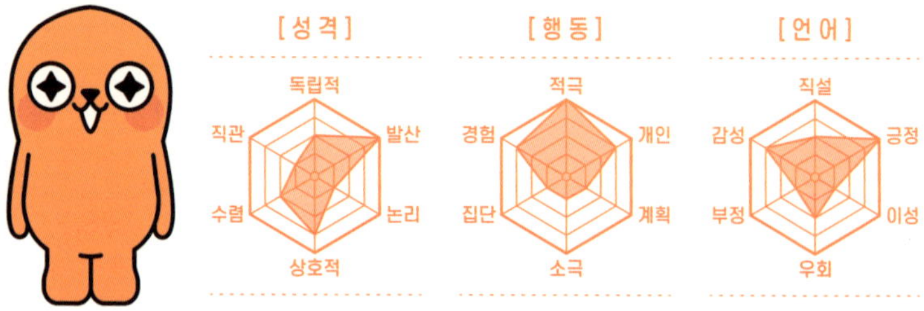

오렌지 캐릭터 꺄르(KKYARU)의 특성 그래프

오렌지를 상징하는 꺄르는 '꺄르르 꺄르르' 웃음소리를 줄여 만들어진 이름으로 자유롭고 즐거운 성향이 돋보이는 캐릭터다. 해가 떨어질 때까지 친구들과 놀이터에서 술래잡기하며 뛰어노는 아이들의 모습을 상상해도 좋겠다. 디즈니 픽사의 캐릭터 중에는 〈곰돌이 푸〉의 '티거', 〈슈렉〉의 '동키', 〈라이온 킹〉의 '티몬과 품바', 〈마다가스카〉에서 야생으로 가고 싶다는 얼룩말 '마티'와 닮아있다.

꺄르 사람들의 원동력은 기본적인 욕구와 유사하다. 맛있는 것을 먹는 것도, 내가 좋아하는 공간에서 마음 편히 자는 것도, 일했다면 충분한 휴식을 취하는 것도 선택이 아닌 필수가 된다. 이들은 고통 후에 오는 큰 이익보다, 당장의 고통을 피하는 것이 우선된다. 만약 고통을 감수했다면 그에 따른 보상심리가 강해져 과소비나 명품 소비로 이어질 수 있다.

꺄르는 책에서 언급하는 아홉 가지 색 중에서도 가장 유연한 특징을 갖는다. 나이, 인종, 문화가 달라도 함께 즐거울 수 있다면 누구와도 친구가 될 수 있다. 일할 때도 규칙을 따르기보다 상황에 맞게 대처하고 해결하는 것을 선호한다. 그렇기에 규칙, 규율이 강할수록 실수가 잦고, 자율성이 높은 곳에서는 창의성이 발휘되어 뜻밖의 성취를 얻는 경우가 많다.

즐겁게 사는 게 우리들의 목표야

인간이란 동물은 생존을 중심으로 크게 세 가지 욕구를 기질적으로 타고난다. 꺄르는 자극추구, 인정추구, 안정추구 세 가지 욕구 중 자극추구형 성향을 보유하고 있다. 순수한 자극을 추구하기 때문에 여행처럼 다양한 경험을 할 수 있는 순간들이 꺄르에게는 큰 즐거움이자 자신이 살아있음을 느끼게 해주는 이벤트다. 이런 자극을 느끼기 위해 돈을 벌기도 하고, 여행 중 즐거운 일을 찾다 콘텐츠로 유명해지기도 한다. 단순히 재미있어서 시작한 일이 배움으로 이어지거나 직업이 되는 경우도 많다. 여행을 위해 외국어 공부를 시작했는데 금세 유창해지거나 여행 가이드의 역할을 어쩌다 맡았는데 사람들이 좋아해 스카우트를 받는 경우처럼 말이다.

간혹 옐로인 뀨뀨 특징과 유사할 수 있는데, 뀨뀨는 스트레스를 받으면 동굴로 들어가지만, 꺄르는 어두운 마음이 터널과 같아 금세 밖으로 나올 수 있다. 고민한다고 일이 해결되는 것이 아니기 때문에 다른 관심사로 불편한 일들을 쉽게 잊는 타입이다. 새로운 즐거움을 찾는 오렌지는 새로운 일을 시도할 때 효과적일 수 있다. 가령 친구들과

여행 중 함께 먹을 음식을 가져와야 하는 미션을 받았는데 깜박하고 놓고 왔다면, 여행 내내 미안한 마음에 빠지기보다 웃어넘기며 이렇게 이야기할 수 있다.

'현지 음식을 먹을 수 있어! 오히려 잘 된 거야! 내가 맛집을 찾아볼게!'

톡톡 튀는 발상의 전환

꺄르는 9가지 성격유형 중 가장 편견이 없고, 정해진 틀이 없기에, 문제를 단순하게 바라보고 해결한다. 오렌지는 톡톡 튀는 아이디어를 만들며, 주로 자신이 좋아하는 영역에서 '이렇게 하면 재미있겠다' '이런 방식이면 색다르겠다'로 시작된다. 소주와 맥주를 자동으로 섞어 주는 기계나, 청소를 줄여주는 요리 물품들, 재치 있고 웃긴 캐릭터 굿즈들을 선호하고 즐기는 이유이다.

꺄르는 조직 내에서 문제가 발생했을 때 간단하게 해결한다. 몇 만 권의 팸플릿을 인쇄하고 내일 행사 준비로 바쁜 팀원들. 그때 가장 중요한 메일주소의 오타가 발견되고 팸플릿에 인쇄된 내용을 당장 바꿀 수 없는 상황에서 팀원들이 말 그대로 멘붕에 빠져있었다. 가만히 지켜본 꺄르는 말 한마디를 던진다. "오타 난 이메일을 하나 만들면 되는 거 아니에요?" 이것이 바로 문제를 쉽게 해결하는 꺄르만의 독창성이다.

비슷한 사례로 관을 인체에 삽입해 수술하는 방식이 처음 도입되었을 때 효과가 좋다고 모든 수술에 관 삽입술을 적용하게 되었다. 그런데 신장 수술은 앞에 있는 장기들 때문에 수술 시간도 오래 걸리고 부작용도 많아 의사협회에서는 다양한 수술 방법들을 강구했었다. 그때 경험이 많지 않은 인턴의 한마디로 너무나 쉽게 문제를 해결했다.

"환자가 엎드린 채 뒤에서 수술하면 되잖아요."

환자는 무조건 반듯하게 누운 상태에서 수술하는 게 당연했던 시기에 이런 발상의 전환은 오렌지가 갖는 창의성의 한 형태다.

따분한 일도 즐겁고 가볍게

꺄르는 진지한 상황을 싫어한다. 특히 내가 어찌 못하는 일들에 신경 쓰고 스트레스받는 일을 가장 미련하다 여긴다. 조직에서도 팀 내 무거운 분위기가 흐르면 이를 풀고 분위기를 전환하는 것, 친구들 사이의 기분을 풀어주고, 함께 잘 지내려는 모습도 꺄르의 특징이다. 특히 분위기가 무거워 입을 열기 쉽지 않은 상황에서도 의중을 가볍게 묻고 상대 감정을 풀어준다. 꺄르는 상대 감정에 관심이 있기보다, 지금의 분위기를 풀고 모두가 함께 즐거워졌으면 하는 욕구가 더 크기 때문에 어느 편에 치우치거나 상대 감정에 매몰될 일은 많지 않다.

꺄르는 루틴과 틀 안에 갇힌 일을 싫어하며, 높은 책임을 지는 상황을 회피하려 한다. 본인의 자율성이 보장되는 것이 우선이기 때문이다. 이러한 특징은 하나의 일을 오래 지속하는 데 어려움이 있어 금세 그만두고 다른 일자리를 찾는 모습으로 나타난다. 회피적 행동은 진로 선택에 있어 자신에게 적합한 직업을 찾는 데 오랫동안 방황의 시간을 보내는 원인이 되기도 한다. 물론 그 시간을 보내고 있는 내담자를 만났을 때 그는 내게 가벼운 한마디를 던졌다. "계속 직업을 바꾸면서 재밌게 살면 되죠."

언제나 자유와 즐거움을 추구하는 꺄르! 다른 컬러와 혼합된다면 어떤 양상을 보일까? 오렌지 다음으로 다른 컬러 유형이 왔을 때 어떤 모습을 보이는지 긍정과 부정의 모습을 살펴보도록 하겠다.

꺄르의 혼합 컬러 해석

O R 오렌지+레드 결합

주 성향 오렌지
보조 성향 레드

오렌지+레드는 당장의 즐거움을 추구하는 목적이 강한 오렌지와 성공을 위해 부지런히 움직이는 레드가 만나 재미로 시작한 일을 돈과 연결하여 성과를 내는 특징이 있다. 오렌지의 경우 책임을 회피하거나 당장의 재미만 추구해 성과나 결과를 내는 힘이 부족한데 이 점을 레드가 보완한다. 특히 어떻게 하면 돈으로 연결시킬 수 있을지 방법을 찾는다. 섬세함이나 리스크 관리 능력은 부족하지만, 일단 최선을 다하는 실행력은 단점을 충분히 상쇄한다. 도전 횟수도 많아 확률상 성공하는 결과도 남들과 비교해서 월등하다. 자신에게 재미있는 일이기 때문에 오래 지속하거나 시도함에 고민이 없다는 점도 강점이다. 단 선택 기준이 재미이다 보니 타인이 보기에 너무 생각 없어 보이고 무작정 밀어붙이는 모습에 걱정이 되기도 한다. 따라서 어떤 일이든 한번 멈추고 시작하거나 자신에게 부족한 부분을 채워주고, 이야기를 들어줄 수 있는 사람이 필요하다. 특히 한 번에 큰 돈을 벌 수 있다거나 승리에 도취됐을 때 발생하는 문제들을 주의해야 하며, 상담에서는 스스로 문제를 해결하는 욕구가 강해 만나기 어려운 케이스다.

O R 긍정성 '역경을 즐기는 낭만가'

오렌지+레드의 가장 큰 강점은 자신과 함께한 사람들과의 유대감이며, 어떤 어려운 상황이 와도 긍정적으로 해석하고 문제를 해결할 수 있는 에너지다. 만약 여행 중 짐을 잃어버리거나 여권을 잃어버렸어도 웃으며 마무리하는 특징을 보인다. 그리고 하나의 에피소드로 추억하며 평생 안주거리로 삼을 수 있다. 오렌지+레드는 잦은 실수를 할지라도 대수롭지 않게 생각하며 역경을 뛰어넘어 성장하는 모습을 보인다.

오렌지+레드의 특징을 생각하면 마블의 〈가디언즈 오브 갤럭시〉 주인공들이 떠오른다. 자기 멋대로 우주를 누비며 말썽을 일으키고, 자신의 인정과 성취 목적한 바를 이루기보다는 팀원들과 함께여서 즐겁다. 이들은 어쩌다 보니 세상을 구하는 영웅이 되기도 하며 편한 삶을 살아갈 수도 있지만, 작은 지구에 머물지 않고 광활한 우주를 누비며 매번 새로운 에피소드를 쌓아간다.

역경 속에서 피어나는 꽃이 바로 이들이다. 자유로운 말과 행실에 가벼워 보일 수 있지만, 역경 안에서 누구보다 낙천적인 태도와 밀어붙이는 실행력으로 감초 같은 역할을 자처하며 유쾌한 삶을 살아간다.

O R 부정성 '인생은 한 방이 아니에요.'

오렌지+레드는 타인의 조언이나 말에 별다른 영향을 받지 않지만, 자신을 바라보는 시선과 평가에 예민한 반응을 보인다. 예를 들어 누군가가 자신을 낮춰 본다는 느낌을 받았을 때 물질적으로 과시하기 위해 명품이나 비싼 차를 구매해 평판을 올리려는 시도를 한다. 경제적으로 가능하다면 상관없지만, 감당하기 어려운 정도의 충동적인 선택을 하고 후회하는 사람들도 적지 않다. 인생의 목표 또한 나의 기준보다는 세상의 기준에 맞추게 되니 '인생 한 방이야'라는 허황된 꿈을 꾸기도 한다.

오렌지+레드는 투자에 있어서 가까운 지인이 추천하거나 소위 대박의 꿈을 함께하자고 권유할 때 뿌리치기 힘들다. 젊은 시절 코인과 주식에 투자한 A씨는 찬란한 미래를 꿈꾸며, 인생 한 방을 노리다 많은 빚을 지고, 현재는 돈이 될 수 있는 다양한 일을 병행하고 있다. 다행인 건 현재는 스스로에게 벌을 내린다는 생각으로 주어진 일에 최선을 다하며 문제를 회피하거나 탓을 하지 않고 오롯이 자신의 문제로 받아들이며 해결하고 있다. 역경이 다가오면 강해지는 성향이 이들을 멈추지 않고 더 단단하게 만드는 원동력이 되지만, 후폭풍을 견딜 필요 없는, 조금만 더 안전한 선택을 하길 바란다.

O Y 오렌지+옐로 결합

오렌지+옐로는 순수한 즐거움과 자유를 찾는 오렌지와 지적 호기심이 높은 옐로가 만나 무엇이든 경험하고 즐기고자 하는 욕구가 넘치

주 성향 오렌지
보조 성향 옐로

는 조합이다. 놀이와 지적 호기심이 결합된 경험은 예상치도 못한 능력을 보유하게 되는데, '재미있어서 하다 보니 여기까지 왔다'고 설명한다. 예를 들면 여행을 다니고 친구들을 사귀면서 다국어를 사용할 줄 안다거나, 먹는 걸 좋아해 한식, 중식, 양식 분야 가리지 않고 요리한다거나, 작사 작곡은 물론 악기까지 자유자재로 다룬다. 오렌지+옐로는 특별한 목적성 없이, 순수하게 좋아해서 시작한 것에 푹 빠지고, 이후 전문성이 뒤따라오는 특징을 보인다. 주변 사람들은 오렌지+옐로를 보면 천진난만한 이미지로 생각하지만, 이러한 능력을 발휘하는 순간이 올 때면 놀라게 된다.

아이처럼 해맑고 순수한 오렌지+옐로는 '철드는 것'을 누구보다 싫어하며 마음속 어린왕자로 키덜트(Kidult) 유형이 많다.

O Y 긍정성 '누구보다 행복한 어른이'

오렌지 다음으로 옐로가 높다면, 자유와 즐거움이 성인이 되어서도 사라지지 않고 어린이의 감성을 지닌 어른이로 성장한다. 억압받기 싫어하는 자유영혼 오렌지는 재미있어 보이는 일들을 선택하고 빠르게 옮겨 다니는 특징이 있다. 이와 행동패턴이 유사한 옐로는 자신의 성장을 위해 새로운 분야를 계속해서 배우며 영역을 확장시킨다. 오렌지+옐로는 이 책에 제시된 81가지 조합 중 가장 분주하고 다양한 경험을 하게 된다.

이들은 재미있어 보이는 것을 기준으로 진로를 선택하며, 하기 싫은 일을 참고 할 때에는 얻은 수익으로 스트레스받은 그 이상의 보상 심리를 채우기 위한 소비를 한다. 가령 돈을 벌어 자신이 좋아하는 여행지로 떠난다거나 다양한 캐릭터 피규어를 수집하는 키덜트 모습을 찾아볼 수 있다. 오렌지+옐로 내담자를 만나면 어린 시절 어려운 환경에서 이런 욕구를 해소하지 못했을 때, 갖고 싶었던 장난감을 성인이 되어 구매하거나, 어렸을 때 하지 못했던 것을 직접 만들며 마음을 해소하는 경우가 많았다. TV 프로그램 〈세상에 이런 일이〉 출연자들 중 캔, 솔방울, 유리, 철사 등의 재료를 활용해 로봇이나 다양한 작품들을 만드는 사람들을 보면 대부분 높은 연령임에도 불구하고, 피터팬 같이 순수한 마음과 행복한 미소를 보여준다.

다행히 이 조합은 덕질 외에도 오렌지가 재미로 시작한 다양한 경험들이 옐로와 만나 휘발되지 않고 융합해 새로운 방법으로 수익화로 이어지기도 한다. 가령 SNS 라이브로 타인과 소통하는 것을 즐기던 사람이 쇼호스트 분야에 관심이 생겨 배움을 시작하고, 두 행동이 결합하여 라이브커머스 쇼호스트로 수익 창출이 일어나는 것이다. 재능은 노력하는 자를 이길 수 없고, 노력하는 자는 즐겁게 일하는 자를 이길 수 없기에, 그 과정은 어렵지만 이들이 안성맞춤 직업을 만나면 이길 자가 없을 것이다.

O Y 부정성 '어떻게든 되겠지'

오렌지+옐로의 부정성은 현실을 살다 보면 자신이 원하지 않은 일을 하게 될 경우가 많은데 회피하거나 대수롭지 않게 여길 때 다양한 실수로 문제가 발생된다. 즐겁고 나다운 삶을 항상 살아가야 하는 이들은 일과 나의 모습이 다를 때 상대적으로 큰 우울감을 느낀다. 초반에는 오렌지의 긍정적인 특징으로 '괜찮아. 할 수 있어'라며 자신을 다독이겠지만, 실수와 문제가 쌓이면 내적으로 옐로의 부정성이 나타나 자신을 비하하게 된다. 특히 자신의 밝고 긍정적인 모습 자체를 싫어하게 되는 경우가 발생할 수 있다.

소속된 집단에서 자신의 밝은 에너지와 회화적 표현들이 억압되었을 경우 〈브루스 올마이티〉 영화의 주인공인 '브루스(짐 캐리)'의 모습과 유사해진다. 가볍고 우스꽝스러운 자신의 모습을 싫어하는 장면이 영화 초반 집중되는데, 내가 하는 일이 사람들에게 어떻게 보이는지, 이 일이 정말 나에게 맞는 일인지 의문을 품게 되는 모습이다. 누군가에게 이들의 행동이 단순하게 '가볍다'로 치부되는 경우가 지속될 경우 오렌지의 특징인 즐거움을 찾아 행동하는 강점이 사라지고, 옐로의 특징인 자신에 대한 의문만이 남게 된다.

브루스가 신의 능력을 갖게 된 이후에도 오렌지+옐로의 모습이 나타난다. 자신을 괴롭힌 사람들을 혼내주고, 이후 자신이 하던 일에서 돋보이고자 이기적인 행동들이 발현된다. 아이처럼 기상천외한 일들을 만들고, 누군가를 돕는 일보다는 자신의 문제만을 해결한다. 신이 해야 하는 일은 귀찮으니 얼렁뚱땅 넘기다 무언가를 잘못됐음을 느끼고 다시 삶에서 중요한 것들을 찾아 일상으로 돌아오는데, 오렌지를 받쳐주는 옐로의 성찰이 있기에 가능한 일이다.

오렌지+옐로는 자신 앞에 있는 다양한 문제를 문제로 보지 않거나 쉽게 넘기려는 습관을 바로잡아야 삶의 리스크를 줄일 수 있다. 하기 싫은 일도 그냥 넘기고 뒤에서 투덜거리다 문제를 더 키울 수 있다는 사실을 이미 알고 있을 것이다. 그때마다 회피하기보다 전문가를 찾아 도움을 요청하고 바로 해결하는 것이 성장의 열쇠가 될 수 있다.

O G 오렌지+그린 결합

주 성향 오렌지
보조 성향 그린

오렌지+그린은 오렌지의 발산적 에너지가 그린을 만나 삶의 범주가 정해지는 느낌이다. 그린의 안정적인 특징들이 자유를 추구하고 책임감이 다소 부족한 오렌지의 균형을 맞춰주는 중요한 역할을 하며, 그린의 안정적인 시도들은 오렌지를 만나 과감해지기도 한다. 그래서 어떤 일이든 시도는 빠를 수 있지만 일을 벌인 이후에는 많은 고민이 따르지만 잘 수습하는 조합이기도 하다. 관계에서도 함께하면 즐겁고 든든한 친구의 역할을 할 수 있으며, 특히 최고의 부모가 될 가능성이 높다. 자유로운 오렌지와 안정성이 강한 그린의 부모는 아이들에게 창의성과 자기조절능력을 적절하게 학습하게 도와주는 역할을 한다.

O G 긍정성 '함께하면 즐겁고 편안한 친구'

오렌지 다음으로 그린이 높을 때는 즐거운 일이 있을 때 함께하고 싶은 절친의 느낌이나, 가족들이 우당탕탕 하루하루를 보내는 유명 시트콤의 장면이 떠오른다. 오렌지의 가벼워 보일 수 있는 모습은 그린의 안정성과 무게감과 만나 위트 있고, 유쾌한 모습으로 비칠 수 있으며 함께하면 에너지가 넘친다. 관계에 대한 욕구도 강해지기에 마음 편한 장소나 용품을 알게 됐을 때 가까운 사람을 떠올리며, 공유하기도 한다.

오렌지+그린은 주변 사람들과 함께 즐기고 추억을 만들 수 있는 활동이나 모임에 관심이 많은 편이다. 특히 이 조합을 지닌 부모들의 특징은 아이들과 친구처럼 즐겁게 지낸다는 점이다. 주말에 어떤 보드게임을 하면서 즐길지 고민하고, 가족 모두가 함께하면 좋을 취미활동을 찾아 캠핑이나 해외 여행을 즐겨 한다.

대표적인 캐릭터로 〈포켓몬스터〉의 악당 역할인 '로켓단'을 들 수 있다. 사실 로켓단의 과거와 행동 하나하나를 살펴보면 악당보단 가족애 넘치는 모습을 볼 수 있다. 로켓단인 로사, 로이는 말을 배우느라 능력 없는 포켓몬 냐옹이와 일부러 팀이 되어주었고, 추울 때 따듯한 옷을 함께 입고, 밥을 함께 먹으며 포켓몬을 배려한다. 이들은 포켓몬을 도구처럼 생각하지 않고 가족처럼 아껴주는 모습이 모험을 즐기고 서로를 아끼는 오렌지+그린의 모습이라 할 수 있겠다. 이처럼 어떤 이해관계에 있든 함께 있으면 즐거운 에너지와 편안함을 동시에 얻을 수 있는 장점이 특징이다.

O G 부정성 '전투력 0'

오렌지+그린은 부정적인 감정을 직접적으로 표현하는 데 어려움을 느낀다. 오렌지는 분위기를 부정적으로 만드는 언행이나 행동을 최대한 피하고, 그린은 타인에게 상처 주는 말을 하기보다 손해 보더라도 참는 편을 택한다. 따라서 오렌지+그린은 불편한 상황을 격하게 회피하는 모습을 보인다.

'좋은 게 좋은 거야'의 태도가 매우 강한 컬러 조합이다 보니 자신의 공이나 권리를 주장하지 못하거나 빼앗기는 경우가 생긴다. 조직에서는 팀원들을 위해 희생하는 경우가 많은데 함께 프로젝트를 진행했음에도 상사나 동료에게 공을 돌리기도 한다. 겸손을 가장한 회피가 습관처럼 몸에 배어 있다. 답답함에 친한 동료나 주변 사람들이 "왜 이야기를 안 해? 아무리 상사라도 네가 이 일은 더 많이 했잖아"라고 하면 이때 오렌지+그린은 사람 좋은 웃음을 보이며 "아니야~ 다 같이 열심히 한 거니까 괜찮아."라는 반응을 보인다. 오렌지+그린의 이러한 태도가 익숙해진 주변인들은 무례한 행동을 해도 죄책감이 없거나, 이를 이용하기도 한다. 이들은 관계가 가까워질수록 무례한 행동을 보이는 사람들로 점점 지치게 되고 회피 성향이 더욱더 강해지는 악순환을 겪는다.

우리는 삶을 살아가면서 어느 정도의 공격성이 필요하며, 공격성은 나를 지키는 하나의 건강한 수단이 될 수 있다. 이러한 사실을 인지하고 불편한 상황을 회피하기보단 마주하며 자신을 지키는 경험을 조금씩 하길 바란다. 이런 경험들이 쌓이면 성장할수록 자신의 입지를 만들어가 관계 균형을 잡을 수 있을 것이다.

OB 오렌지+블루 결합

주 성향 오렌지
보조 성향 블루

오렌지+블루는 자신의 이상적인 삶의 목표를 현실적으로 차근차근 이루는 힘을 보유한다. 또한, 오렌지의 긍정성이 블루의 불안과 완벽주의를 완화하여 다양한 시도들을 마무리 지을 수 있는 힘을 실어준다. 처음 보는 사람들은 오렌지의 즐거운 이미지를 가볍다고 오해해 능력을 평가절하할 수 있는데 큰 착오다. 이들의 진정한 매력은 함께 프로젝트를 진행할 때 나타난다. 위트 있고 가벼운 관계를 즐기면서도, 일 처리만큼은 명확한 모습을 보이는 매력이 있기 때문이다. 이처럼 오렌지의 유연하고 유쾌한 특징과 블루의 꼼꼼함과 높은 완성도의 결합으로 유쾌한 전문가가 된다.

OB 긍정성 '가볍게 보다간 큰 코 다칠 수 있어요'

오렌지 다음으로 블루가 높다면, 자유로움과 구조화된 삶의 틀이 공존하는 다소 모순적인 조합이 된다. 성숙도가 높아질수록 일과 생활의 균형을 누구보다 잘 조절하며, 실현 가능한 행복을 위해 노력하는 모습도 보인다. 성장하는 과정에서도 즐겁게 일상을 즐기는 꾀돌이로 어떻게 하면 빠르게 주어진 일을 마치고 놀 수 있을지 궁리하지만, 꾸준히 성과가 나타나 주변에서는 오렌지+블루의 의외성을 확인할 수 있다. 학창시절 매일 놀기만 하는 거 같은데 성적은 높고, 자신은 공부를 다 해놓고 주변 친구들을 꼬드겨 놀러가는 캐릭터를 떠올려도 좋겠다.

대표적인 캐릭터로는 슬랩스틱 코미디물의 애니메이션인 〈톰과 제리〉의 '제리'나 영화에서는 〈나 홀로 집에〉 주인공 '케빈'을 들 수 있다. 둘 다 밝고, 낙천적인 아이 같지만 적에게는 치밀하게 골탕을 먹인다. 케빈의 경우 도둑들이 들어오지 못하게 사람들이 많은 척 위장을 하거나, 진입할 예상 경로를 예측하고 다음 함정에 추가 데미지까지 고려한다. 악당들과 싸울 계획 지도를 꾸민 모습도 정말 귀엽다. 또한 주어진 자원 안에서 생각지도 못한 발상으로 함정을 만드는데, 비디오 영화의 주인공 목소리로 도둑이나 사람들에게 겁을 주는 장면으로 나타난다. 현실에서 적으로 만나면 골치 아픈 캐릭터다.

O B 부정성 '성공 이후를 주의하자'

오렌지의 이상적인 목표를 블루가 보완해주는 장점이 있지만, 목표 자체가 터무니없고, 즐거움의 목적이 강하기 때문에 청년 시기에는 현실적으로 이뤄지기 어렵다. 무엇보다 자기 꾀에 넘어가 낭패를 보는데, 실수하거나 마무리가 미비할 때 거짓말을 하거나 교묘하게 말을 돌려 상대방에게 신뢰를 잃기도 한다.

무엇보다 오렌지+블루는 별 생각 없이 시작한 일에 생각지 못한 성취를 얻게 되었을 때 주의해야 한다. 예상치 못한 성공에 자신의 논리를 뒤늦게 부여하여, 당연한 성공이었다고 승리감에 도취될 수 있기 때문이다. 그러한 도취는 탈이 날 수 있다. 특히 몇 차례 투자이익을 경험한 경우가 그렇다. 가능성을 확인한 오렌지와 자신의 논리에 믿음이 강한 블루가 만나면 큰 모험을 하게 된다. 문제는 성공 경험 이후 오렌지의 충동성이 강해지면서 투자손실로 이어지고 그간 오렌지의 수익 경험은 이후에 만회할 수 있다는 착각을 불러일으킨다. 손실이 클수록 자신의 실패를 만회하기 위한 블루 성향은 강화되어 이유를 찾지만 결국 선택의 순간에는 오렌지의 특성이 나타나 무리수를 두게 된다.

처음은 재미로 투자를 접한 청년 중 수익을 꾸준히 내다 중요한 순간에 큰 리스크를 짊어지고 선물 투자로 재기하기 어려운 상황까지 가는 경우가 이와 같은 사례다. 따라서 생각보다 큰 이득을 보았을 때 승리감에 도취되어 더 큰 모험을 시도하기보다, 오렌지의 충동성을 잠재우기 위해 한 발짝 떨어져 숨을 깊게 쉬어 보는 것은 어떨까.

O P 오렌지+핑크 결합

주 성향 오렌지
보조 성향 핑크

오렌지+핑크는 자유와 사랑스러움의 결합으로 톡톡 튀면서도 상냥한 매력이 있다. 서비스 업종 전반에 역량이 발휘되며 자신을 드러내는 모델이나 인플루언서처럼 대중 앞에서 사랑받는 것이 즐겁다. 이들은 자신의 매력을 상승시키는 것과 핫플레이스 방문에 관심이 많아 관련 소비를 즐긴다.

오렌지는 대체로 타인에게 받는 피드백을

잔소리로 받아들이는 경우가 많으며, 핑크는 피드백을 수용하면서도 마음의 상처를 받는다. 두 결합은 원치 않은 조언을 들었을 때 무엇보다 격하게 부정적으로 받아들일 수 있다. 따라서 멘토나 깊은 신뢰의 관계가 아니라면 조언을 삼가는 것이 좋겠다.

O P 긍정성 '편견 없이 사랑하는 로맨티스트'

오렌지 다음으로 핑크가 높다면 낙천적인 모습에 자기애가 넘치는 사람을 떠올리면 좋겠다. 이들의 가장 큰 무기는 편견 없는 순수한 사랑이다. 그들은 밝고 사랑스럽기까지 해, 주변에 친구들이나 사람이 참 많다. 깜짝 이벤트도 이들 전문이며, 인간미 넘치는 매력으로 이성들에게도 인기가 많다. 간혹 상대방은 자신을 좋아한다고 여겨 오해를 사기도 한다. 편견도 적고, 처음 보는 사람들과도 금방 친해질 수 있는 친화력이 이들의 매력과 더해져 생기는 오해이다.

여행 중 누구와도 친해질 수 있는 오렌지가 오랜 시간 연락하고 연을 이어가기 위해서는 핑크가 지닌 관계의 소중함이라는 특징이 포함되어야 가능한 일이다. 이들에게 물리적 거리보다는 그때의 즐거움과 추억으로 평생을 살아가는 낭만을 지니기도 한다. 각박한 현실에서는 보기 어려운 조합으로 이를 대표하는 캐릭터로는 〈슈렉〉에 나오는 당나귀 '동키'가 있다.

동키의 넉살은 항상 무서운 오우거로 오해받던 슈렉의 마음을 열어주었다. 친구가 되기 전 동키는 슈렉이 겁을 주고 쫓아버리려 해도 아랑곳하지 않았다. 오히려 그런 그에게 흥미를 느꼈고, 친해진 뒤 속마음을 터놓는 장면에서 오우거인 건 아무 상관없다고 이야기한다. 슈렉은 편견 없이 자신을 있는 그대로 바라봐 준 동키에게 고마움을 느낀다. 슈렉과 무찌르러 간 용 또한 동키와 사랑에 빠져 아이를 갖게 되는데 이는 누구와도 가까워질 수 있는 오렌지+핑크의 능력이다.

현실에서는 외적인 매력도 뛰어난 경우가 많다. 자신을 꾸미는 수준이 높으며 내적인 순수함과 함께, 누구나 자신의 편으로 만드는 매력을 잘 활용하면 좋겠다.

O P 부정성 '피드백하지 말아요'

우리는 누구나 피드백 받는 상황을 달가워하지 않는다. 그런데 유독 오렌지+핑크 조합은 상하관계에서 오는 피드백, 서로의 말에 피드백이 오가는 찬반 토론, 외부로부터 오는 댓글 등에 예민한 반응을 보인다. 오렌지는 '즐거운 오늘의 나'로 만족하는 색이며, 핑크는 '타인으로부터 사랑받는 나'로 행복을 얻는 색이다. 따라서 두 결합은 내가 하고 싶은 것을 하면서 타인에게 사랑받고 싶어 하는 유형이라고 볼 수 있다. 오렌지는 톡톡 튀는 매력으로 타인의 시선을 끌어오는 데 특화되어 있어 자신의 이미지를 노출시키는 진로를 선택하는 경우가 많은데, 핑크로 인해 피드백 받는 자체가 스트레스로 작용하니 모순적이라고 말할 수 있다.

오렌지+핑크는 나를 평가하지 말고 있는 모습 그대로 받아주고 사랑해주길 원하지만 우리는 살아가면서 평가에서 자유로울 수 없다는 것을 안다. 우리는 취업 시 면접이나 직장생활 중에도 가볍게는 동호

회와 같은 사회생활 중에서도 사람들에게 평가받는다. 오렌지+핑크에게 해주고 싶은 조언은 '상대방의 피드백을 수용하는 노력을 해보자'이다. 피드백은 타인의 기준이고 나에게 맞지 않을 수 있지만 성공한 사람들의 경험을 살펴보면 가족, 지인, 고객들의 피드백을 수용한 경우가 많다.

트로트 가수 장민호는 데뷔 초반, 관객의 반응이 좋지 않았다고 한다. 그 당시 장민호는 수염을 기르며 남성미 풍기는 이미지를 추구했는데, 한 아주머니께서 콘셉트를 바꾸는 게 어떠냐고 말했다고 한다. 장민호는 속으로 왜 남의 콘셉트에 이래라저래라 하는지 속상했지만, 이유를 물어봤고, 아주머니는 '집에 없는 걸 원해요. 깔끔하고 정갈하며 예의를 갖추는'이라 답변했다고 한다. 그 이후 장민호는 머리를 짧게 자르고 트로트 신사로 변신해 꽃길로 걷기 시작했다고 한다. 만약, 피드백을 지나쳤다면 어땠을까. 피드백이라는 것을 모두 귀에 담을 필요는 없지만, 듣고자 하면 인생에 가장 필요한 변화의 열쇠를 발견할 수 있다. 오렌지+핑크는 타인의 피드백을 회피하기보다 자신에게 관심을 준 것에 고마움을 느끼며 성장의 열쇠로 사용하길 바란다.

O RB 오렌지+로열블루 결합

오렌지+로열블루는 어린아이 철학자와 같다. 어려운 질문에도 어린아이처럼 순수하고 맑은 눈으로 세상을 바라보며 답변하는 것이다. 〈유 퀴즈 온 더 블럭〉이라는 TV 프로그램에 9살 아이가 우연히 등장했다. MC조세호는 어린아이에게 "신이 친구를 만들 때 귀여운 얼굴도 넣

주 성향 오렌지
보조 성향 로열블루

고, 머리카락도 넣고 했을 텐데 무엇을 안 넣어준 것 같아요?"라고 질문했다. 어린아이는 고민 없이 "신께서는 저에게 남김없이 전부 다 주신 거 같아요"라고 대답했다. 다시 MC 조세호는 가끔씩 유재석 아저씨가 미울 때가 있는데 어떻게 해야 하냐는 질문에 "미워도 잘해줘야 해요. 왜냐하면, 나한테 소중한 사람이니까"라고 답변했다. 쉬운 답변 같아 보여도 아이가 한 답변처럼 생각하거나, 말하는 어른을 만나기란 쉽지 않다. 이처럼 오렌지+로열블루는 아이처럼 그러나 깊은 사유를 하며 성장한다. 자신만의 전문직을 가지면서도, 영혼의 때가 탄 느낌이 들면 훌쩍 떠나 살다가 스스로 맑아졌단 판단이 들 때 다시 나타나길 반복한다.

O RB 긍정성 '진정으로 삶을 즐기는'

오렌지 다음으로 로열블루가 높은 컬러 조합은 친구 같은 모습으로 삶의 본질을 일깨워주는 스승이라 할 수 있다. 오렌지의 수평적 관계를 맺는 특징은 나이 차이와 상관없이 동등하게 나타난다. 특히 오렌지 성향을 지닌 어른은 기존의 방식이나 관념에 얽매이지 않는 편이다. 각자 개성을 존중하며 순수하게 세상을 바라보기에 아이들과 공감대 형성이 높아 아이들이 가장 좋아하는 유형이기도 하다. 오렌지가 거시적 관점과 통찰력을 지닌 로열블루와 함께라면, 유유자적 신선의 느낌이 들기도 한다.

영화 〈죽은 시인의 사회〉의 '키팅' 선생님은 학생들에게 타인의 인정도 중요하지만, 나다움이 중요하다는 걸 강조한다. 아이비리그에 가기 위해 명문 입시고에 모인 학생들에게 기존의 수업 방식을 버리고 자신의 길을 걷는 방법을 알려준다. 처음에는 학생들 사이에 거부감도 있었지만 스스로 삶에서 진정 중요한 게 무엇인지 깨닫는 순간이 찾아온다.

상담 케이스 중 한 분은 '사람은 죽을 때까지 재미를 위해 노력해야 한다'고 주장했다. 내담자의 주장은 단순한 의견이 아니라 삶의 답을 찾기 위해 의도적으로 남들과 다른 인생을 선택했다는 점이다. 과거 정해진 틀과 시스템 안에서 생활해 사회적 위치에 올랐지만 나답지 못했고 정신적으로 힘들었다고 한다. 이후 자신을 이해하기 위해 모든 것을 내려놓고 타지에서 오랜 시간을 생활했고, 자신이 생각하는 삶의 기준과 행복을 글로 정리해 온라인상 공유했다. 자유를 얻는 순간 삶의 재미를 찾을 수 있었고 자신만의 행복을 누릴 수 있었다고 말했다. '인생을 소풍처럼 살아가라'라는 장자의 명언이 떠오르면서 이야기하는 내내 어린아이 같은 그의 순수함이 부러웠다.

O RB 부정성 '자유가 최고의 가치'

자유로운 삶을 선호하는 오렌지와 철학적인 고집이 있는 로열블루 결합은 자유를 인생의 최고의 가치로 생각한다. 부정성은 그것을 타인에게 강요하거나, 타인에게 침해당할 경우 강한 불쾌감을 나타내는 것에서 비롯된다. 예를 들어 모두 함께 있는 실내에서 전자담배를 피우며 조용히 통화하던 사람이 있었다. 그런데 옆 사람의 큰 대화 소리가 통화에 방해되었는지 조용히 해 달라고 요청했다. 자신의 자율성은 우선되면서도 실내에서 떠드는 것은 예의 없다며 자신의 무례함은 알지 못하는 것이다. 패키지 여행지에서는 계획대로 따르는 것이 중요한데, 자유롭지 못하다고 별점 테러를 하는 것과 비슷하다. 그렇다면 패키지 여행보다 자유여행을 떠나는 것이 맞지 않는가.

또한, 틀을 싫어하는 오렌지와 기존의 틀을 없애버리고 자신만의 세계관으로 재구성하는 로열블루의 결합은 천방지축, 자기 멋대로인 사람처럼 비칠 수 있다. 예를 들어 조직이나 모임 내 오래된 규칙이나 규범이 자유를 침범하거나, 유연하지 못하다는 느낌이 들었을 때 불만을 토로하며 규칙을 파괴하려는 모습을 보이는 것이다. 키팅 선생님도 기존 수업 방식에서 벗어나 주체성을 찾기 위한 지혜를 학생들에게 전달하지만 좋은 대학을 가기 위한 목적이 명확한 학생, 학부모, 학교 관계자들이 보았을 때는 어처구니없는 상황일 수 있다. 한국으로 비춰보면 어느 날 새로운 교장 선생님의 취임 이후 고3 수험생에게 건강이 중요하니 아침에 1-2교시는 체육을 해야 한다는 공문을 학부모들에게 보낸 것과 다를 게 없다.

오렌지+로열블루는 보편적인 사회적 규율, 규칙이 마음에 들지 않을 때 이를 전부 없애거나 바꿔버리는 선택을 할 때가 많다. 하지만 기존의 방식을 변화시키기 위해서는 자신의 올바른 기준뿐만 아니라 함께하는 사람들의 생각을 설득시키는 노력과 한순간의 변화가 아닌, 천천히 변화될 수 있는 차분한 시간이 필요하다. 자신의 방법이 아무리 올바르고 중요하다고 해도, 공동체 내에서 독단적으로 행동하는 것은 역효과를 불러일으키기에 변화의 단계를 세분화해 조금씩 자신의 방향으로 이끌어가는 시간을 가져보는 건 어떨까?

OM 오렌지+마젠타 결합

주 성향 오렌지
보조 성향 마젠타

오렌지의 친화력과 마젠타의 이타심이 결합된 오렌지+마젠타는 작은 어려움에 있는 사람에게도 선뜻 다가가 유쾌하게 도움을 자처하는 특징으로 나타난다. 이러한 행동은 드라마 〈도깨비〉에서 일자리를 찾지 못한 정비공이 옆 사람에게 샌드위치 한 조각을 건네며 힘을 내라고 말한 장면을 떠오르게 한다. 샌드위치를 받은 사람은 극 중 도깨비로 큰 행운을 가져다주는데, 오렌지+마젠타는 이런 기연을 경험할 확률이 높다. 그러나 이들의 선행은 누군가와 함께 일상을 나누거나 도울 때 얻어지는 즐거움이지 무엇을 바라고 하는 선행은 아니며, 많은 사람에게 자신의 에너지를 나눠주고 있어 나에게 행운을 가져다주는 인연인지 모르고 지나가는 경우가 많다. 그럼에도 밝은 친화력과 도움을 주는 마음은 주변 사람들의 눈에 들어 함께 일하자는 제안이나 기회를 얻는 경우가 많다.

OM 긍정성 '누구에게나 밝고 따뜻한 이웃'

오렌지 다음으로 마젠타가 높다면 문제를 해결해주는 따뜻한 친구가 된다. 자유와 이타심의 결합으로 성장할수록 빛나는 조합이다. 누구와도 가까워질 수 있는 오렌지가 타인을 돕고자 하는 모습이 좋은 인성으로 비치기 때문이다. 이 특징들은 능동성을 만들고 자신이 답답하거나 고치면 재미있을 법한 일들을 찾아 대가 없이 움직이기도 한다. 재미있는 이미지를 만들어 사회 풍자를 하는 사람, 우스꽝스러운 탈을 쓰고 보육원 봉사활동을 하는 사람, 청년들과 소통하며 진로를 도와주는 사회복지사, 지역 문화와 놀이를 결합하여 축제를 기획하고 지역 활성화를 높이는 사람 등 자신은 즐겁게 시작한 일이 누군가에게 의미가 될 때 이들은 진로의 방향이 되기도 한다.

성공이나 큰 부와 같은 뚜렷한 목적을 갖고 살아야 할 것 같은 요즘 시대에, 공동체를 위하고 사회를 위해 힘쓰는 사람이 귀해졌고, 순수하게 즐기면서 누군가를 돕고자 하는 사람의 삶의 태도는 사회에서 높은 경쟁력이 되었다. 실제 이 조합은 함께 무엇을 하자는 제의를 많이 받는 캐릭터 중 하나이다. 사람의 됨됨이가 중요한 일들일수록 더욱 그렇다. 어떤 조력자가 유심히 보거나 추천을 의뢰해 이들과 연이 되기도 한다. 오렌지 특유의 진로 방황은 초년기 삶의 방향을 잡는 데 어려움이 있지만, 마젠타로 인해 이타적인 마음이 결합된다면 자신도 모르게 좋은 기회를 얻을 수 있다.

자신이 좋아하는 그림을 그려 근근이 생활하던 청년 A도 10년이 지나 포기하려던 찰나 그를 유심히 지켜보던 작가의 눈에 들어 함께 전시와 작품회를 열기로 제안받았고, 지금은 자신의 작품들을 조금씩 인정받기 시작하였다. 벽화 봉사활동이나 아이들에게 그림을 알려주는 일을 하면서 인연을 맺고 생각지 못한 기회를 얻게 된 것이다. 이처럼 순수한 즐거움을 나눌 수 있는 강점을 잘 살려 뜻밖의 기회와 마주하기 바란다.

O M 부정성 '굴러들어온 행운을 차버리는 아이'

오렌지+마젠타의 부정성은 자신의 즐거움으로 시작한 일이기에 돈이 되지 않아도 크게 신경 쓰지 않는다는 점이다. 오히려 이런 내 모습을 칭찬하고 좋게 봐줬으면 하는 명예욕이 좀 더 높을 수 있다. 이런 경우 현실적으로 경제적인 활동과 자립이 늦어지게 된다.

이들은 기회를 얻어도 쉽게 거절하는 경우가 많다. 예를 들어 높은 책임을 요구하거나 한 번도 경험해보지 못한 일이라면 선택을 머뭇거린다. 현재 즐거운 일에 몰두 중이라면 시간이 부족하다는 등의 이유를 만들어 좋은 기회를 거절하기도 한다.

유망한 스타트업 P대표는 동호회에서 알게 된 한 청년을 눈여겨보고 있었다. 공동체 안에서 즐겁게 맡은 바 일을 잘해내는 모습이 마음에 들었기 때문이다. 청년은 직업이 없었고 P대표가 보기에 조금만 이끌어주면 자신과 함께 성장하기에 안성맞춤이라는 생각이 들었다. P대표는 청년에게 좋은 자리를 제안했지만, 청년은 현재 배우고 있는 레저관련 자격 취득에 집중하고 싶다며 정중하게 거절했다.

오렌지가 강한 젊은 시기에는 타인의 제안이 쓸데없는 간섭처럼 들릴 수도 있고, 자신의 자유가 박탈되는 것은 아닌가 두려움에 휩싸이기도 해 좋은 기회를 차버리는 경우가 많다. 만약 제안을 받았다고 하더라도 책임감이 높은 자리를 맡게 되었다면, 제안해준 사람의 기대에 미치지 못해 트러블이 일어나기도 한다. 다행인 건 나이가 들고 마젠타의 경험주의적 동기들이 쌓이면 상황은 달라질 수 있다. 오렌지의 긍정성은 타인과 업무를 할 때 활력소로 사용하고, 마젠타의 긍정성은 지금까지 쌓아온 자신만의 노하우를 팀원과 공유하며 유쾌한 리더로 함께 성장하기 때문이다.

O V 오렌지+바이올렛 결합

주 성향 오렌지
보조 성향 바이올렛

오렌지+바이올렛은 자극 욕구와 직관성이 매우 높다. 오렌지의 자유로움이 바이올렛을 만나 차원을 넘나드는 느낌이라 설명하기도 이해하기도 어렵다. 사회적으로 인정받고자 하는 레드와 자신의 성장이 중요한 옐로와는 결이 다르며, 자신의 즐거움을 실현하는 일이 원초적인 욕구이다. 오렌지와의 결합 중 가장 자유로운 영혼으로 절대 잡히지 않는 매력이 있으며, 조직생활은 매우 어렵다. 오렌지+바이올렛은 높은 자극 욕구와 직관을 활용할 수 있는 환경에서만 천재성을 발휘할 수 있으며, 그렇지 못한 경우에는 잦은 일탈로 일반적인 생활이 어려울 수 있다. 우리나라에서는 보기 드문 캐릭터 조합으로 광고디자인, 영상디자인, 게임 스토리 기획자, 음악 감독, 자유분방함이 강조된 창조 예술 등 틀 없이 자신의 영감을 오감으로 표현할 수 있는 일을 하는 경우가 많다.

O V 긍정성 '예측 불가 퍼포먼스 실행가'

오렌지 다음으로 바이올렛이 높다면 즐거움을 향한 욕구가 바이올렛의 천재성을 만나 특별한 시도를 즐기는 사람으로 성장한다. 자신의 자극욕을 추구하기 위해 번뜩이는 생각과 말도 안 되는 형태의 시도를 끊임없이 하게 된다. 유연한 오렌지의 사고와 아이디어는 생각에서만 그치는 경우가 많지만, 바이올렛과 결합되면 실행까지 이어진다. 실행력의 크기는 성공과 관련해서는 레드 유형보다 작을 수 있다. 하지만 깊은 영감으로 하나에 꽂힌 경우에는 현실성과 상관없이 무조건 시도하여 레드보다 무모해 보인다. 특히 퍼포먼스에 가까운 일들 중에 과감한 시도들은 오렌지+바이올렛에게 주로 나타난다. 이들의 행보는 일반적인 사고로는 예측하기 어렵고, 받아들이기도 힘들지만 센세이션을 일으키기 충분하다.

대표적인 인물로 살바도르 달리(Salvador Dali)가 있다. 오렌지+바이올렛의 특징이 나타난 그의 과거를 보면 유년기 시절부터 죽은 박쥐를 입에 넣는 기행을 벌이거나, 1936년 국제 초현실주의 전람회에서 구식 잠수복과 헬멧을 착용해 강연하다 질식사할 뻔한 일들을 보면, 일반적인 사람은 아니라는 걸 알 수 있다. 이런 충격적인 행보는 누군가에게 반감을 사기도 하지만 자신의 특별함을 타인에게 강렬히 각인시킨다. 대중은 이런 행동을 보고 사람 자체가 브랜드라고 말하게 된다.

오렌지+바이올렛의 행동은 처음에 우스꽝스러워 보이지만 나름의 철학이 있고, 대중들은 그것을 밈처럼 즐기며 결국 매료된다. 나다움이 브랜드가 되는 오렌지+바이올렛은 어떤 영역이라고 설명할 수 없을 만큼 이해하긴 어렵지만, 아무나 실행하지 못한다는 점은 많은 사람이 동의할 부분이며, 그 속에 자유가 있다.

O V 부정성 '마이웨이 창조가'

자유분방함과 창조성으로는 따라올 조합이 없지만, 무모함이 결합되면 현실과 동떨어져 바보 같아 보이거나, 이기적인 모습으로 비칠 수 있기에 관계를 맺은 사람들의 근심과 걱정이 클 수 있다. 부모와 자녀, 친구, 연인, 부부 어떤 관계이든 예측이나 통제가 불가능하기 때문에 깊은 관계인 사람일수록 관계에 대한 불안은 커진다.

오렌지+바이올렛은 자극추구적인 행동이 욕구가 되기 때문에, 자신의 생각과 행동을 설명하는 데 어려움이 있다. 식욕은 배가 고프니까, 먹고 싶으니까, 맛있어 보이니까 등 이외의 설명이 어려운 것처럼, 이들의 자유로운 실험정신은 '그냥, 재밌으니까, 좋으니까, 해보고 싶어서'로 설명할 수밖에 없다. 대중의 인정을 받고 성공을 해야 하는 진로를 선택했다면, 대중을 이해시키는 작업물을 만드는 데 어려움이 있고, 대중의 이해를 받지 못해 부정적인 상상에 사로잡혀 있을 수 있다. 이들은 대중을 위한 선택을 한 사람들을 진정한 예술가로 인정하지 않고, 그들의 예술성을 깎아내리며 자신의 예술성이 더 높고 가치 있다고 여긴다.

오렌지+바이올렛은 성공한 이후에 더 높은 자극을 원해 사회적 일탈로 물의를 일으키는 경우도 많다. 개인적으로는 이 조합만이 가능한 삶의 철학과 문제를 해결하는 기발함을 계몽적이고, 이타적인 곳에 활용했으면 하는 바람이다. 무엇보다 자극을 조절하고 스스로를 돌아보거나, 타인의 말을 귀담아듣는 데 어려움이 있어, 무모한 행동을 바로 잡아줄 사람이 필요하다. 그러기 위해서는 명상, 요가, 다도(茶道), 혼자만의 산책처럼 자신의 에너지를 안정적으로 만들어 줄 취미를 즐겼으면 한다.

Orange's core message

'삶의 무게 즐기기'

꺄르는 어디에나 얽매이지 않고, 자신답게 살아가는 자유 그 자체이다. 그러나 간혹 무책임한 선택을 나답다고 착각하는 경우가 많다. 자유로움과 책임의 경계선에서 어떤 선택을 할 때 '나에게 진정 도움이 되는 것인가?' 되물으며 잠시 생각해 보았으면 한다. 두려움을 경험한 사람이 진정한 용기를 가질 수 있듯이, 나다운 나를 찾기 위해서는 나답지 않은 경험이 필요할 수 있다. 어디에 얽매여 집중해보거나, 나와 전혀 다른 사람들의 삶을 이해하기 위해 그들처럼 살아보는 시간도 필요하다. 겉보기에 좋은 모습이나 그럴싸한 말들로 자신을 가볍게 만들기보다, 삶의 무게를 긍정적으로 승화시켜 성장한다면, 진정한 자유를 찾은 오렌지 모습의 자신을 발견하게 될 것이다.

YELLOW

호기심

성장

지식추구

변화

성찰

낙관적인

자신감

융합적 사고

＼

지적우월감

결정 회피

억울한

복수심

비관

자책

자기확신 부족

혼란스러운

YELLOW

높은 하늘, 빛나는 태양이 되고자
새벽을 견디는 옐로는 오늘도 성장한다.

괴테(Johann Wolfgang von Goethe)는 색채론에서 명도와 채도가 모두 높은 원색으로 "옐로(Yellow)는 빛과 가장 가까운 컬러다"라고 말한다. 빛 자체에서 느껴지는 따뜻함은 오래전부터 우리에게 생명의 에너지를 제공하기 때문일 것이다. 고대시대에는 태양을 신처럼 생각한 이유이기도 하다. 대표적으로 고대 이집트에서는 태양신 '라', 그리스에는 태양신인 헬리오스가 있다. 중국에서도 황룡에 대한 선조 신화와 함께 노란색은 황제만 입을 수 있었다고 전해진다. 이처럼 동서양 모두 옐로를 금색으로 인식하며 왕이나 귀족들이 사용하는 부와 권력, 귀함을 상징하는 색으로 여겨졌다.

반면, 시대나 상황에 따라 옐로가 부정적으로 사용되었는데 이집트에서는 망자에 대한 애도, 일본과 유럽에서는 배신, 독일에서는 질투를 의미하기도 했다. 옐로의 부정적 의미의 활용도가 높아진 건 12세기 이후부터로 추정한다. 근대에 와서는 인종차별적인 컬러로 유대인을 박해하는 색, 중국의 황화론 등이 있다.

이처럼 옐로는 긍정적 의미로 귀함을 나타내기 위해 활용되었으며, 부정적 의미로는 인종을 구분하기 위한 목적으로 사용되었다. 이는 옐로 자체의 양면성을 보여준다.

색채치료 관점에서 인간이 옐로에 노출될 경우 정신적으로는 창의성을 발휘하고 밝은 에너지를 전달한다는 연구들이 있다. 신체적으로는 신경계와 심장과 근육을 강화해 주며, 위액 분비를 촉진하고 적절한 내장 운동을 도모해 근육과 관절의 염증 증세를 호전시키는 효과도 있다. 하지만 오래 노출되면 우울, 불안의 정서를 경험할 수 있으니 대상이나 목적에 따라 조절이 필요하다.

옐로의 역사문화적, 심리적 특징을 보면 옐로의 양면성은 다른 컬러보다 범주가 크다. 가장 밝은색이기에 다른 색에 쉽게 물들 수 있고, 본연의 색을 잃을 가능성이 높다. 옐로 위에 검은 점을 떨어뜨리면 어떨까? 금세 번져 블랙에 시선이 집중된다. 이는 임상을 통해 본 옐로 성향의 사람과 닮아 있는데, 하나의 특징적인 성향이 있는 다른 캐릭터와는 달리 주변 환경과 관계에 영향을 받아 다양한 가면을 가지고 있었다. 또한 위험한 구조물을 보면 옐로와 블랙이 교차되어 높은 가시성으로 위험한 메시지를 전달하는데, 자연에서는 꿀벌의 꼬리가 그러하다. 이처럼 옐로는 어떤 컬러와 함께 있는지에 따라 따듯하게 또는 위험하게 변하며 다양한 가면을 갖게 된다.

옐로의 특성을 가장 잘 보여주는 자연물은 태양이다. 태양은 우리에게 밝은 빛과 햇살을 비추고, 밤이 되면 어두운 그림자를 선물한다. 이는 옐로 성향에서 가장 중요한 부분으로 해석된다. 옐로 특성을 가진 사람들은 가장 밝은 면과 가장 어두운 면이 모두 '나'이기에 양극단의 성향을 동시에 지닌다. 많은 사람들 앞에서는 태양처럼 빛나며 주목받는 것을 선호하면서도, 혼자 어두운 동굴로 들어가 자신만의 시간을 가지며 성찰하고 싶어 한다. 옐로는 종종 감정과 생각이 양극단으로 치닫는 것을 경험하며 자신이 어떤 사람인지 정의하는 것을 어려워하고 어둠 속의 옐로를 미워하기도 한다. 그러나 다행인 건 옐로의 밝은 에너지는 정반대의 어두움을 빠져나오게 하는 힘으로 사용되고, 어두운 옐로는 스스로를 끊임없이 성장시키는 원동력이 되어 준다. 옐로의 모습을 캐릭터로 비유하면 〈미니언즈〉나 〈인사이드 아웃〉의 '조이'를 떠올릴 수 있고 반대의 경우에는 빈센트 반 고흐를 떠올릴 수 있다.

빛과 가장 닮은 옐로, 다음의 내용은 옐로의 역사 문화적 관념과 인물사례, 색채심리이론 및 지금까지 쌓아온 임상 데이터를 바탕으로 옐로의 심리적 특징을 캐릭터화한 '뀨뀨(QYUQYU)'를 소개하고, 옐로가 다른 색 캐릭터와 혼합될 때 나타나는 성향과 특징을 함께 정리한다.

옐로 캐릭터 뀨뀨 QYUQYU

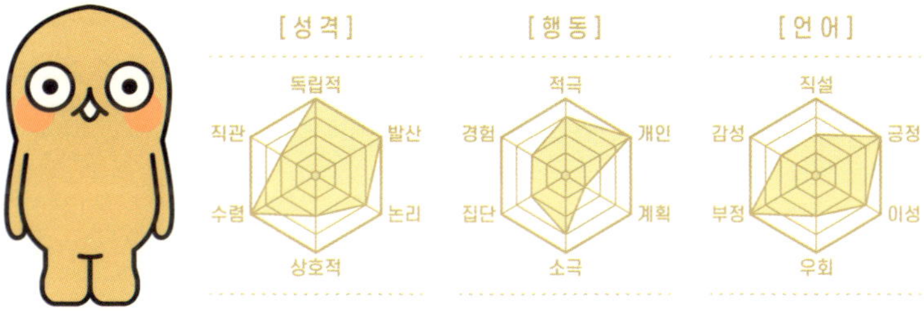

옐로 캐릭터 뀨뀨(QYUQYU)의 특성 그래프

호기심을 해소하며 레벨 업 하는 성장캐

옐로 캐릭터의 이름인 뀨뀨(QYUQYU)는 질문(Question)의 영문 앞 글자인 Q를 반복해 만들었다. 뀨뀨는 호기심 그 자체이며 삶의 선택 기준이다. 세상의 모든 걸 궁금해하는 뀨뀨는 세상을 배우는 아이와 가장 유사한 모습을 보이며 순수한 호기심과 경험들이 쌓여 나이를 먹을수록 자신만의 결과물을 만들게 된다. 호기심은 자신의 성장과 변화를 위한 원동력으로 활용되며, 진로를 선택할 때도 당장의 수입보다 앞으로의 성장 가능성을 더 중요한 삶의 가치로 여긴다. 직장을 선택할 때 역시 좋은 멘토의 존재나 조직의 성장 가능성을 본다. 뀨뀨의 성향을 지닌 사람들을 상담해보면, 좋은 직장에 다니다가 돌연 사표를 내고 스타트업에 의도적으로 취업하는 경우가 더러 있었다. 안정적인 직장을 퇴직한 이유를 물으면 자신이 그 그룹에 꼭 필요한 인재인가에 대한 의문과 높이 성장할 가능성이 불투명해 보였다고 한다.

주변에 옐로 캐릭터를 확인하고 싶다면 돈과 성장 중 단 하나만 선택하라는 질문을 던지면 된다. 만약 뀨뀨 캐릭터가 주된 성향인 사람이라면 대부분 '돈도 중요하지만 멀리 보면 내 성장이 더 중요하지 않을까'라는 뉘앙스의 답변을 듣게 될 것이다.

OR보다 AND

옐로가 바라보는 삶의 철학은 '세상에 정해진 답은 없다'이다. 문제의 조건들은 언제든 변화하기에 그에 맞는 답들도 변화할 수 있다는 걸 가정한다. 현재의 답도 시간이 흐르면 바뀔 수 있다는 생각이 깊게 자리 잡아 어떤 문제에 명확한 답을 내리는 게 어려워 보일 수 있다. 타인의 시선에는 뀨뀨의 주장과 행동이 모순되어 있거나 우유부단하게 느껴지는 이유기도 하다. 뀨뀨들은 대화 도중 '그럴 수도 있겠네?'라는 말을 자주 하는데 인과관계의 가능성을 항상 열어두고 조금이라도 확률이 있다면 자신의 주장과 확답을 피하고 다시 생각해보는 시간을 갖는다.

나와 반대 의견인 경우에도 상황에 따라서 정답이 될 수 있기에 내가 놓친 부분일 수 있다는 가능성이 조금이라도 존재한다면 배척하지 않고 최대한 수용한다. 그래서 돈과 성장의 질문에서도 하나를 선택하기보다, '돈도 중요하지만, 성장도 중요해'라는 or보다 and의 답변을 선호한다. 누군가는 명확하지 않은 옐로의 삶이 피곤하고 답답하다 느낄 수 있지만 배우고 성장하는 데 유연하다는 장점이 있다. '단 하나의 정답은 없다'라는 전제가 있어 나이, 성별, 문화와 상관없이 배울 점이 있다면 자신의 것으로 흡수하려는 노력을 한다. 이러한 특징은 다양한 사고의 확장과 수렴을 잘하는 인재로 성장하게 하며, 불확실성이 높아지는 미래에 좋은 인재가 될 가능성을 높여준다. 또한, 다방면으로 넓어지는 지적 호기심은 나이가 들어서도 활발하게 생성되어 죽을 때까지 성장 가능성이 가장 큰 유형이다.

뀨뀨는 청년기까지 사고 패턴 자체가 빛처럼 발산하는 형태이기 때문에 비효율적으로 보이지만 중년에 접어들면서 and로 연결된 모든 지식들과 경험이 융합되어 새로운 사고를 하게 되고 자신만의 성과를 내기 시작한다.

나도 나를 잘 모르겠어

뀨뀨는 행복을 위해 나다운 삶을 꿈꾸고, 자신이 누구인지 답을 찾는 것이 인생에 가장 큰 숙제가 된다. 문제는 '하나의 답은 없다'는 뀨뀨의 철학이, 결국 자신을 정의하는 데에도 어려움을 준다는 점이다. 따라서 자신에 대해 고뇌하고 방황하는 시간이 길어져 '나는 나를 가장 모르겠어'라는 생각을 자주 하게 된다.

내가 누구인지 알아야 나에게 맞는 선택을 할 수 있다고 생각하는 뀨뀨는 자신의 성장에 도움이 된다면 무엇이든 시도해보고, 그 과정에서의 실패 경험을 통해 자신의 기준을 만든다. 만족할 만한 경험과 데이터가 쌓이면 성찰을 위해 잠시 동굴로 들어간다. 그동안 쌓아온 자신만의 데이터를 정리하고 체화하는 시간이다. 성찰을 위한 데이터는 뀨뀨마다 조금씩 다른데 단순 메모나 일기, SNS, 블로그, 노트에 따로 간략하게 정리하기도 한다.

동굴에 들어가 자신의 과거와 현재의 성장 과정을 확인하고, 미래의 방향을 잡는 시간으로 보낸다. 이러한 시간의 반복을 통해 자신을 어렴풋이 알아간다. 스스로를 정해진 어떤 모습으로 정의하는 것이 아니라, 어떤 형태로든 변화 가능한 소유자가 자신이라는 걸 알아차리고 받아들이는 데 누구보다 오랜 시간이 걸린다.

따라서 꾸꾸는 나를 찾고 성장하는 과정이 방황이 아니라, 어떤 형태로든 가득 채우며 반짝이는 빛 자체가 곧 자신임을 깨닫는 여정이라 할 수 있다. 모든 형태로 존재 가능한 아름다움, 바로 옐로다움을 말이다.

꾸꾸의 혼합 컬러 해석

Y R 옐로+레드 결합

주 성향 옐로
보조 성향 레드

옐로와 레드는 모두 발산적 에너지를 띤다. 옐로는 다른 색과의 조합에 따라 외향 또는 내향으로 달라질 수 있는데, 이 조합에서는 강한 외향형 성향이 두드러진다. 행동이 다소 과해보이는 경향이 있는데, 이는 타인의 눈치를 보기보다 자기만족 중심으로 삶을 살아가며, 더 많은 일에 도전하고 부딪히는 것을 선호하기 때문이다. 이들은 하고 싶은 것이 너무나 많고, 모두 할 수 있다고 자부하면서도 시간과 환경과 체력의 한계에 부딪혔을 때 고민이 시작된다. 하면 될 것 같고, 충분히 할 수 있다고 생각하면서도 빠른 성과가 나타나지 않는 상황에 답답함을 느끼고, 이를 돌파하기 위해 또 다른 일을 벌이고 있는 자신을 보면 성장의 늪에 빠진 것만 같다.

Y R 긍정성 '성장과 성공, 두 마리 토끼를 잡다'

옐로 다음으로 레드가 높은 사람들은 자신의 성장, 성찰, 지적 호기심을 해소하는 실행력이 높아 성공으로 이어질 가능성 또한 높아진다. 삶에서 중요한 것은 돈뿐만 아니라 학문을 통한 자아 성장도 함께 이루는 것이기에, 성공을 향한 과정 속에서도 자신을 위한 공부를 놓치지 않아 삶의 밸런스가 좋다. 전문성을 지닌 옐로와 실행력이 강한 레드의 결합은, 옐로의 가장 큰 약점인 용두사미 성향을 보완한다. 호기심과 배움을 멈추지 않으면서도, 성공을 위해 끊임없이 도전하는 양이 많아지며, 옐로의 평생 숙제인 천부적 능력이나 덕업일치를 누구보다 빠르게 찾아가게 된다. 이러한 특징은 문제를 단순화하고 빠르게 결론을 내리는 레드의 성향이 뒷받침되기 때문에, 방황하는 시간이 줄어드는 결과로 이어진다.

본 유형을 이해하는 데 도움이 되는 대표적인 캐릭터로는 〈아이언맨〉의 '토니 스타크'를 꼽을 수 있다. 아이언맨의 탄생부터 죽음까지 마치 卄卄+레드가 좌충우돌 성장하는 과정과 유사하다. 초기 아이언맨은 방탕해보이고 돈을 벌기 위해 무엇이든 하는 것처럼 보이지만, 회를 거듭할수록 문제 상황을 극복하며, 자기 반성과 성찰을 통해 정신적으로 성장하며 진정한 리더의 면모를 갖추게 된다. 옐로+레드 사람들은 창의적인 도전을 겁내지 않고 실행하며, 실패와 함께 독창적인 성장을 이뤄낸다는 점에서 아이언맨의 성장 곡선과 비슷하다고 볼 수 있다. 따라서 옐로+레드 결합은 환경적 역경을 딛고 보란 듯 성장하는 것이 강점이라 할 수 있다.

Y R 부정성 '빌런 제조기'

옐로+레드의 대표적 부정성은 끊임없는 자기 과시, 자기중심적 행동으로 주의해야 하는 것은 자신도 모르게 수많은 적을 만든다는 점이다. 무엇이든 할 수 있다고 믿고, 밀어붙이는 이들은 실제 능력 또한 뛰어나기에 주변 이야기가 잘 들리지 않는다. 자신보다 능력이 낮다고 판단되면 다른 사람들을 대놓고 무시하는 경향을 보인다. 아이언맨 시리즈를 보면 말 한마디로 상대방을 적으로 만들어 스스로를 힘들게 하는 경우가 많아 아이언맨의 별명이 '빌런 제조기'이다.

미국 초대 대통령인 조지 워싱턴(George Washington)도 영국과의 경제, 정치적 문제를 해결하기 위한 제이 조약으로 의회와 대중에게 비판을 받았었다. 시간이 흘러 결과적으로 제이 조약은 미국 경제에 도움이 되었지만, 그 과정 중에 워싱턴 초상화와 제이의 인형을 태우는 등 조약을 반대한 시위대를 무시한 채 더욱더 강경하게 나가 폭동과 인명 피해를 안겨주었다. 이는 주변을 신경 쓰지 않고 자신에 대한 생각과 선택에 대한 믿음으로 상대방의 부정적 감정을 더욱 극대화시키는 경우로 볼 수 있다.

옐로+레드는 협업 과정에서 일의 진척이 더딜 때 상대방의 아이디어와 소통 과정을 무시하고 본인이 중심으로 일을 끌고 가려는 습성이 있다. 이로 인해 잦은 갈등이 발생하며, 관계에서 오는 스트레스가 높은 편이다. 따라서 협업일수록 서로 간의 템포를 맞추는 과정이 필요해 보인다. 무엇보다 대화의 초점을 사람이 아닌, 문제 자체에 두는 것이 중요하다. 이들은 답답하거나 화가 날 때, 일에 대한 논의보다 그 일을 수행하는 상대의 능력을 공격하며 인격적인 비난으로 흐르는 경향이 있기 때문이다. 따라서 타인에게 급격한 화가 올라왔을 때 잠시 숨을 고르고, 사람이 아닌 문제 자체를 보며 대화하려는 습관을 기를 필요가 있다.

Y O 옐로+오렌지 결합

주 성향 옐로
보조 성향 오렌지

옐로+오렌지는 좋아하는 것만 배우며 전문성을 키워나가는 옐로와 자유롭고 순수한 영혼의 오렌지가 결합된 것이다. 이 결합은 지적 호기심에서 실행으로 이어지는 것보다, 당장의 재미를 추구하는 경향이 강해진다. 옐로는 구체적인 목표나 계획 수립 없이 부딪히면서 성찰하고 다시 시도하는 경우가 많은데, 당장의 재미 추구와 자유로운 오렌지의 성향이 더해져 몰입하는 모습은 잠시뿐이며, 철없는 행동을 하는 사람처럼 비칠 수 있다. 이들은 꿈에 가까운 이상적인 목표를 세워 실현 가능성이 낮은 일들에 많은 시간을 보낼 수 있지만 자기 자신은 그러한 삶이 행복하다.

내담자로 만난 옐로+오렌지 사람들은 밝은 모습으로 자신을 이해하기 위해 찾았다가 현실을 직면하는 순간 우울해하거나 다시 회피하였다. 이들은 이상적인 것과 현실의 줄타기에서 고민이 많으며, 어쩔 수 없이 현실적인 삶을 살아가면서도 아이 같은 모습을 잃지 않기 위해 키덜트적인 사고와 행동을 하며 위안을 얻는다.

Y O 긍정성 '힘든 순간도 즐기는 만화주인공'

밝은색인 옐로와 오렌지의 만남은 낙천적이고 순수한 모습을 잃지 않은 사람이다. 각박하고 어두운 세상에서 이들의 순수함은 기분 좋은 미소를 짓게 하며, 자유로운 언어와 아이 같은 행동이 오히려 주변 사람들로 하여금 부러움을 사기도 한다. 만화 속 주인공처럼 어떤 역경이 찾아와도 긍정적으로 받아들이고, 위기를 기회로 삼아 더 나은 삶을 선물 받기도 한다. 또한, 감정적으로 어두워 동굴로 들어가는 옐로의 부정성이 오렌지의 밝은 영역으로 확장되어 동굴의 불이 환하게 켜져 일반적인 옐로보다 더 밝은 성향의 사람으로 이해할 수 있다. 이들은 나다움과 즐거움에 초점이 있어 자신에 대한 긍정성이 높으며, 스트레스 수준이 다른 조합에 비해 낮은 편이라, 실패하더라도 빠르게 회복하는 회복탄력성이 높다.

이를 이해하는 데 도움이 되는 대표 캐릭터는 애니메이션 〈쿵푸팬더〉 주인공의 '포'를 꼽을 수 있다. 포는 용의 전사 선발대회를 구경하고 싶었지만, 시간이 늦어 대회장 안으로 들어가는 것이 불가능했다. 하지만 선망의 대상인 용의 전사를 보고 싶다는 일념 하나로 대회장에 들어가기 위한 무리한 시도를 반복한다. 우여곡절 끝에 대회장 안으로 떨어진 포는 난데없이 용의 전사로 지목받게 된다. 어리둥절한 상황에서 부담을 느끼지만, 자신이 용의 전사가 됐다는 주변의 관심과 환호에 희망 회로를 돌린다. 만약 옐로보다 오렌지가 높았다면 막중한 책임과 무게, 고된 무술 훈련에 스트레스가 높아졌겠지만, 옐로가 높은 포는 동경했던 용의 전사로 가는 길을 기쁘게 받아드린다. 그리고 고난이 닥칠 때마다 유쾌하게 문제를 해결하는 모습을 보여줌으로써, 힘든 순간도 즐겁게 받아들여 긍정적으로 달려가는 모습이 옐로+오렌지 조합의 장점으로 볼 수 있다.

옐로+오렌지 유형은 좋아하는 것을 문제 해결의 방법으로 활용할 때, 집중력이 극대화된다. 만두에 집착하는 쿵푸팬더의 모습을 본 사부가 만두를 활용해 쿵푸를 전수한 것처럼 호기심을 자극하거나 즐거워 보이는 방법으로 문제를 해결할 수 있도록 도와주거나, 스스로 모색할 수 있는 환경을 만들어주어야 한다. 실제 옐로+오렌지는 자신이 좋아하는 방식으로 반복적인 학습이나 스킬을 습득해 전문성을 키울 수 있다. 밀리터리를 좋아하던 학생이 3D 프린트로 관련 부품과 모형을 만들며 실력을 키워 취업에 성공한 사례도 현실에서 볼 수 있는 사례일 것이다. 대신에 우리가 알고 있는 일반적인 집중력이 아닌 좋아하는 것에 꽂혀 깊이 몰입하는 상태로 이해하면 좋겠다.

Y O 부정성 '철부지 어린아이'

옐로+오렌지의 부정적 특징은 이상과 현실의 괴리 속에서 흥미가 없을 때 쉽게 게을러지는 것이다. 과도한 부담감은 습관적인 회피로 이어진다. 옐로는 조금만 노력해도 금방 높이 올라갈 수 있을 것 같은 상상을 자주 하지만, 현실에 부딪치며 흥미를 점차 잃어간다. 이때 오렌지의 자유로움은 책임감에 대한 부담감으로 상황을 회피하게 된다.

포의 경우 용의 전사로 선정되었지만, 부담감에 도망을 가기도 했는데 끝까지 이룰 수 있었던 건 자신이 동경하고 원했던 용의 전사라는 이상적인 목표가 옐로를 자극하고 있었기 때문이다.

먹는 것에 높은 흥미와 행복을 지닌 포는 용의 전사가 되는 과정 중에서도 먹는 것을 찾느라 훈련에 집중하지 못하고 게으름을 피우는 모습을 볼 수 있다. 이처럼 원하는 목표가 있어도 당장 내가 원하는 것에 대한 유혹을 떨쳐내기가 쉽지 않다.

이들이 부정적 행동을 할 때는 옐로 특성을 발휘해 정신 승리를 하는데, '언젠가는 내 성장에 도움이 될 거야'라고 자기 합리화를 한다. 이상과 현실 사이의 괴리는 원하는 목표가 지나치게 비현실적인 것에서 시작되는 것으로, 단계별 계획을 세워 자신의 에너지나 자원의 효율을 높여야 한다. 하지만 오렌지가 계획 세우는 것을 좋아하지 않으며, 계획을 세웠더라도 지키는 데 어려움이 있어, 즉각적인 성공이 눈앞에 보이지 않는다면 회피하거나 포기하는 경우가 빈번히 발생하게 된다. 이러한 경험을 자주 하게 되면 자기효능감이 낮아져 우울감이 찾아오기도 한다. 옐로+오렌지 유형에게 해주고 싶은 말은 해리포터를 집필한 조앤 롤링을 생각하며 자신이 즐거워하는 일을 포기하지 않고 끝까지 해봤으면 하는 응원을 보내고 싶다. 대부분 중년에 들어서면 새로운 도전을 두려워하지만, 옐로+오렌지는 자신이 좋아하는 단 하나만 있다면 시도할 힘이 생겨 늦은 나이에 천직을 만나는 경우가 있기 때문이다.

Y G 옐로+그린 결합

주 성향 옐로
보조 성향 그린

옐로 다음으로 그린이 높다면 가족의 따듯한 지지가 성장에 있어 가장 중요한 요소가 된다. 중요한 선택을 해야 할 때 자기 자신을 우선으로 두며, 그다음 가족과의 관계를 생각한다. 옐로+그린은 평소 밝고 따듯한 성향으로 사람들에게 긍정적인 메시지를 부드럽게 전달하는 힘이 있다. 또한, 주 성향이 옐로로 다양한 것을 시도하면서도, 안정을 추구하는 그린이 만나 리스크 관리를 잘하는 장점이 있어, 옐로 결합 중 몇 안 되는 자칭 엉덩이가 무거운 전문가로 진득하게 성장하는 특징을 보인다. 내담자들 중에는 중요한 갈림길에서 자기중심적인 선택을 했지만, 그 선택으로 인해 가족이나 주변 관계에서 오는 부정적 감정에 상처로 남거나, 자신의 선택을 후회하며, 찝찝한 감정이 스트레스로 이어져 상담을 받는 경우도 있었다. 이들은 철저하게 자기중심적이지도 않고, 완전히 깊은 배려심을 지니고 있지도 않다. '내가 먼저'라고 생각하면서도, 동시에 '타인도 중요하다'는 마음이 공존해, 결국 어설프게 자기만을 챙기면서도 어설프게 착한 행동을 반복한다.

Y G 긍정성 '밝고 착한 순둥이'

옐로+그린은 유년기 시절부터 순둥이란 별명이 붙을 정도로 밝고 착한 아이로 성장한다. 학교에서는 선생님들이 예뻐할 만한 행동을 하고 학교생활에 있어 꼭 필요한 학생이라고 느껴진다. 옐로 특징인 교육적 열의는 질문으로 이어지고 옐로의 부정성을 그린이 조절해 주는 느낌이다. 그린의 특징은 예의 바르고 차분하며, 규칙을 잘 지키는 특징이 있다. 이 특징은 어떤 힘든 일과 역경이 찾아와도 포기하지 않고 꾸준하고 묵묵히 행동하게 하는 힘이 된다.

옐로+그린이 지닌 끈기의 원천은 나를 응원하는 가족의 존재이며, 가족의 지지가 어떤 형태로 이뤄졌느냐에 따라 모습이 조금씩 다를 수 있다. 가족 구성원 중 옐로+그린이 있는 경우, 옐로의 지적 호기심을 충분히 채워주고 지식을 나누는 시간을 갖는 것이 필요하다. 이를 위해서는 옐로가 스스로 생각하고 표현할 수 있도록 “너는 어떻게 생각해?”와 같은 질문을 자주 던지는 것이 효과적이다. 또한, 주변 사람들이 자신의 이야기를 진지하게 경청해줄 때, 옐로+그린 유형은 높은 만족감과 즐거움을 느끼는 경향이 있다.

물론 이들도 성장의 시기가 찾아온다. 상대적으로 순둥이였던 아이가 자신이 하고자 하는 일을 자기중심적인 사고로 주장할 때 부모님과 주변 사람들이 당황하는 상황이 종종 발생한다. 이 또한 옐로가 그린보다 높기에 가능한 일인데, 대표적인 캐릭터로는 애니메이션 〈코코〉의 주인공 ‘미구엘’이다. 평소에 가족들의 말을 잘 듣던 아이가 음악 오디션에 나가기 위해 할머니의 반대를 무릅쓰고 여행을 떠나는 이야기로 옐로+그린의 성장 모습과 닮아있다.

마냥 착한 아이였던 순둥이가 하고자 하는 일에는 자신의 의견을 낼 수 있다는 건 매우 긍정적이다. 옐로+그린에게는 하고자 하는 일이 생졌을 때 주변 시선과 반응에 눈치 보지 말고, 자신을 믿고 앞으로 나아가라고 응원해주고 싶다. 당장은 고집스럽게 보일 수 있지만, 시간이 지나 자신이 원하는 삶을 이루었을 때, 이들은 결국 따뜻한 온기를 품고 주변을 밝게 비추는 사람으로 성장하기 때문이다. 따라서 옐로+그린의 자기주장이 갑자기 높아졌다면, 부정적으로 달라졌다거나 변했다는 시선으로 보기보다, 믿고 기다리는 시간이 필요하다. 만약 기존의 착한 아이를 유지하고 싶어 이들을 통제하려고 한다면 옐로의 성장은 멈추고, 그린의 부정적 특징인 자아를 버리고 영혼 없는 아이가 되고 만다. 따라서 변화해야 하는 건 착한 아이가 아닌, 착한 아이가 익숙했던 주변 사람들이지 않을까 생각해 본다.

Y G 부정성 '가짜 양보'

옐로+그린의 부정성은 자신의 주장을 잘 표현하지 않는 것을 넘어 모든 의견을 타인에게 미루는 것에서 발생한다. 유년기부터 가정의 소통 방식이 부정적이었거나, 의사표현을 하기 어려운 환경에서 성장했다면 더욱 뚜렷하게 나타난다. 옐로의 부정성은 자신 스스로를 이상이 높은 사람으로 규정하여 모든 사람에게 괜찮은 사람처럼 보이길 바라는 마음이고, 그린의 부정성은 거절이 어려워 양보를 쉽게 하거나 불편한 상황에서 무조건적인 회피를 선택하는 것에 있다. 또한, 옐로의 다양한 의견을 수용하려는 태도와, 그린의 상대방에게 피해 주고 싶지 않은 배려가 만나 웃는 가면을 쓴 가짜 양보를 하게 되고, 그 양보에 익숙한 상대방은 어느덧 나를 함부로 대하는 사람이 된다.

옐로+그린은 보통 '그래', '좋아', '그것도 나쁘지 않아'라고 자신의 감정을 표현한다. 하지만 이들은 상대방 의견에 조건 없는 동의를 하는 것이 아닌, '네가 좋다면, 난 조금 아쉬워도 괜찮아. 다양한 의견을 받아들이고 함께 해보는 것도 중요하니까 수용하는 거야. 하지만 다음번엔 내 생각과 의견을 들어줬으면 해'라는 마음이 담겨 있다. 이를 모르는 상대방들은 자신의 의견만 내뱉게 되고 옐로+그린을 자기 마음대로 끌어당기려고 한다. 옐로+그린이 마주하는 이러한 인간관계는 처음에는 괜찮았지만, 나중에는 오해와 갈등이 생겨 상대방이 나쁜 사람으로 남아 있는 경우가 많다.

질문 하나 던져본다. 상대방이 처음부터 나쁜 사람이었을까? 아니면 내가 나쁜 사람으로 만들었을까? 이런 일들이 반복되고 관계에 스트레스가 있다면 자신의 표현 방식 문제도 확인해볼 필요가 있다. 의사소통 문제는 상호적이기 때문이다.

이를 방지하기 위해서는 자신의 생각과 감정이 불편했을 때 회피를 위한 양보를 하지 말고, 감정을 가볍게 내뱉으면서 의사소통에 싱크를 맞춰가는 시간이 필요하다. 타인의 의견에 반대로 서서 자신의 의견을 말하는 것은 부정적인 사람으로 비치는 것이 아닌, 건강한 토론과 이견을 조율할 줄 아는 멋진 어른으로서의 성장으로 이해하며 꾸준히 시도하길 바란다.

Y B 옐로+블루 결합

옐로는 지식의 확장과 융합을, 블루는 지식의 날카로운 깊이를 말한

주 성향 옐로
보조 성향 블루

다. 옐로+블루 결합은 옐로의 호기심을 단순히 채우고 지나가는 것이 아닌, 자기만족이 될 때까지 끝까지 파고 들어가 지식의 방점을 찍을 때까지 자신을 소진하는 모습을 보인다. 따라서 이들이 어떤 분야에 호기심이 생겨 전문성을 높이고 싶다는 생각을 하는 순간 몰입이 시작되기 때문에 말릴 수 없다.

옐로는 성찰을 통해 자신에게 집중된 삶을 살아가기 때문에 자기중심적인 모습을 지니며, 블루의 개인주의적 성향이 결합된다. 옐로가 주 성향이기 때문에 처음엔 따듯해 보일 수 있으나, 관계의 거리가 가까워질수록 블루의 차가운 면모를 느끼게 될 것이다. 또한, 두 결합은 자신의 지식과 생각을 합리화하거나 확증편향을 보이는 경우가 많은데, 몰입이 높아질수록 블루의 성향이 높아져 옐로의 장점인 변화 가능성, 사고의 유연성이 낮아진다. 따라서 무엇인가를 진행하다가 막막해질 때, 그 문제를 더 깊이 파고들기보다는 처음으로 돌아가 다시 새롭게 생각해보는 것이 오히려 정답을 쉽게 찾는 길이 될 수 있다.

Y B 긍정성 '가설과 실험을 즐기는 과학자'

옐로+블루는 자신의 관심사를 누구보다 깊게 몰입하고 분석해 도식화한다는 특징이 있다. 보통 교사, 연구원, 분석가 형태의 직업들에서 많이 찾아볼 수 있는데, 습관처럼 데이터와 자료를 수집하는 특징을 보인다. 이들은 노하우가 쌓이고 그동안의 데이터들이 융합되는 시점에 특정 영역에 중점적으로 몰두하게 되는데, 일생일대의 관심사가 생겼을 경우 그 힘이 가장 크게 나타난다. 보통 옐로의 경우 심리, 철학, 인문학에 관심이 많아 인문사회과학자가 많다.

대표적인 인물로는 정신분석학 이론을 정립한 지그문트 프로이트(Sigismund Schlomo Freud)가 있다. 그는 어머니를 사랑한 자신의 감정, 아버지가 돌아가시고 느낀 자신의 무의식과 꿈을 탐구하는 데 집중하게 된다. 사람들의 심리적 요인들을 찾아 개념화하고 근거들을 덧붙이며 논리적 완성도를 높여나갔다. 문제해결의 동기와 지식을 체계화하는 옐로+블루의 긍정성으로 볼 수 있다.

그는 기존 신경학적 접근으로 설명하기 힘든 증상들을 이해하기 위해 많은 사람들을 만나 가설을 세우고 실험을 진행했다. 최면, 자유연상법 등 다양한 방법을 활용했으며, 지금의 정신분석학적 치료 방법을 개발하여 현대 심리학의 기틀을 마련했다.

흥미로운 것은 옐로+블루가 누군가에게 도움이 되고자 연구를 또는 일을 시작하기보다, 자신의 호기심을 충족시키는 동시에 구체화가 이루어져 자연스럽게 결과물들이 세상에 나와 도움이 된다는 사실이다. 따라서 이들은 무형을 유형으로 만들어 타인에게 설명하고 이해를 끌어내는 능력이 뛰어나다고 볼 수 있다.

YB 부정성 '지식 꼰대'

옐로+블루는 지식의 전문성이 깊다 보니 전문 영역의 이론과 도식들에 매몰되기 쉽고, 자신의 생각과 다른 반대 의견에 강하게 반발하는 부정성을 갖는다. 워낙 방대한 양의 정보와 경험들이 축적되고, 과학적이거나 논리적인 사실에 근거에 답을 내리기 때문에 반대에 부딪혔을 때 심리적 타격이 큰 편이다.

이들은 지금의 정답이 앞으로 계속 유지되지 않을 수 있다는 가능성은 알고 있지만, 확실한 자료가 아닌 이상 설득하기 어렵고 오히려 자신의 주장을 더욱 견고화하기 위한 작업에 몰두하게 된다. 반대를 위한 반대의 지식을 더 높게 쌓는 것이다.

자신의 사회적 위치가 높아질수록 스스로의 부족한 모습을 받아들이는 데 어려움을 겪기도 한다. 사회가 빠르게 변화됨에 따라 자신의 전문지식이 도태될 수 있는데 그것을 받아들이기 어려운 것이다. 그로 인해 부족함을 감추려는 심리로, 사회적 위치가 낮은 사람들에게 더욱 냉소적인 태도를 보이거나, 지나치게 트집을 잡는 등의 형태로 지적 자존감을 지키는 행동을 하게 된다.

마지막으로 옐로+블루 결합에서 옐로의 동굴은 어둠 속에 겨울이 찾아온 것과 같다. 자기 성찰을 하기 위해 동굴에 들어갔는데, 부정적 상황을 블루가 더 세분화하여 스스로를 못난 사람으로 치부하며 자아를 괴롭힐 수 있다. 사람들 앞에서는 지적 자존감을 지키는 행동을 하면서 혼자 있을 때는 자책하는 것이다. 따라서 혼자만의 시간을 가질 때는 자책보다 그런 나를 인정하고 변화를 위한 마음의 준비를 하는 것이 필요하다. 그러기 위해서는 내가 가진 블루 스위치를 OFF 시키는 연습이 필요한데, 블루가 가장 어려워하는 작은 일탈이 스위치를 조절하는 데 중요한 역할을 한다. 어느 날 갑자기 모든 것을 내려놓고 새로운 곳으로 떠나보자. 돌아왔을 때, 이전보다 더 가벼워진 마음으로 나를 바라보며, 나에 대한 더 많은 가능성들을 다시금 발견하게 될 것이다.

Y P 옐로+핑크 결합

주 성향 옐로
보조 성향 핑크

옐로 다음으로 핑크가 높다면 사랑, 공감, 타인에 대한 배려, 예민성이 증가하게 된다. 옐로는 타인에게 지적으로, 인간적으로 괜찮은 사람처럼 보이길 바라는 마음이 있고, 핑크는 주변 모든 사람에게 사랑받았으면 좋겠다는 생각을 한다. 따라서 두 결합의 사람은 '난 참 좋은 사람이야. 만약 내가 마음에 들지 않는다면, 네가 이상한 거야'라는 생각이 전반적으로 담겨 있다. 이러한 마음의 장점으로는 좋은 사람이 되기 위한 노력을 끊임없이 한다는 것이고, 단점으로는 잘못된 자기애가 생길 수 있다는 것이다.

이들은 긍정적인 눈빛으로 세상을 바라보며 마음을 지지해 주는 사람들에게 깊은 인간애를 느끼고 아낌없는 애정을 표현한다. 반대의 경우 인격적으로 비난을 하거나 거침없이 관계를 정리한다. 내담자 중에서는 이유 없이 나를 싫어하는 사람들 때문에 심적 고통이 높은 경우가 더러 있었으며, 옐로의 동굴 깊이가 더욱 깊어져 타인과의 관계 개선에 두려움이나 어려움이 있는 경우가 많았다.

Y P 긍정성 '우리 아름답게 성장해'

옐로의 지적 호기심과 핑크의 배려는, 자신과 타인에게 있을 불편함을 누구보다 잘 캐치하고, 사람들에게 진정으로 필요한 해결책을 찾아준다. 이러한 강점은 서비스 전 분야, 심리, 교육, 마케팅 등에서 발휘된다. 옐로+핑크는 자신과 타인에 대한 예민성이 높은데, 이를 스트레스 증폭기가 아닌, 알아차림의 도구로 활용하여 강점으로 활용하는 방법을 익히는 것이 옐로+핑크의 인생 과제가 될 수 있다.

옐로+핑크가 추구하는 인간관계는 동반 성장을 위한 상호보완 관계이다. 관계 컬러는 대표적으로 핑크와 그린이 있는데, 두 가지를 비교하면 옐로+그린의 경우 도전적이고 새로운 만남보다 오래 알고 지낸 관계와 성장을 선호하는 반면, 옐로+핑크는 새로운 사람일지라도 배움과 깨달음을 주는 사람이라면, 고민 없이 만나 긍정적 자극을 받고 관계 맺는 것을 선호한다. 의사소통에 있어서도 자신의 의견이 있을 때 옐로+그린은 가까운 관계가 아닌 이상 자신의 주장을 펼치는 빈도가 낮은 반면, 옐로+핑크는 하고 싶은 일이 있다면 자신의 의견을 어필하거나 동의해 줄 지지자를 모으는 행동을 보인다. 이는 옐로+핑크의 특징인 자기애와 자기중심성이 옐로+그린보다 더 높아 가능한 부분이다.

이들은 사랑에서도 성장이란 키워드가 빠지지 않는다. 연애하는 시간 동안 자신뿐만 아니라 상대의 성장도 중요하게 생각하기 때문에, 함께한 시간이 지나면 상대에게 얼마나 긍정적으로 변하고 성장했는지 묻고, 그 과정을 돌아보며 관계를 성찰하는 특징이 있다.

YP 부정성 '너 나한테 왜 그래?'

옐로+핑크는 자신이 가장 빛나면서도 타인에게는 좋은 사람처럼 보이고 싶은 욕심이 있다. 옐로의 부정성은 자기중심성이 높아 타인의 의견을 듣지 않고 자신이 하고 싶은 대로 하는 것이며, 핑크의 부정성은 타인에게 미움을 받을 용기가 부족하다는 점이다. 따라서 내가 빛나기 위해 상대를 존중하고 호의를 베풀었는데, 그 호의가 거부당하거나 무시당했을 때 극도로 부정적인 감정으로 타인을 대하게 된다.

그러나 거부나 무시한다고 느끼는 감정은 대부분 확대해석에서 비롯된다. 예를 들어 무조건 내 편을 들어줄 것 같았던 지인이 중립의 태도를 보이는 경우, 내 선의보다 다른 사람의 선의를 더 칭찬하거나 그 사람과의 관계가 더 소중해 보이는 경우, 상대에게 선의를 베풀었을 때 '아니, 괜찮아'라는 피드백에 '나한테 어떻게 이럴 수 있지?'라는 생각을 하게 된다. 즉 No thank you를 No로 해석해 타인이 당황스러울 정도로 부정적 태도를 보여 관계에 찬바람을 일으킨다.

이처럼 옐로+핑크는 인간관계에 있어서 감정 에너지 소모가 크며, 옐로 조합 중 감정의 긍·부정 간극이 가장 높아 멘탈관리에 많은 시간이 필요하다. 추천하고 싶은 멘탈관리는, 오늘 하루 타인에게 좋은 사람처럼 보이고 싶었던 행동을 억지로 했다면 그것을 작성하고, 그 행동을 하지 않고도 내가 나를 사랑하기 위해 어떤 행동을 했으면 좋았을지 작성하는 것이다. 그것만으로도 타인의 시선과 감정에 귀속되지 않고 내가 나를 사랑하는 삶으로 살아가는 방법을 깨닫게 될 것이다.

Y RB 옐로+로열블루 결합

주 성향 옐로
보조 성향 로열블루

옐로+로열블루의 첫인상은 밝고 귀여워 보이지만, 알면 알수록 깊은 성찰과 통찰을 지니고 있어, 만날수록 성숙한 매력을 느낄 수 있다. 이들은 어린 나이에도 자아를 찾고 성장하기 위한 시간을 빠르게 경험하는 편이며, 정신적 어려움을 헤쳐나가 필연적 자아 성장을 향해 걸어나가는 특징을 갖는다.

나이가 어릴수록 자기애적 성향이 높은 옐로는 무엇을 하든지 자신이 최고로 잘하지 않는다는 생각이 들면, 쉽게 포기하고 다른 것을 찾으며 회피와 방황의 시간을 반복할 수 있다. 그러나 사춘기 이후 로열블루가 더 발달하기 시작하면서 자신만의 영역을 찾고 전문가의 길로 들어서기 위한 계획을 하게 된다.

따라서 옐로+로열블루는 자신의 호기심을 끊임없이 자극하고, 지속적인 성장이 가능한 진로를 찾을 때까지 다양한 체험을 하며, 이 과정에서 먼저 걸어간 전문가들과 나눈 이야기 속에서 성찰과 방황을 동시에 반복하는 것이 매우 보편적인 모습이다. 때로는 다양한 시도와 포기로 변덕 있어 보일 수 있지만 미래 성장에 큰 도움이 되기 때문에, 꾸중보다 응원을 통해 도전을 멈추지 않도록 격려해주는 것이 좋다. 만약 이들이 하고 싶은 것도 없고 관심 있는 것도 없는 상태에서, 억지로 꾸준히 무언가를 지속하고 있다면 오히려 그 경험이 미래에 부정적인 감정으로 터져 나올 수 있다.

Y RB 긍정성 '빛과 어둠의 조화'

옐로+로열블루는 옐로의 성장욕구와 로열블루의 신중함이 만나 자기성찰능력이 뛰어난 조합이다. 비유를 한다면 빛과 어둠으로도 이야기할 수 있는데 빛과 같은 옐로의 발산적인 모습과 어둠과 같은 로열블루의 수렴적 모습이 조화를 이루며 삶의 균형을 만들어간다. 옐로의 무모함을 로열블루가 잡아주고 로열블루의 정적이고 날카로운 특징을 옐로가 반감시킨다. 미성숙한 옐로의 선택들은 차후 자기 삶의 많은 도움이 될 수 있지만, 여러 갈래의 길로 나뉘어 선택의 고통으로 이어지는 경우가 많은데, 이를 로열블루가 조절해 선택의 길을 최소화해주는 특징이 조화롭다.

관계에서도 옐로는 타인에게 좋은 사람의 모습으로 보이려 신경 쓰는 경우가 많은데, 다소 과해지면 감정 에너지 소모나 구설이 생기기도 한다. 이때 타인에게 관심이 없고 관계에서 해탈한 모습의 로열블루는 감정 소비를 조절해 주는 역할을 한다. 더불어 냉소적인 로열블루의 특징이 올바른 사람으로 성장하고 싶어 하는 옐로의 밝음으로 융화되기 때문에 더욱 긍정적인 인간관계를 유지할 수 있게 된다. 이처럼 두 색의 조합은 빛과 어둠이 만나 긍정적인 에너지를 주고받으며 균형을 이루고 있다고 볼 수 있다.

옐로+로열블루의 균형은 인생 중반으로 넘어갈 때쯤 주변의 존경을 받을 수 있는 장점이 된다. 옐로는 삶의 지혜가 쌓여 에너지를 집중해 사용하는 방법을 터득하게 되고, 적절한 휴식과 사유가 함께해 여유로운 하루하루를 보낼 수 있게 된다. 주변에 흔들리지 않고 자신답게 살고 싶은 옐로의 목표를 누구보다 잘 완성시킬 수 있는 조합이다.

중년을 사는 옐로+로열블루와 대화를 나눠보면 '나에 대해 불편하고 날카로운 고민을 하던 시기가 있었지만, 지금은 나다운 인생을 살고 있다' 또는 '현재 삶의 고민은 없다. 내가 좋아하고, 할 수 있는 일을 하다 보면 어떻게든 시간은 흘러간다. 그 속에서 나다운 인생을 즐기며 살고 싶을 뿐이다'라는 생각을 지닌 경우가 많았다. 이들을 보면 브라질 작가 파울로 코엘료(Paulo Coelho)의 《연금술사》가 떠오른다. 주인공은 보물을 찾는 여정 안에서 우여곡절의 시간을 보내며 꿈꿔왔던 보물이 외부 어딘가에 있는 것이 아닌, 자신에게 있다는 사실을 깨닫게 된다. 이처럼 옐로+로열블루는 삶의 여행길에서 스스로를 보물로 만들기 위한 과정을 살아가고 있다.

Y RB 부정성 '배움을 가장한 낭비'

두 조합의 긍정성은 서로의 부정성을 반감시켜 균형을 이루는 것인데, 반대로 부정성은 서로의 단점을 강화시킬 때 나타난다. 옐로가 희망으로만 가득한 꿈을 로열블루가 현실적으로 조절해 주는 것이 아닌, 몰입으로 강화되어 불가능한 것에 시간과 에너지를 낭비하는 경우를 말한다. 쉽게 말해 성숙하지 못한 상태의 옐로는 초긍정 상태로 비효율적 선택을 할 수 있으며, 하나를 시작하면 끝을 보는 로열블루는 비효율적인 선택에 집착을 보이며 매몰 비용이 커질 수 있다. 따라서 진로나 삶의 중요한 선택에서는 옐로의 특성을 이해하고 더욱 신중한 접근이 필요하다. 예를 들어 사회초년생일 경우, 다양한 경험 중

첫 직업을 무엇으로 선택했는지가 이후 진로 방향과 성장에 중요한 영향을 미친다고 볼 수 있다. 초긍정 선택 이후에는 몰입이 따를 것인데, 초긍정 상태가 현실과 만나 무너지게 되면 방황을 오래 할 수 있기 때문이다.

한 가지 사례를 소개하겠다. 커피를 좋아해 바리스타 자격증 준비를 시작한 A씨는 공부를 하다 보니 커피의 매력에 빠져 다양한 도구를 구매하고 수천만 원의 비용과 시간을 배움에 투자했다. 그러나, 커피 시장에 대한 문제와 창업의 어려움, 자기 신념에 대한 타협이 필요하다는 것을 깨닫게 되면서 흥미가 떨어졌다고 한다. 결국, 비싸게 구매한 커피 도구들은 다른 취미를 갖게 된 이후 모두 처분했다.

이처럼 옐로+로열블루는 호기심과 몰입의 대가가 크기 때문에, 시작하기 전 로열블루의 강점을 활용해 부정적인 상황을 예측하고, 이를 해결할 방법을 우선적으로 세우는 것이 필요하다. 또한, 이미 시작했는데 성장에 부족함을 느낀다면 옐로의 특성을 살려 주변 전문가나 지인의 조언을 구해, 잘못된 몰입에서 빠져나와 잠시 휴식기를 갖는 것도 도움이 된다. 만약 장시간 투자한 것에 대해 회의감과 패배감을 느끼고 있다면 옐로의 불이 꺼진 상태로 볼 수 있다. 옐로의 낮은 자존감과 로열블루의 미련 없는 포기는, 당신의 소중한 시간과 경험을 어느 날 갑자기 모두 처분하고 지우려는 행동으로 나타날 수 있다. '새로운 시작을 위한 정리'라는 그럴듯한 이유를 붙여서 말이다. 하지만 경험의 시간은 사라지지 않는다. 지금 당장 쓸모없어 보이는 지식과 경험이라도, 옐로 특유의 다른 영역과의 융합을 통해 언젠가 새로운 진로를 발견하는 계기가 될 수 있다. 그러니 너무 낙담하지 말고, 그 경험들을 마음속 보관함에 차곡차곡 정리해 두었다가 다시 꺼내 쓰는 날을 기대했으면 좋겠다.

YM 옐로+마젠타 결합

주 성향 옐로
보조 성향 마젠타

옐로+마젠타는 옐로의 좋은 사람이 되고 싶은 욕구와 마젠타의 측은지심이 만나 사회나 공동체를 유지하는 주요 구성원의 역할을 하게 된다. 옐로가 마젠타를 만나 경험주의 성향이 강해지면서 무엇이든 잘 해내는 사람으로 성장하게 된다. 옐로+레드의 경우 성장하는 데 있어 자기중심과 자기만족에 가까운 선택을 하지만, 옐로+마젠타는 어려운 주변을 도우며 함께 가치 있는 성장을 원한다. 이들의 선한 영향력은 가까운 주변 사람들에 머무르지 않고, 고민을 지닌 불특정 다수에게까지 확장된다. 옐로+마젠타는 자신이 경험한 실패와 성공 사례를 나누는 것을 즐기기 때문이다. 그 바탕에는 자신이 걸어온 길이 옳았음을 타인에게 인정받고 싶은 옐로의 마음과, 도전을 시작하는 사람들에게 시행착오를 줄여주고 싶은 마젠타의 마음이 동시에 내재되어 있다. 따라서 이들이 베푸는 선행은 진심으로 걱정되는 마음과 그 행위로 인해 내가 빛나는 것이 함께 포함되어 있다.

Y M 긍정성 '희망과 노하우를 나누는 멘토'

옐로+마젠타는 자신의 성장 과정에서 이타적인 마음을 발휘해 삶의 의미를 찾아가는 장점이 있다. 이를 통해 얻어질 이상적인 기회를 꿈꾸기도 하며, 사람들로부터 감사나 칭찬과 같은 피드백을 받을 때 스스로에게 만족감을 느낀다. 또한, 옐로+마젠타는 속도감 있게 전문가 단계로 빠르게 진입할 수 있다면, 무급이어도 심지어 돈을 지불하더라도 그 길을 선택한다.

옐로는 희망을, 마젠타는 직접 경험한 노하우나 현실을 전달할 수 있어, 멘토링에 특화된 조합이기도 하다. 이 유형의 한 내담자의 사례를 보면, 자신도 취업 준비 중에 있으면서도 타인에게 도움을 주기 위해 취업 멘토링 봉사를 하고 있었다. 이유를 묻자 자신의 경험이 누군가에게 도움이 될 수 있다는 것이 즐겁다는 점과, 취업 멘토 역할을 하면서 다양한 기업의 취업 트렌드를 자연스럽게 알게 되고 자신 또한 성장할 수 있다는 점에서 봉사하게 되었다고 한다. 이처럼 옐로+마젠타 결합은 자신을 위하면서 타인을 위한 선행, 타인을 성장시키면서 자신도 성장하는 똑똑한 선택을 즐긴다.

옐로는 밝고 이상적인 미래를 스케치하는 특징이, 마젠타는 경험에 비춰 성공 가능성이 큰 안전한 그림을 그리는 특징이 있다. 두 결합은 현실적으로 도전 가능한 조언으로 작은 희망의 불씨를 심어주는 특징이 있으며, 자신의 실패 경험담을 공유하면서 용기를 심어주기도 한다. 따라서 이들은 타인에게 등대 같은 역할을 하기도 하며, 깊이 숨어 삶을 외면하는 이들에게 손을 내밀어 현실 세계로 다시 끌어주는 멘토

같은 역할을 하게 된다.

YM 부정성 '누구를 위한 선행인가'

옐로+마젠타의 부정성은 지나친 말과 행동에서 비롯된다. 도움이 필요한 대상을 발견하면 옐로의 호기심으로 어떤 문제가 발생했는지 꼬치꼬치 캐묻는 질문을 하기도 하며, 상대방이 원치 않았음에도 먼저 방법론을 제시하거나 설교를 늘어놓을 수 있다. 만약 상하관계에서 이런 모습을 보인다면 과도한 관심과 스트레스를 제공하는 자가 될 수 있다.

옐로의 관심이 마젠타의 이타심과 만나 따뜻한 조언가가 될 수 있지만, 자칫 상대방의 손발을 묶어 의존적으로 만들 수 있다. 또한, 원치 않은 조언으로 구설이 발생하기도 한다. 관계의 거리 그 이상으로 도와주는 것은 어떤 이익과 연결되거나 뒤에 숨긴 다른 이유가 있다고 생각할 수 있고, 그 정도로 친하지 않은데 선을 넘는 조언을 하고 있다고 생각할 수 있기 때문이다.

무엇보다 스스로 여력이 없는 상태에서 타인을 도울 때 문제가 발생한다. 나의 경우 10년 전 특성화고에서 진로교육을 할 때 기억에 남는 학생들이 있었다. 스스로 부족하다 느낀 내 수업에 너무 잘 참여해주고 서로를 응원하는 모습이 고맙고 예뻤다. 교육이 끝나고도 몇 달 동안 학생들을 떠올렸는데, 마침 근처에 일이 있어 마치고 학교에 들러 반 아이들에게 아이스크림을 전달해주고 왔다. 아이들은 이런 선생님은 처음이라며 무척 좋아해 주었다. 이후 이 일을 알게 된 지금의 아내인 로열블루는 나에게 이렇게 말했다.

"제발 당신부터 챙기세요. 누가 누굴 챙겨요. 아직도 정신 못 차렸어요?"

이런 상황에서 보통 나는 착한 사람, 와이프는 나쁜 사람으로 바라보게 되는데, 실제로 그때의 나는 학생들을 생각한 행동으로 욕을 왜 먹어야 하는지 이해가 되지 않았다. 지금 돌이켜보면 이때 나의 실상은 제 앞가림도 못 하던 시기로, 마땅한 자리도 없었고 당장 월세 내기도 빠듯해서 생활비에 대한 고민이 있었다. 로열블루의 말 한마디로 좋은 사람처럼 보이고 싶었던 옐로의 불이 꺼졌고, 마젠타의 고집이 발휘되어 말싸움으로 이어졌다.

현재는 그때보다 많이 성장했다. 좋은 사람처럼 보이고 싶어서 하는 어떠한 잘난 배려나 챙김이 아닌, 지금 당장 도움이 필요한 이들에게 예전보다 더 많은 후원을 하고 있다. 아내는 추가로 이 말을 덧붙였다.

"지금 자신을 성장시키는 데 집중하면 지금보다 훨씬 많은 이들을 도울 수 있어요. 아이스크림을 가져다주는 건 학교 친구들에게는 당장의 즐거움이고, 당신에게는 여느 강사와는 다른 멋진 선생님으로 비쳐 기분이 좋았겠죠. 그러나 실상은 생활비를 걱정하고 있어요. 오늘의 선행은 과연 누구를 위한 선행인가요?"라는 질문으로도 나의 의식을 변화시켜주었다. 〈주토피아〉의 주인공 '주디'는 자신의 임무를 수행하던 도중에도 어려운 사람을 보면 지나치지 못하는 특성을 자주 보여준다. 이는 옐로가 꿈꾸는 유토피아와 마젠타의 측은지심 성향의 결합으로 볼 수 있다.

옐로+마젠타는 일단 자신에게 집중하고 실력을 키운 뒤 여력이 생기면 주변 어려운 이웃들을 도와주었으면 한다. 나도 살기 버거운데 누군가를 돕는 건 오지랖일 수 있지만 내가 힘이 있을 때 나누면 더 큰 나눔이 가능하다. 당장 자원이 넉넉하면 상관없지만, 현재의 나를 키워야 한다면 미래의 이타심을 성장의 동력으로 활용하기 바란다. 누군가를 돕기 위해 힘을 기르는 목표를 잡는다면 옐로+마젠타는 누구보다 높게 성장하기 위해 도약할 것이며 빠르게 이뤄나갈 것이다.

Y V 옐로+바이올렛 결합

주 성향 옐로
보조 성향 바이올렛

세상의 지식을 융합하여 새로운 것을 만들어 내는 옐로와 세상에 없는 것을 창조하는 바이올렛의 결합은 어떤 분야에서도 가릴 것 없이 천재적인 면모를 보인다. 예술이라면 하나의 전통성 있는 예술을 선호한다기보다 다양한 분야가 융합된 예술을 즐기는 사람이라고 말할 수 있다.

돋보이고자 하는 옐로의 특징을 바이올렛이 실현하기 때문에 자신만이 보여줄 수 있는 능력을 표출하고 만드는 것에 막힘이 없다. 또한, 자신과 자신의 창작물 모두 시선 집중될 수 있는 포인트를 정확히 캐치해 기획과 마케팅의 고수이기도 하다.

옐로+바이올렛은 한 분야에 오래 머무르기보단 다양한 분야를 섭렵하거나 기존의 방식을 변화시키기 위한 시도들이 관찰된다. 이 결합의 교육참여자들은 자신을 효과적으로 사용하는 방법을 잘 알기에 자기 효능감이 높았으며, 일 측면 이외에 큰 고민이 없었다. 직업을 물으면 융합형 스타트업이나 문화예술 분야에 분포되어 있었다.

Y V 긍정성 '지식을 활용한 창조자'

옐로+바이올렛의 가장 큰 긍정성은 창조와 연결되는 유연함이다. 옐로의 융합능력은 기존의 지식과 경험을 연결하여 답을 찾고, 바이올렛은 높은 몰입과 지속된 수정을 통해 완성도를 높인다. 이들은 호기심를 기반으로 한 자극 욕구에 동기가 발생되며, 새로운 영역의 가능성을 보았을 때 적극적 관찰과 실험으로 몰입이 시작된다. 클래식한 분야라고 해도 재료나 재질, 접근 방법을 변형시켜 새로운 메시지를 전달하는 것이 이들의 능력이다.

대표적인 인물로는 여러 가지 매체를 접목시켜 새로운 분야를 개척한 백남준이 있다. 그는 비디오 아트의 창시자로, 미학, 작곡과 음악사, 건축, 철학 등 다양한 영역을 공부하였다. 예술과 과학기술이 융합된 비디오 아트는 1961년 레이더와 TV 등 전자공학을 공부한 지 2년 뒤에 독일 부퍼탈의 파르나스 갤러리에서 음악과 TV를 결합한 전시가 초기 모델이었다. 이후 공중파 방송과 협력해 예술 세계의 영역을 확장해 나갔고 예술은 기술과 함께 발전해야 한다는 생각으로 음악가, 철학자, 퍼포먼스 아티스트 활동으로 예술가를 넘어 혁명가로 존재했다.

옐로+바이올렛은 전통 예술로만 발현되지 않는다. 다양한 식자재를 예상 밖의 결합으로 최상의 맛을 만들어 내거나, 새로운 모양과 텍

스처를 만들어 미각뿐만 아니라 오감 전체를 자극하는 음식을 선보이는 쉐프도 이 유형에 속한다. 이처럼 기존의 지식을 파고들어 습득하고, 자신만의 세계로 재창조하는 사람들은 모두 이 유형에 가깝다.

Y V 부정성 '난해한 창조자'

옐로+바이올렛의 부정성은 일반 대중들에게 있어서는 난해하고 설명하기 어려운 부분이 있다. 옐로가 융합한 이론은 자칫 독단으로 빠질 수 있고, 자신의 세계관을 이해하지 못하는 대상을 우매하게 여길 수 있다. 특히 이들의 창조는 많은 이들의 주목을 받게 되는데 백남준이 피아노를 도끼로 부수는 퍼포먼스나 악기 대신 몸으로 연주하는 액션음악처럼 이들이 주는 행동은 충격적인 강렬함을 선사한다.

옐로+바이올렛은 자기중심성이 매우 강한 조합이다. 자신의 것들이 모두 돋보여야 하는 옐로와 표현하고자 하는 결과에 집착하는 바이올렛의 결합으로 타인과의 협업이나 협상은 어렵다. 리더라면 팀원들 입맛에 맞는 결과물이 아닌 내가 원하는, 나 혼자 일하는 결과물이 되기도 한다. 또한, 옐로의 유연함은 새로운 호기심의 자극으로, 일을 진행하는 과정 내내 들어온다. 이는 지시와 피드백에 변덕이 생겨 일의 구체화가 어려워 일의 끝맺음까지 오랜 시간이 걸리거나 끝맺지 못하고 다시 새로운 것을 시작한다.

이들은 자신의 천재성을 인정받고 펼칠 수 있는 장을 원하기 때문에, 변화에 보수적인 조직에 머무는 것을 힘들어한다. 프리랜서 형태로 자신이 하고 싶은 일을 만들거나 능력 있는 대표와 스타트업에서 함께 일하는 경우가 많은 이유이다.

옐로+바이올렛을 대표하는 인물로 많은 사람들이 천재로 평가하는 레오나르도 다빈치(Leonardo da Vinci)가 있다. 인문, 사회과학부터 공학, 의학까지 섭렵한 그는 정말 많은 직업을 보유했다. 하지만 신기하게도 이들의 완성된 결과물은 생각보다 많지 않다. 모나리자나 최후의 만찬처럼 오랜 고민 끝에 나온 작품 이외에 완성되지 않은 작품들이 수두룩하다.

옐로+바이올렛 결합의 사람은 천재적인 면모가 다분한 사람이다. 그러나 딱히 완성된 것이 없는 인생을 돌아보며 자신은 변덕쟁이, 뭐 하나 잘하는 것이 없는 사람으로 치부할지도 모르겠다. 자신의 창조성 발현을 위해 자신에게만 매몰되지 않고 공동체와 어떻게 협업하여 세상에 선보일지 고민했으면 한다. 결과물이 자신의 완벽한 기준에서는 조금 멀어질 수 있어도 혼자보다 많은 사람과 함께했을 때, 당신의 독창적인 창의물이 세상에 더 많이 남겨지고 널리 알려질 가능성이 크기 때문이다.

Yellow's core message

'건강한 사람 곁에 머물며 깨끗한 마음의 공기를 마시자'

옐로 뀨뀨는 변화무쌍한 캐릭터이다. 나이가 들어도 성장이란 키워드를 놓지 않고 지속적인 성장과 그에 따른 변화가 일어난다. 옐로에게 변화라는 것은 내가 주도하는 것 30%, 주변 환경에 흡수되는 것 70%로 이루어진다. 옐로 바탕에 검은 물감 한 방울은, 주된 색이 옐로지만 검은색으로 시선이 집중된다. 주변 환경이 부정적이면 그것에 시선이 집중되어 내 마음에 부정적 생각이 깃들게 된다. 인생을 긍정적으로 변화하고 싶다면 마음이 건강한 사람들과 함께해야 한다. 누군가는 인생의 큰 변화가 죽음을 경험했을 때 이뤄진다고 하지만, 옐로는 환경만 건강한 사람들로 구성되면 카멜레온처럼 너무나 쉽게 긍정적인 나로 변화되니 최고의 장점이 아닌가. 건강한 사람 곁에 머물며 깨끗한 마음의 공기를 마시자.

GREEN

안정

평화

배려

공동체 중심

책임감

균형

중재

안전

＼

후회

과잉희생

답답한

불안

걱정

침묵

정체

회피

GREEN

그린은 자기 사람들에게 무한한 지지와 사랑을 주며,
지치고 상한 마음과 죽어가는 것들이 소생하도록
생명을 주는 에너지이다.

그린(Green)은 자연을 대표하는 색으로, 자연환경에서 쉽게 볼 수 있으며, 성장, 생명, 새로움 등을 상징한다. 그린은 옐로와 블루를 혼합함으로써 만들어진 안정된 색으로, 색상환에서 따뜻한 색과 차가운 색의 중간에 위치하여 균형과 조화, 관용을 상징하기도 한다. 그린은 어떤 색과도 크게 부딪히지 않아 다양한 색조와 조합할 수 있다.

그린은 문화와 지역에 따라 다양한 의미를 가진다. 유럽 신화에서 요정들은 그린의 옷을 입거나, 그린 빛깔 날개를 달고 있는 것으로 묘사된다. 피터팬을 생각해 보라. 그린 옷을 입고 있으며, 우리가 잘 아는 오즈의 마법사에서 서쪽 마녀도 그린 옷을 입고 있다. 그린은 재탄생과 결부되어 신을 믿는 사람들은 블루보다 그린을 더 선호한다. 특히 이슬람은 터번, 의복, 소파 건축물 등 많은 곳에 그린을 사용하며, 심지어 이슬람의 국기도 그린을 주된 색으로 삼고 있다.

서양에서는 그린이 행운과 번영을 상징하는 경우가 많지만, 일부 동양 문화에서는 녹색이 질병이나 죽음을 연상시키기도 한다. 이전의 색과 관련하여 출판된 저서들을 살펴보면 《색채심리》에서는 '성장, 생명을 가져옴, 희망, 풍요로움, 행복, 자연주의, 위생, 건강, 상쾌, 젊음, 평화, 중재', 《몸과 마음을 치유하는 컬러 색채심리학》에서는 '조용, 신선, 자연적, 중성적, 안전, 균형', 《색즉소울》에서는 '평화, 치유, 부활, 안전, 중립, 조화, 관용, 자연, 생명, 건강, 성장, 생산, 신선함, 영원한 젊음, 희망, 편안함, 인내심, 근면함, 행운, 애정 어린, 재능'을 그린의 긍정적 이미지로 제시하고 있다.

그린이 부정적인 이미지로 사용될 때도 있는데, 앞서 살펴본 책들에서는 '식물의 과잉성장, 게으름, 태만, 불행, 방탕, 무질서, 악마, 기괴(불안), 질투', '무료함, 떳떳하지 못함, 단조로움', '독(毒), 괴물, 미성숙, 부차적인 느낌, 무료함, 떳떳하지 못함, 단조로움, 쓴, 의심, 질투' 등을 그린의 부정적 이미지로 제시하였다. 셰익스피어의 《오셀로》에서 '초록 눈의 괴물'이라고 질투의 감정을 표현하여 영어권에서는 400년 넘게 시기와 질투의 색으로 상징되기도 한다. 그린이 '독' 또는 '죽음'을 상징하기도 하는데 이는 스웨덴에서 발명된 '셀레녹'이라는 녹색 안료에 아비산구리와 비소라는 독성이 강한 물질이 있어 많은 사람들을 병들어 죽게 했기 때문이다. 중세 십자군 전쟁에서 녹색의 깃발을 든 이슬람 군대가 유럽 전역으로 나아가면서 유럽인들에게 그린은 두려움과 죽음의 색으로 인식되었다. 자연의 식물들은 성숙해지는 단계에서 여러 색을 거치는데 다 완성되지 않은 미성숙한 시기에 보이는 색이 그린이다. 그래서 그린은 미성숙, 잘 자라지 못한, 설익은 느낌을 주기도 한다.

그린 컬러의 심리적 효과는 균형과 안정을 주어 신체 체계에 편안함을 줄 수 있고, 감정을 진정시킨다. 그린은 적응, 관용, 협력, 감정의 안정, 올바른 판단의 성질이 있다. 하지만, 그린에 너무 집착한다면 무의식적으로 불안에 시달리고 있을 수 있는데, 이는 불안을 벗어나기 위해서일 수 있다. 또 그린이 방관적으로 흐르면 미성숙, 의심, 지나친 조심성, 불안정, 이기주의, 질투, 무관심, 냉담함, 편견 등의 부정적 요소를 보여 미숙함으로 비치거나 퇴보의 느낌을 줄 수 있다.

그린의 심리적 특성을 닮은 사람들은 유순하고, 성실하며, 참을성이 강하고, 집단생활을 잘하는 편이며, 주위의 사람들에게 편안함과 안정감을 준다. 반면, 배려가 몸에 배어있어 타인의 부탁을 거절하지 못하며, 주변 반응을 살피다 자신을 목소리를 내지 못하는 경우가 많다. 따듯한 미소로 당신을 지지해 주는 선한 눈빛을 가진 그린 캐릭터 '뺘아(PYUA)'에 대해 알아보자.

그린 캐릭터 뺘아 PYUA

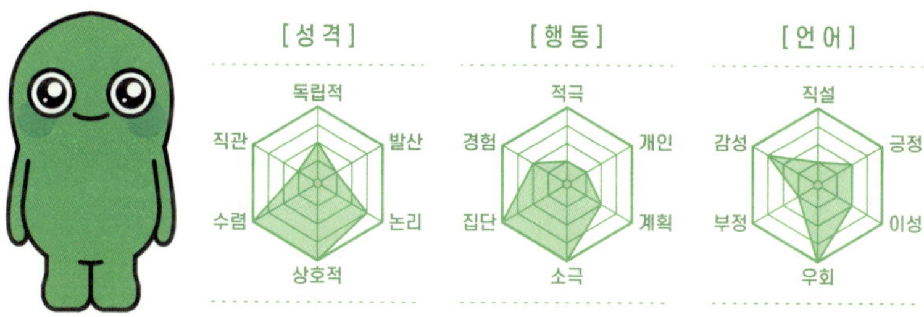

그린 캐릭터 뺘아(PYUA)의 특성 그래프

울타리 안 최고의 배려 아이콘 뿌아

그린의 특징을 보여주는 캐릭터는 뿌아이다. 가족 중심인 뿌아의 이름은 부부의 '뿌'와 아기의 '아'를 합친 이름이다. 뿌아는 앞에서 이야기한 그린의 모든 특성을 잘 보여준다. 모든 것을 수용해 줄 수 있을 것 같은 눈빛과 살짝 머금은 미소는 사람들로 하여금 부드럽고, 순수하고, 믿음직스럽다는 인상을 준다. 겉으로 보이는 뿌아의 인상처럼 뿌아는 조화, 균형을 좋아하여 자기주장을 내세우기보다 겸손하고, 사려 깊고, 신중하게 생각한 후 행동한다. 따라서 뿌아는 따스한 햇살과 같이 먼저 배려하고 웃어주는 선한 이미지를 주는 대표적인 캐릭터이다. 뿌아는 혼자이기보다는 타인과 조화 속에서 살기를 원하기 때문에 가까운 인간관계를 인생의 핵심 영역으로 인지한다. 모든 사람을 다 챙기고 그들과 관계 맺기보다 심리적 거리감이 매우 근접한 주변 사람들을 챙기고, 그들에게 인격적으로 인정받는 것을 즐거워한다. 그래서 뿌아가 가장 소중히 여기는 관계는 가족 또는 가족처럼 여기는 사람들이다.

그린의 에너지로 가득한 뿌아는 평화주의자로서 안정된 환경을 지키고, 관계지향적이어서 다른 사람들과의 소통을 중요하게 여긴다. 사람들과의 만남에서 자신의 의견을 먼저 말하기보다 다른 사람들의 이야기를 들어주어 여유롭고 친절하고 따뜻한 성품으로 보인다. 다른 사람을 먼저 배려하느라 자신의 소리를 속으로 삭이는 경우가 많아 마음 속으로는 '너무 힘들다'라고 되뇌는 경우가 많다. 뿌아는 자기 사람들에게 무한한 지지와 사랑을 주며, 지치고 상한 마음을 달래주어 죽어가는 것들이 소생하도록 생명을 주는 에너지이다.

뿌아의 몇 가지 특성을 작성하면 다음과 같다. 첫 번째는 편안하여 조금의 위험이나 문제가 없는 느낌인 '안전감'과 달라지지 않고 일정한 상태를 유지하는 느낌인 '안정감'을 중요시한다. 안정감이 중요한 그린에게 매달 고정적인 월급을 받는 것은 중요하다. 변하지 않고 매달 일정한 금액이 들어오기에 그 금액으로 한 달을 계획하고 변함없는 일정한 상태를 유지할 수 있기 때문이다. 그래서 사업이나 투자는 삶의 안정을 위협하고 불안함을 주기에 그린이 메인이라면 과감히 뛰어들거나 선뜻 시도하지 않는다. 두 번째는 예의가 바르며 도덕적인 행동을 선호한다. 맡은 일이라면 궂은일도 책임감 있게 끝까지 처리하여 상사나 동료들에게 신뢰가 높다. 정해진 규칙을 수행하는 일을 선호하여 변화가 적은 직업을 가진다면 자기 능력을 십분 발휘할 수 있을 것이다. 세 번째는 혼자보다 같이 성장하는 것을 기뻐한다. 뿌아는 소중히 생각하는 사람들이 성장할 수 있도록 도우려는 마음이 강하다. 그래서 자신의 바운더리 안에 있는 사람들에게 많은 관심을 두고 그들이 성장하기 위해 필요한 것들을 관찰하고 기꺼이 도우려 한다.

뭉치면 배척하는 뿌아

그린이 자신의 색채 에너지를 건강하게 사용하고 있다면, 예의 바르며 평화주의자에 중재자로 사람들에게 한없이 좋은 사람으로 보일 수 있지만, 부정적인 에너지로 사용하고 있다면 자기의 것을 지키려는 안전주의가 강해지면서 자신의 영역을 지키지 못할까 봐 불안감과 두려움에 빠져 수동적이고 우유부단한 모습이거나, 지키기 위한 고집을 부린다. 부정적인 뿌아가 한 집단에 모여있다면 부정적 에너지는 그들이 속한 집단에 다른 사람을 절대 끼워주지 않는다. 또한 집단 안에서 뿌아들의 소수 모임이 만들어졌다면, 집단의 분위기를 안 좋게 만드는 데 앞장설 수 있다. 혼자서는 배려와 희생을 자처했던 뿌아가 자신과 비슷한 뿌아들을 만나 서로의 고충을 위로해주고, 쌓였던 감정을 쏟아낼 수 있게 격려하면서, 자신의 집단 이외의 사람들을 배척하고 악담을 즐기는 상태가 되기 때문이다.

뿌아는 자신의 사람들을 소중히 여기며 그들과의 관계에서 평화롭기를 원한다. 관계 가운데 갈등이 발생한다면 다른 색들에 비해 불편함을 더 많이 느끼며, 갈등을 회피하고자 다른 사람들에게 맞추는 것이 우선되고 억울한 감정에 빠지기도 한다. 또 관계에 대한 과도한 집착과 소유욕이 생겨 다른 사람을 조정하기도 한다. 뿌아인 부모들은 위험으로부터 자녀를 보호하고자 자녀들에게 금지하는 것들이 많아질 수 있고, 가족 이외의 사람들과 교류하는 것을 싫어해 자녀의 친구까지 관리하려 들 수 있다. 이러한 성향은 자녀가 자라며 억압하는 것으로 느껴질 수도 있어 주의가 필요하다.

일상에서 만난 뿌아

가족과 안정감은 그린인 뿌아의 중심 키워드이며 뿌아를 대표하는 캐릭터는 영화 〈슈렉〉의 주인공 '슈렉'이다. 남들과 다투는 걸 싫어하는 슈렉은 자신의 안전한 거주 공간인 집에서 평화로운 일상을 보내며 등장한다. 겉보기에 인상이 좋지 않은 그를 사람들은 무섭고 난폭한 '오우거'라고 단정 짓고 쫓아내려 했다. 슈렉은 오해를 풀기 위한 언쟁보다 평화로운 오늘을 지키기 위해 사람들이 올 때만 '오우거'처럼 소리를 지르거나 위협의 행동을 하며 오해하도록 내버려 두었다. 그러던 어느 날 평화로운 자신의 일상과 공간에 동화 속 존재들이 찾아왔고, 평화로운 공간과 일상을 빼앗긴 슈렉은 어쩔 수 없이 자신의 '일상의 안정'을 찾고자 '파콰드' 영주를 찾아 나서게 된다. 이 과정에서는 여정을 함께한 동키를 자신의 바운더리 안에 받아들이고, 피오나 공주와는 진짜 가족을 이룬다. 이후 이어지는 슈렉의 시리즈들을 보면 슈렉은 공주와 결혼하여 왕위에 올라 성에서 권력을 가지고 살 수 있었지만, 자신이 평화를 누리던 익숙한 공간인 늪지대의 집으로 돌아간다. 그곳에서 사랑하는 아내와 아이들을 키우며 가장으로서 행복한 모습으로 살아간다.

굳이 영화 속 캐릭터가 아니더라도 일상을 살아가는 뿌아의 모습을 쉽게 볼 수 있다. 뿌아의 어린 시절은 조용하고 성실한 아이이다. 부모님의 보호 아래 있는 것에 누구보다 안정감과 편안함을 느끼는 뿌아이기에 부모님에게도 순종적인 아이로 보일 것이다. 만약 뿌시인 부모님이 뿌아 자녀를 양육한다면 자녀가 너무나 소심하고, 겁이 많은 아이라고 생각될 수 있다. 부모가 너무 강하다면 많이 참고 들어주는 뿌아는 더욱 위축될 수 있으니 뿌아 자녀가 있다면 세심히 아이의 마음을 읽어주는 것이 필요하다.

뿌아가 새롭게 회사에 취업해 신입사원이 되었다면 어떤 모습일까? '새로운 회사'라는 단어에서부터 안정감을 추구하는 뿌아가 받게 될 스트레스가 어마어마하다는 것을 알 수 있을 것이다. 모든 것이 낯선 상황 속에서 뿌아는 먼저 안정감을 느낄 수 있는 사람을 찾을 것이다. 같이 입사한 동기나 팀 안에서 자신이 마음을 주어도 될 만한 사람이 누구인지 다른 사람들은 전혀 눈치 채지 못하게 조용히 관찰하며 살피다가 자신의 짝꿍이 되어도 되겠다 싶은 사람과 서서히 친해질 것이다. 뿌아의 마음을 얻은 사람은 어느 순간 뿌아의 장난치는 반전 모습을 보게 되는 날이 있을 것이다.

뿌아의 착해 보이고 순진해 보이는 인상으로 인해 처음에 다가가기 쉽게 느껴질 수 있다. 그래서 뿌아가 마음의 준비가 되지 않은 상태에서 뿌아를 위한다고 먼저 적극적으로 다가오는 사람들이 있는데 그 사람이 뿌아가 친해져도 괜찮다고 생각한 사람이라면 감사의 마음이 크겠지만 만약 멀리하고 싶었던 사람이라면 뿌아는 불편감을 더 크게 느끼게 될 것이다. 뿌아를 위한 진정한 배려는 뿌아가 충분히 관찰하고 받아들일 수 있는 마음의 시간을 준 후 다가가는 것이다. 뿌아의 마음을 얻기 위해서는 오랜 시간이 필요하다. 만약 뿌아의 신뢰를 얻고 마음의 문을 열고 들어갔다면, 축하한다. 당신은 당신을 가족처럼 혹은 그 이상으로 챙겨줄 믿음직한 인생의 귀인을 만난 것이다.

뿌아의 혼합 컬러 해석

G R 그린+레드 결합

주 성향 그린
보조 성향 레드

안전, 안정감을 중요시하는 그린과 도전, 열정 발산형 레드가 혼합된다면 현실의 삶의 안정을 위한 노력파가 될 것이다. 뿌아는 자신의 것을 지키기 위해 끊임없이 달리지만, 그 에너지가 배려와 희생이기 때문에 목표까지 가는 데 느린 걸음이 된다. 그러나 레드가 결합되면서 달리는 발에 부스터가 되어 목표 달성을 앞당긴다. 평화를 유지하기 위한 양보보다 레드의 생활력과 추진력을 적극적으로 활용하기 때문이다.

G R 긍정성 '내 가족은 내가 책임져'

그린과 레드가 혼합된 대표적인 캐릭터는 애니메이션 〈쿵푸팬더〉의 양부 '핑'이다. 입양은 쉽지 않은 결정이며, 안정된 일상을 추구하며 살아가는 그린에게는 크나큰 도전이다. 하지만 핑 안에 레드는 한없이 귀여운 아기팬더 '푸'를 보았을 때 입양이라는 모험에 도전할 수 있게 하였다. 또한, 핑은 거위지만 팬더인 푸를 자기의 자식으로 받아들인 순간부터, 누구보다 헌신적인 사랑으로 키운다. 핑은 가정을 이끄는 가장으로서 레드의 생활력이 작용하여 생계를 책임져야 한다는 책임감이 높아 자신의 국숫집 운영에 사활을 걸고 있는 것처럼 보인다.

삶의 모든 1순위가 국숫집 운영인 것처럼 보이지만 포가 위험에 처했을 때 국숫집을 포기하고 포를 위해 달려온다. 자신이 평생 책임지고 함께하기로 한 존재를 위해 열정을 바치는 모습은 그린을 바탕으로 한 레드의 힘에서 나오는 것이다.

G R 부정성 '말하지 않아도 알아야지'

1980-90년대 한국 가정의 아버지들의 모습에서 그린에 레드가 혼합된 뿌아의 모습을 볼 수 있다. 한 가정의 가장으로서 아버지들은 가족의 생계를 책임져야 하는 의무가 양어깨 위에 얹혀 있다. 그들은 가족을 위해 매일 묵묵히 직장에 나가 일을 하지만 직장에서 받은 스트레스를 집에 와서 이야기하지 않는다. 그럼에도 자신이 가족을 위해 참고 애쓰고 있는 것을 알아주기를 바란다. 그렇게 묵묵히 가족을 위한 삶을 살아가다 어느 순간 가족으로부터 자신의 수고를 인정받지 못하고 있다고 느끼고, 소외당하는 상황이 발생했을 때 어떤 행동을 보일까? 그린+레드는 참고, 참고, 참아왔던 감정이 어느 순간 폭발하여 격하게 표현될 수도 있으니 유의해야 한다. 그린에 레드가 혼합되면 평소에는 말도 없이 얌전하던 사람이 술만 먹으면 다른 사람처럼 변해 말도 많아지고 활발해 보이는 경우가 있다. 평소에 말이 없고 조용하던 아버지가 술만 드시고 오면 자식들에게 하고 싶었던 자신의 속내를 감정 폭발하듯 이야기하는 경우가 그린에 레드가 혼합된 뿌아 아버지일 수 있다.

G O 그린+오렌지 결합

주 성향 그린
보조 성향 오렌지

오렌지는 즐거움과 활기를 주는 색으로 미각을 돋우기도 하고, 흥겨움을 일으키기도 한다. 오렌지는 긍정적이고 꾸밈이 없어 같이 있는 사람들을 기분 좋게 한다. 그린에 오렌지가 더해진다면 자신의 소중한 사람들과 함께일 때 더 즐겁고, 행복할 수 있는 일들을 찾을 것이다. 그린에 오렌지가 혼합되면 장난꾸러기 뿐아가 된다. 그린에 오렌지가 더해지면 오렌지의 특성이 겉으로 더 잘 나타나기 때문에 외부적으로 보면 오렌지로 보일 가능성이 높다.

G O 긍정성 '내 사람들과 노는 게 제일 좋아'

대표적인 그린+오렌지 캐릭터는 영화 〈가디언즈 오브 갤럭시(이하: 가오갤)〉의 주인공 '스타로드'이다. 스타로드를 그냥 보이는 것으로만 판단했을 때는 오렌지가 먼저인 캐릭터처럼 보일 수도 있다. 하지만 그를 조금 더 자세히 들여다보면 그를 움직이는 모든 동기가 가족과 그가 소중히 여기는 사람들 때문임을 알 수 있다. 처음 스타로드가 여행을 시작하는 동기 또한 그의 아빠를 찾기 위함이다.

영화 가오갤을 본 사람들이라면 귓가를 맴도는 음악이 있을 것이다. 가오갤 멤버들에게 전쟁은 파티와 같다. 음악을 틀고 리듬에 맞춰 춤추듯 적들을 물리친다. 가오갤의 리더 스타로드(필터 퀼)는 어릴 적 외계인에 의해 납치되어 우주의 도적 집단의 우두머리인 외계인 욘두에게서 길러진다. 스타로드에게 보물 1호는 어머니와의 추억이 깃들어 있는 워크맨과 그 안에 어머니가 직접 모아 놓은 '끝내주는 노래 모음집' 카세트테이프이다. 가족에 대한 그리움과 사랑은 어려운 상황 가운데 팀을 이루게 된 '가오갤'의 멤버들에게 향한다. 자신의 바운더리 안에 들어온 사람들은 다 보호하고 구하려 한다. 하지만 리더로서 강인함과 책임감이 있어 진중하고 진지해야 할 것 같음에도 그는 여러 위급한 상황에서 도무지 진지해 보이지 않는다. 그의 안에 있는 오렌지는 진지한 상황을 견딜 수 없게 하는 듯하다. 〈가디언즈 오브 갤럭시〉 1편에서 적의 대장 로난과 만난 위기의 순간 갑자기 노래를 부르며 춤을 춘다. 이 행동에 어이없는 적의 대장이 뭐 하는지 물어보자 대놓고 "댄스 배틀! 나랑 붙어보자"라고, 갑자기 생뚱맞은 댄스 배틀을 이야기하며 춤을 춰 시간을 벌어 위기 상황을 모면한다. 내성적이고 소극적인 그린만 있었다면 절대 나올 수 없지만, 오렌지가 있기에 가능한 위기 대처 능력이다. 〈가디언즈 오브 갤럭시〉 2편의 쿠키 영상을 보면 청소년기의 그루트가 방도 어지럽히고, 게임만 하는 것을 보며 자신의 양아버지와 같은 욘두의 기분이 어땠는지 알 것 같다고 말한다. 다시 태어난 그루트를 아버지와 같은 마음으로 보살피고 양육하는 것은 스타로드 안에 있는 그린의 힘이다.

회사에 입사하였는데 나의 사수가 그린에 오렌지가 혼합된 뿌아라면 어떨까? 오렌지를 메인으로 쓰는 사수였다면 신입사원인 나를 가르치고 돌봐야 한다는 부담감에 스트레스가 크겠지만 그린을 메인으로 하고 오렌지가 혼합되어 있어, 양육자와 같은 포지션으로 신입사원이 회사생활에 잘 적응할 수 있도록 여러 정보를 제공하며 도와줄 것이다. 입사 후 어느 정도 시간이 흘러 관계가 더 친밀해졌다면 소심하고 배려 많다고 느꼈던 사수가 가진 통통 튀는 오렌지 매력에 빠져들게 될 것이다. 그린+오렌지의 에너지를 가진 사수의 신뢰를 얻게 되고, 당신도 그와 함께하는 시간을 즐거워한다면, 그가 첫 이미지와 달리 농담과 장난을 좋아하고, 일상적이지 않은 특이한 생각들을 가지고 있다는 것도 알게 될 것이다. 유머 코드만 맞다면 지루할 수 있는 반복되는 회사생활 가운데 소소하게 웃으며 오랜 기간 인연을 이어가며 이야기 나눌 수 있는 사람을 사수로 만난 것이다.

G O 부정성 '내 안에 또 다른 내가 튀어 나와'

그린에 오렌지가 혼합되어 있다면 안정과 튀지 않음을 추구하는 그린 에너지와 밝고 즐거운 것을 좋아하는 오렌지 에너지가 혼합되어 있는 것이다. 그린+오렌지 에너지가 부정적으로 흐른다면 자신 안에 완전 반대인 두 에너지가 있어 상황에 따라 다르게 드러나는 '나'의 모습으로 인해 혼란스러울 수도 있다. 그린은 사람과의 관계 특히 자신이 소중히 여기는 사람들과 함께 있을 때 행복한데, 오렌지까지 있어 소중한 사람들과 함께 시간을 보내고 놀 수 있는 시간은 그들에게 정말 행복한 시간이다. 친한 사람들과 모임에서 시간 가는 줄 모르고 아주 발랄하게 놀다가 집에 와서 당장 저녁까지 제출해야 하는 과제가 있음을 알았음에도, 늦게까지 놀았던 자신의 모습에 실망할 수도 있다. 또는 이미 친해진 회사 팀원들과 회식 분위기에 휩쓸려 2차, 3차까지 갔다가 몇 시간 잠들지 못하고 출근을 위해 일어난 자신의 모습에 한숨을 쉬게 된다. 어제저녁 상황들을 복기하며 너무 오버해서 놀던 자기의 모습을 떠올리며 '내가 왜 그랬을까?!'라며 이불킥을 할 수도 있다.

G Y 그린+옐로 결합

주 성향 그린
보조 성향 옐로

관계를 중시하는 그린과 주변 환경에 영향을 많이 받는 옐로가 혼합되어 가까운 사람들의 말과 반응에 따라 자신을 만들어가는 특징이 있다. 그린은 자신이 속한 집단의 규정과 행동양식을 따르고, 옐로는 집단의 분위기를 그대로 흡수해 자신을 변화시키기 때문이다. 또한, 시선이 집중되는 것을 싫어하는 그린에 타인의 주목을 즐기는 옐로가 결합되었다. 이는 모르는 사이에서는 조용하고 차분한 그린 이미지로 살아가다가, 가까운 관계가 되었을 때 비로소 명랑하고 말이 많은 옐로의 이미지가 나타나 주목받는 것을 즐기는 그린+옐로가 된다.

G Y 긍정성 '아주 아까운 지인들 안의 인싸'

그린에 옐로가 혼합된 캐릭터는 영화 〈겨울왕국〉의 주인공 '안나' 공주이다. 그린에 옐로가 혼합되어 호기심이 많고 명랑한 안나는 어릴 때부터 언니를 좋아해 언니와 한시도 떨어지지 않고 사이좋게 지낸다. 하지만 엘사의 마법으로 안나가 다치게 되고, 부모님은 엘사와 안나를 분리해 안나는 언니를 만날 수 없게 된다. 언니와 함께 놀던 시간을 그리워하며 안나는 언니의 방을 찾아가 방에서 나오지 않는 언니의 방문을 끝까지 두드리며 언니를 기다린다. 폭풍우로 부모님이 탄 배가 침몰하고 갑작스럽게 왕국의 후계자가 된 엘사의 대관식에서 안나와의 다툼으로 인해 엘사의 마법이 모두에게 알려지고, 엘사는 마법을 통제할 수 없다며 왕국을 떠나며, 그 과정에서 왕국이 얼어붙게 된다. 그린에너지가 메인인 안나는 언니와의 관계를 회복하려하고, 왕국의 겨울을 끝내기 위해 옐로우 에너지를 사용하며 엘사를 찾아 떠난다. 한스 왕자가 엘사를 암살하려는 것을 발견한 안나는 자신이 얼음이 될 것을 알면서도 자신의 목숨을 아끼지 않고, 언니를 살리는 선택을 한다. 안나의 그린 에너지는 결국 언니를 끝까지 포기하지 않아 언니의 흑화를 막고 왕국도 구하게 된다.

그린에 옐로가 혼합된 자녀는 어떤 모습일까? 가족을 중시하는 그린과 인정욕구가 높은 옐로는 '가족들이 판단하는 나'의 모습에 집중하며 자라게 된다. 쉽게 말해 부모님에게 인정받기 위한 행동을 우선으로 하는 것이다. 기본적으로 얌전하고 성실한 그린에 옐로의 지적인 에너지까지 더해져 성실하고 공부도 잘하는 자녀라 부모님이 보기에 나무랄 데 없이 자랑하고 싶은 자녀일 것이다. 자녀의 행동에 무색한 반응이나 습관적인 칭찬을 하기보다, 무언가를 하지 않아도 그저 너의 존재 자체로 사랑한다는 것을 어릴 때부터 느낄 수 있도록 말과 행동으로 표현해 주는 것이 더욱 중요하다.

G Y 부정성 '모든 건 당신 때문이에요'

그린+옐로는 가족의 표현 방식에 따라 착한 자녀가 되기도하고, 자기중심적인 자녀가 되기도 한다. 그린+옐로는 햇살 아래(옐로) 곧게 뻗은 나무(그린)와 같다. 부모라는 존재는 목마름을 해갈해 주는 '시원한 비'일 수도 있고, 햇살을 가려 성장을 막는 '먹구름'이 될 수도 있다. 착한 성품을 타고난 그린+옐로는 어떤 부모를 만나 성장했느냐에 따라 나무의 모습이 완전히 달라진다. 그린+옐로가 잘 자라기 위해서는 부모에게 인정과 사랑을 충분히 받을 수 있도록 많은 대화와 함께하는 경험을 동반해야 하는데, 경제활동을 필연적으로 해야 하는 현시대에는 여간 쉽지 않다. 이들은 어린 시절에는 부모에게 받은 서운함과 공허함이 잘 드러나지 않지만, 어느 순간 깊은 동굴 속으로 들어가듯 부모와의 소통을 거부하기도 한다. 이러한 상황은 가족 내에서만 나타나는 것은 아니다. 직장 내에서도 나와 가장 가깝게 지내는 상사나 동료 또는 이끌어주는 멘토에 따라 성장 역량이 달라진다. 이들은 자신의 현재 모습이 만족스럽지 않다면 가장 가까운 누군가를 탓할 수 있으며, 그 사람들에게 벗어나지 못한다는 생각이 들면 삶의 무기력에 빠질 수 있다.

G B 그린+블루 결합

사람들과 관계가 깊고 포근한 감정을 전달하는 그린과 계획성, 책임감, 철두철미한 블루의 특성이 더해져 따듯한 커리어맨 또는 커리어우먼이 된다. 블루는 대체로 일에 집중하면 타인의 감정을 배제하는 경우가 많지만, 그린+블루는 다른 사람들의 일과 감정까지 신경 쓰며 자

주 성향 그린
보조 성향 블루

신의 일을 마무리하는 특징이 있다. 그린은 나를 포함하여 타인 또한 평온하고 안정적이길 바라는 마음이 있고, 블루는 관심 있는 사람의 불편함을 기억하고 필요할 때 꺼내 챙겨주는 세심함이 있다. 따라서 두 색의 결합은 가까운 사람들에 온전한 편안함과 안정적인 마음을 주며 빈틈 없이 따뜻하다.

G B 긍정성 '따뜻한 전문인'

그린에 블루가 혼합된 캐릭터는 드라마 〈김비서가 왜 그럴까〉의 여주인공 '김미소'이다. 9년째 천상천하 유아독존 이영준 부회장님의 개인비서로 일하고 있는 김미소는 누구보다 빠르고 완벽하게 일을 처리한다. 부회장의 스타일을 알아서 자신의 마음에는 들지 않아도 그가 좋아할 만한 대답을 하고, 미리 그의 생각을 예측해서 준비해 놓고 물어보면 언제든 척척 대답한다. 그녀가 9 to 6의 딱딱 맞아떨어지는 일이 아님에도 9년째 이 일을 하는 이유는 가족 때문이다. 아버지가 진 빚과 의사로 공부하는 두 언니를 뒷바라지하기 위해 고졸로 부족한 자신의 실력을 갈고닦아 버텨온 시간이 오늘의 그녀를 만든 것이다. 그녀가 가진 블루의 힘은 완벽을 요구하는 일들을 익히기 위해 시간을 쪼개고 공부하며 실력을 쌓을 수 있는 에너지로 사용되었을 것이다. 언니들도 의사로 자리 잡고 아빠의 빚도 다 갚았기에 그녀는 이제 자기 자신을 돌보기 위해 일을 그만두려 한다. 하지만, 부회장이 그만두지 못하게 붙잡아 갈등하게 되는데, 그 이유가 부회장님에게 자기가 없어서는 안 될 진짜 필요한 사람일지도 모른다는 생각 때문이다. 관계에서 내가 한 노력을 인정받는 것이 중요한 그린에게는 9년간 함께 한 부회장님이 일이 아닌 '진짜 필요한 사람'으로서 계속 함께 일하길 원한다고 할 때 고민되는 것이다.

김비서(김미소)와 이영준 부회장은 회사에서 비밀 연애를 시작하고, 사랑에 빠진 부회장은 어떻게 해서든 김비서를 편안히 쉴 수 있게 해 주고 싶어 한다. 하지만, 김미소는 다른 사람들과 다른 대우를 받는 것은 공평하지 못하다고 생각해 거절하는데, 그것은 그녀 안에 있는 진정성 그린과, 공평성 블루가 결합됐기에 나오는 선택이다.

그린+블루 유형은 공무원 또는 공공기관 조직에서 많이 만날 수 있다. 정년이 보장되어 은퇴하기 전까지 매달 정해진 급여가 매달 들어온다는 것은 그린에게 절대 포기할 수 없는 매력적인 조건이다. 거기에 정해진 규정이 있어 그에 맞춰 업무를 수행하면 된다면 미리 계획된 대로 행하는 블루 에너지까지 활용하여 일하기에 안성맞춤이다.

G B 부정성 '하던 대로 하세요'

그린+블루가 부정적으로 흐른다면, 융통성이 없거나 극보수적이라고 느낄 수 있다. 두 결합은 변화를 싫어하고 자신의 취득한 이론에 신뢰가 탄탄하다. 이들은 나이가 들어가면서 삶의 불안정성을 매우 기피하기 때문에 과거에 성공한 경험을 이야기하며 자신의 고집으로 변화를 최소화하려고 그러한 선택을 주변 사람들에게도 강요한다. 그린+블루를 부모로 둔 자녀(내담자)는 자신이 무언가를 할 때마다 과거 성공

사례를 강조하며 따르라고 하거나, 새로운 것을 배우거나, 진로를 자주 변경하게 되었을 때 진득이 할 수 있는 것이 없는 아이라며 비난을 받아 잦은 갈등이 있다고 한다. 이것이 그린+블루의 약점이자 부정성이라고 할 수 있다. 세상은 첨단 기술을 통해 걷잡을 수 없을 만큼 변화되고 있지만, 이들은 과거에 또는 현재에 머물러있는 경우가 많다. 불확실한 미래보다 과거와 현재가 익숙하고 편안하기 때문이다.

그린+블루의 고착화는 나이가 들수록 단단하게 굳기 때문에, 불확실한 상황을 긍정적으로 받아들이고 바라보는 경험을 찾아서 할 필요가 있다. 예를 들어 일상에서 새로운 길로 걷고, 새로운 곳에서 커피를 마시고, 새로운 사람과 새로운 공간에서 새로운 대화를 나누는 것이 고착화에서 벗어나는 방법이 될 것이다.

G P 그린+핑크 결합

주 성향 그린
보조 성향 핑크

그린도 관계의 색이고 핑크도 관계의 색이다. 그린은 가까운 사람들을 살뜰히 보살핀다면, 핑크는 자신을 알고 있는 모든 사람에게 사랑을 주고 또 모두에게 사랑받아야 행복한 색이다. 그린+핑크의 결합은 말과 행동이 따듯하고 친절하며 습관적으로 타인의 감정과 생각을 의식하여 먼저 배려하는 인물로 볼 수 있다. 또한, 타인의 감정의 흐름을 잘 파악하는 레이더를 가지고 있다. 이 레이더는 원활한 관계유지를 위해 사용하면서도, 타인의 부정적 감정이나 에너지로부터 자신을 보호하기 위해 작동한다. 이들은 평화롭고 사랑 가득한 인간관계를 추구하기에 속상한 일이 있어도 숨기며 미소를 띤다.

G P 긍정성 '괜찮아 우리 가족이잖아'

그린과 핑크가 혼합된 대표적인 캐릭터는 신데렐라이다. 신데렐라는 엄마가 돌아가신 후 아빠의 재혼으로 식구가 된 새어머니와 두 언니를 기쁘게 가족으로 받아들인다. 하지만 아빠가 돌아가신 후 새어머니와 두 언니는 신데렐라를 가족이 아니라 하인처럼 대한다. 힘든 집안일을 도맡아 하고, 온갖 구박을 받음에도 묵묵히 견뎌낸다. 그러다 새엄마와 언니들의 방해에도 불구하고 무도회에 참석해 왕자의 마음을 얻고, 급하게 나오다 잃어버린 한 짝의 유리구두로 자신을 찾은 왕자의 청혼을 받고 왕자와 결혼하여 왕비가 된다. 신데렐라 이야기의 결말은 이야기가 수록된 버전에 따라 다른데 1697년 샤를 페로의 판본에 따르면 왕비가 된 후 신데렐라는 자신을 구박하였던 새어머니와 언니들을 용서하고 귀족 청년들과 결혼을 하게 한다. 자신을 괴롭혔더라도 가족의 관계를 소중히 여기는 그린이 신데렐라의 가장 근본적인 색이라 가능한 결말이다.

하지만 우리가 흔히 알고 있는 그림 형제 판본에서는 잃어버린 구두가 유리구두가 아닌 황금 구두였고, 언니들은 맞지 않는 황금 구두를 신기 위해 발가락과 뒤꿈치까지 잘라 내지만 탄로가 나고, 신데렐라의 결혼식에서 비둘기가 두 언니의 눈을 파먹는 끔찍한 결말을 맞는다. 이 결말은 그린+핑크의 특징보다는, 자신의 사랑이 먼저이고 이를 방해하는 것에 대한 복수가 있어야 하는 핑크+그린의 특징이 담긴 결말이라고 봐야 한다.

그린+핑크가 결합된 엄마는 어떤 모습일까? 그린에게 가족은 안정감의 근원이다. 가족이 중심이 되는 그린에 사랑을 받고 사랑을 하는 것이 중요한 핑크 에너지가 더해진다면 그 누구보다 가정을 생각하며 사랑이 가득 담긴 엄마로 비칠 것이다. 그린은 돌보고 양육하는 에너지인데 이에 핑크의 에너지가 더해진다면 어린 자녀를 돌보고 양육하는 데 그린과 핑크 에너지를 사용하게 된다. 어릴 때는 부모가 세상 전부이기에 어린 자녀들은 엄마로부터 사랑받고 있다고 느끼며 자랄 것이다.

G P 부정성 '죽어도 못 보내'

그린+핑크를 부정적으로 발산할 때 '내 사람'이라는 집착이 생기게 된다. 가장 친한 친구가 전학을 가거나, 동료가 회사를 그만두면 상실감이 크게 다가온다. 결정적인 사건은 부모가 되었을 때 독립한 자녀에게 집착이 생길 수 있는 점이다. 성인이 된 자녀가 독립했을 때 축하와 응원보다는 물가에 내놓는 아이처럼 느껴질 것인데, 물리적으로 독립했을지라도 매번 찾아가서 냉장고를 채워주고 청소를 해준다거나, 연락을 자주 바란다거나, 외부 활동보다 가족 활동을 우선했으면 하는 바람이 높아 자녀의 물리적·심리적 독립을 방해하기도 한다.

하나의 사례를 소개하겠다. 그린+핑크의 어머니 A는 결혼해서 한 가정의 가장이 된 아들이 아침은 먹었는지, 요즘 회사생활은 잘하고 있는지 등 걱정과 염려가 계속된다고 한다. 또한, 결혼한 아들이지만 가끔은 집으로 와 내가 차려준 밥을 먹고 갔으면 하고, 자신의 생일 때 며느리는 안 와도 아들은 꼭 왔으면 좋겠다는 말을 했었다. 아들이 결혼한 순간부터 관계가 소홀해진 것 같아 서운한 마음이 있었고, 다시 예전처럼 보내고 싶은데 며느리가 방해꾼이 된 감정이 들었다고 한다. 쉽게 말해 아들을 빼앗겼다는 마음이 들면서도, 가족의 분란을 싫어하는 그린+핑크는 며느리도 자기 자녀로 받아들여 며느리와 대립적인 관계를 형성하며 잔소리를 하거나 시집살이를 시키지는 않는다. 단, 조건은 며느리가 아들에게 잘했을 경우이다. 만약 며느리로 인해 아들이 괴로운 상황을 자주 접한다면, 가슴이 찢어지는 그린+핑크 A씨는 며느리를 가정을 파괴하는 적으로 바라볼 것이다. 반대로 자신에게 넘치는 사랑을 주는 그린+핑크 유형의 아버지가 자신이 어떤 남자를 데리고 오건 결혼을 강력하게 반대해 50대가 되도록 혼자인 내담자도 있었다. 이들은 자녀의 행복을 바란 행동을 했다고 하지만 자녀는 결코 행복하지 않았다는 것이 현실이다.

그린+핑크의 행복은 사람으로 채워진다. 나에게 행복을 주는 사람이 자신에게 어떻게 행동하고 말하고 대하는지에 따라 오늘의 기분이 결정될 만큼, 이들은 인생 전반에 있어 관계에 매우 의존적이다. 특히 끊어지지 않는 실로 묶인 가족은 오죽하겠는가. 그러나 내가 구성한 가족만 가족이 아니다. 기존 둥지를 떠나 새로운 둥지를 만들어 살아가는 자녀의 가족도 가족이다. 자녀가 새로운 둥지에서 스스로 행복을 만들며 살아가는 방법은 무엇일까. 생각보다 쉽다. 멀리에서 미소 가득히 마음으로 지지를 해주는 것이다. 그것만으로도 자녀는 힘을 얻고 진정한 독립과 함께 건강한 성인으로 살아갈 수 있을 것이다.

G RB 그린+로열블루 결합

주 성향 그린
보조 성향 로열블루

그린에 로열블루가 혼합된다면 로열블루의 통찰력은 가족들을 보호하는 데 사용될 것이다. 그린+로열블루는 평소에 가족의 의견을 따르거나 양보하지만, 가족 구성원이 잘못된 길을 걷고 있다고 생각이 들면 '이렇게 해라. 저렇게 해라'라며 강하게 간섭할 수 있다. 또한, 가족 구성원에게 누군가 피해를 주는 행동을 했을 때 냉정하고 차갑게 돌변하는 특징이 있는데, 선하고 차분했던 사람이 하는 날카로운 말은 더욱 아프게 느껴진다. 가족을 건드는 상황을 제외하면 그린+로열블루는 다투는 것을 선호하지 않으며, 높은 곳에 올라가기 위해 자신을 갉아먹으며 사는 사람들을 가장 이해하지 못한다.

G RB 긍정성 '끈끈한 가족으로 재구성'

그린에 로열블루가 혼합된 대표적인 캐릭터는 《아기 돼지 삼형제》의 셋째 돼지이다. 엄마 돼지는 아기 돼지 삼형제를 독립시키며 각자 나가 집을 짓고 살게 한다. 첫째 돼지는 짚더미로 대충 집을 만들고, 둘째 돼지는 나무로 집을 짓는다. 하지만 셋째 돼지는 벽돌로 튼튼한 집을 짓는다. 늑대가 나타나 첫째 돼지의 짚더미 집을 간단히 입김으로 날려버리고, 둘째 돼지의 나무집도 부숴버린다. 셋째 돼지 집은 튼튼해서 부술 수 없었고, 늑대는 굴뚝으로 들어오려고 했으나 셋째 돼지가 미리 준비해 놓은 펄펄 끓는 물에 빠져 화상을 입고 도망간다. 셋째 돼지의 집으로 피신한 첫째 돼지와 둘째 돼지는 안전한 집에서 목숨도 구하고 서로 도우며 같이 산다. 가족의 안정은 가족이 함께 모여 사는 '집'으로 상징될 수 있다. 이 집을 튼튼하게 짓는 것은 그린에게 중요하다. 거기에 늑대의 괴롭힘까지 생각할 수 있는 셋째 돼지의 선견지명은 로열블루가 혼합되어 있기에 가능한 것이다.

그린+로열블루의 결혼생활은 어떨까? 우선 연애부터 쉽지 않은 컬러다. 오랜 시간 두고두고 보면서 상대방을 판단하는 그린과 사람을 잘 믿지 않는 로열블루의 결합이기 때문이다. 연애를 시작했다고 해서 온 마음을 주지 않는다. 장기간 연애를 하면서 결혼해도 좋은 사람인지 판단할 것이며, 결혼을 상상했을 때 내 가족 구성원과 상대방 가족 구성원이 만나 불편한 상황이 발생하지 않을지 깊은 고민에 빠지기 때문이다. 하지만 결혼을 하면 부부가 된 상대방과 상대방의 가족에게까지 최선을 다해 잘해준다. 그린의 에너지는 넓어진 가족 구성원을 챙기고, 예측력이 높은 로열블루는 가족 간의 충돌을 피하기 위한 방법을 간구하며 조화로운 가족상을 만드는 데 사용된다. 그래서 그린+로열블루와 결혼한 사람은 부부 관계를 넘어 부모 자녀 관계까지 과거보다 현재 더 끈끈해진 느낌을 받을 수 있다. 이것은 눈에 보이지 않는 그린+로열블루의 고군분투한 흔적임을 알아야 한다.

그린+로열블루는 핑크와 같이 애교 섞인 살가운 표현을 하는 데 서툴러도, 어떤 때는 친구처럼, 어떤 때는 멘토처럼 삶의 문제들을 상담하고 같이 의논할 수 있는 단단함이 매력이다. 처음에 연애를 시작할 때 뭔가 선을 지키는 것 같은 분위기에 서운할 수도 있지만, 결혼으로 관계가 깊어진다면 절대 헤어 나올 수 없는 매력을 발견할 것이다. 하지만, 가정의 불화를 만드는 행위를 했다면 각오해야 할 것이다. 그린의 따스함은 어디론가 사라지고, 로열블루가 강해져 심각한 독설을 들을 수 있다. 그리고 당신은 느닷없이 배신자가 되어 있을 것이다.

G RB 부정성 '절대 사고 치지 마'

그린에 로열블루가 혼합된 에너지가 부정적으로 흐른다면 집 안에 불안이 단 한 방울도 떨어져서는 안 되는 예민한 독재자가 될 수 있다. 나에게 소중한 가족을 지키고 보호하기 위해 통제하기 때문이다. 뛰어난 촉과 시뮬레이션 능력으로 가족 중 누군가 무엇을 시도하려고 할 때 하지 못하게 막거나, 하기도 전에 실패 상황을 예측해 말로 전달하며 자신감을 바닥으로 떨어뜨릴 수 있다. 그 어떤 가족 구성원도 현재 상태의 안정감과 평온함을 헤쳐서는 안 되기 때문이다.

그린+로열블루는 가족을 지키려는 자신의 행동이 가족을 망치고 있다는 생각을 전혀 하지 못한다. 가족을 위한 행동이기 때문에 모두가 자신의 뜻을 따르길 원하며, 따르지 않으면 나쁜 병균처럼 그를 대한다. 가족 입장에서는 그린+로열블루의 말을 따르지 않으면 가족을 배신하는 배신자, 가족을 병들게 하는 나쁜 사람이 되어 있는 것이다. 그린+로열블루가 하는 말과 행동은 모두 오롯이 가족을 위한 것이다. 그리고 가족 구성원도 가족을 위해 행동하는 것을 잘 알고, 하는 말이 모두 맞기 때문에 최대한 이해하고 받아들이고자 한다. 그런데 그것이 문제가 된다. 그린+로열블루가 부정적으로 사용되고 있는 가족은 자유롭지 못하며 숨 쉴 공간이 없다. 밖에서 참은 숨을 가족이라는 울타리 안에서 편하게 내쉬어야 하는데, 그 공간이 송두리째 사라졌고 그런 사실을 그린+로열블루만 알지 못한다. 가족이란 무엇일까? 가족의 평화를 위해 절대 사고 치면 안 되는 가정. 밖에서 사고 치고 왔을 때 안아주는 가정. 나는 어떤 가정을 원했던 것일까.

G M 그린+마젠타 결합

주 성향 그린
보조 성향 마젠타

가까운 사람과의 관계를 지키고 보호하려는 그린과, 약자를 위해 자신의 희생은 필연적이라고 생각하는 마젠타의 결합이다. 그린+마젠타는 가족 구성원이 자신의 도움으로 인해 높게 성장하길 바란다. 이는 사사건건 참견이 될 수 있고, 도움을 가장한 잔소리가 될 수 있다. 또한, 그린+마젠타는 자신의 잠을 줄여서라도 가족이 바라는 것은 최대한 해주는 헌신적 사랑을 보여주며 최고의 남편 또는 아내, 최고의 아버지 또는 어머니의 삶을 살기 위해 노력한다. 연애할 때에도 부모와 같은 헌신적인 사랑을 끊임없이 주기 때문에, 헤어지면 후회하거나 기억에 오랫동안 남는 유형이기도 하다.

G M 긍정성 '조건 없는 헌신자'

그린에 마젠타가 혼합된 대표적인 캐릭터는 영화 〈미녀와 야수〉의 미녀 '벨'이다. 벨은 아버지가 야수의 성에 갇히게 된 것을 알게 되어 찾아가지만, 도둑으로 몰려 아버지를 대신해 야수의 성에 평생 갇히게 된다. 성에 살게 된 벨은 무시무시한 외모의 야수를 무서워하지만, 그와 시간을 함께 보내며 인간적인 마음을 느끼게 된다. 어느 날 벨은 금지된 서쪽 탑에서 마법의 장미를 발견했다. 이를 본 야수가 벨에게 화를 내고 벨은 성을 뛰쳐나가 버린다. 성밖에서 늑대 떼를 만나게 되고, 야수가 나타나 벨을 구해 주지만 상처를 입어 쓰러진다. 벨은 도망칠 기회였지만 자신을 살려준 그를 그냥 두고 떠날 수 없어 그를 데리고 다시 성으로 돌아와 그를 보살피고, 둘 사이는 더욱 돈독해진다. 벨 안에 있는 마젠타는 상처 입은 야수가 죽도록 그 자리에 두고 자신만을 챙길 수 없게 한다. 거기다 자신을 위해 싸우다 다쳤고, 그가 다친 데는 자신의 책임까지 있으니, 그린에 마젠타가 혼합된 벨은 절대 그를 두고 혼자만 도망갈 수 없다.

가족을 가장 중심에 두는 그린과 힘든 사람을 도와주지 않고는 못 견디는 마젠타가 결합된 그린+마젠타의 사례 하나를 더 소개하겠다. 대학생 B는 수업에서 조별 프로젝트를 위해 친한 친구와 팀을 구성했다. 조별 과제를 위해 각자의 역할을 정하고, 기한을 정해 그때까지 맡은 부분들을 해오자고 약속하였다. 약속된 날짜 바로 전날 조원으로부터 자신이 맡은 부분을 하려고 했으나, 며칠 전 아버지가 병원에 입원하게 되면서 기한 내 과제 마무리가 어려울 것 같다고 연락이 왔다. B는 친구와 아버지를 걱정하며 '넌 아버지를 잘 보살펴 드려, 너도 지치지 않게 건강 잘 챙기고'라는 말과 함께 조별 과제 마무리를 혼자 수행했고, 이 사실을 교수님께 전달하지 않았다. 이야기를 읽은 몇몇은 과제를 혼자서 다 하고도 친구와 공평한 점수를 받으려는 B를 이해하지 못할 수도 있다. 오히려 B는 친구 자신과 같은 점수를 받아도 기분 나쁜 것보다, 어려운 상황에 있는 친구를 과제로나마 도왔다는 사실에 안도감이 들었다고 한다. 주위에 그린+마젠타 친구가 있는가? 당신은 당신의 어려움을 함께 나눌 수 있는 진정한 친구를 가진 것이다. 이런 친구의 선의를 악용하는 일은 없기를 바란다.

G M 부정성 '내가 할게'

그린+마젠타 유형이 부정적으로 사용되면, '몸과 마음이 다치지 않고 편안하게 성공했으면 하는 마음'이 자리 잡게 된다. 특히 약간의 위험이나 실패가 걱정될 때, 자신이 먼저 해보고 완성된 것을 주고자 한다. 그러면 어떻게 될까?

F&B 사업가 C대표는 전국 지점의 음식 퀄리티가 제각각으로 고객 컴플레인이 많아지자, 이를 관리하기 위해 D쉐프를 고용했다. D쉐프에게 음식 퀄리티가 동일할 수 있는 레시피를 명확히 만들어 제출하라고 했다. D쉐프가 만들어온 음식을 먹은 C는 부족함을 발견했는데, 갑자기 주방으로 가 처음부터 자신이 생각한 레시피대로 음식을 만들고 문제를 해결하고 자리를 떠났다. 여기서 어떤 문제가 보이는가? 그린+마젠타는 자신의 능력으로 D쉐프의 문제를 해결해 주었다는 생각에 자아도취할 수 있지만, 그 문제를 해결하기 위해 고용된 D쉐프는 쓸모없는 인간이 된 것 같은 느낌이 들었을 것이다. 이뿐만이 아니다. C대표는 회의 중 각 부서의 모든 문제를 먼저 찾아 해결해 주었다. 회사가 앞으로 나아가고 커지면서 C대표는 지쳐갔다. 모든 직원이 자신만 바라보고 있다는 것이다. 이런 상황을 누가 만들었는가?

그린+마젠타는 문제해결이 늦어질수록 잘못된 길을 가겠다는 생각이 들면 상대방에게 잔소리하며 스스로 해결할 수 있게 기다리기보다, 자신의 능력과 시간을 투자하여 모조리 해결하며 도와준다고 착각한다. 문제를 해결해 주는 순간마다 '내가 필요하지?'라며 뿌듯한 감정에 사로잡히지만, 자녀가 성인이 돼도 아이처럼 행동하고, 직원이 승진해도 신입사원처럼 행동하니, 그 화살이 결국 나에게 온다는 사실을 기억해야 한다. '내가 언제까지 직접 움직여야 해'가 아니라, '스스로 성장을 방해해서 미안해'는 아닌지 자신의 현상황을 살펴보아야 한다. 실패 없는 성공은 없다. 당신도 실패를 경험하고 문제를 직접 해결하면서 능력을 쌓아왔기에 다른 사람도 혼돈의 시간을 경험하고 성장할 수 있도록 기다려주어야 한다. 그래야 미래의 내가 편하다.

G V 그린+바이올렛 결합

주 성향 그린
보조 성향 바이올렛

관계 중심적이고 튀는 것을 좋아하지 않는 그린과, 독립적이고 독특한 것을 좋아하는 바이올렛의 모순적 결합이다. 그린+바이올렛은 행동은 차분하면서도 말과 행동에 엉뚱한 면이 있다. 안정적인 직업과 생활을 원하면서도 상상하지 못한 일탈을 일삼으며 주변 사람들을 놀라게 만들기도 한다. 예를 들어 10년 동안 일한 직장에 갑작스러운 사표를 던지고, 배우에 도전하거나, 프리랜서 선언을 하는 것이다. 이들은 술 초콜릿(Liquor chocolates)에 비유할 수 있다. 단순한 초콜릿인 줄 알고 천천히 녹여 먹으며 달콤한 미소를 짓다가, 갑자기 튀어나온 럼으로 쓴 알코올이 입안을 뒤덮었을 때 깜짝 놀라게 된다. 그러나 한번 맛보면 그 매력에 헤어 나올 수 없다.

G V 긍정성 '가족의 지지로 재능이 실현되다'

가족을 사랑하는 그린과 예술적 능력을 지닌 바이올렛이 혼합된 대표적인 캐릭터는 애니메이션 영화 〈코코〉의 '헥토르'이다. 헥토르는 딸 코코를 위해 노래를 만들고 불러줄 만큼 음악에 대한 열정과 실력을 갖춘 캐릭터다. 음악적 성공을 위해 친구와 함께 떠돌아다니며 음악가 생활을 하지만 가족과 고향이 그리워 친구를 떠나 돌아가는 결심을 한다. 하지만 친구에게 독살당해 가족과 함께하려던 그의 진심은 전해지지 않았고, 음악 때문에 가족을 버린 사람으로 취급받는다. 가족들은 헥토르를 점차 잊어 저승에서조차 사라져 가던 어느 날, 음악을 좋아하는 헥토르의 증손자 미구엘이 살아 있는 상태에서 저승에 온 것을 알고 미구엘을 구하려는 에피소드가 벌어진다. 영화의 마지막 자신의 손자인 미구엘이 죽을 수 있는 상황에서 헥토르는 자신이 사라지는 것을 선택한다. 사라지면서 한 마지막 말도 딸에게 "아빠가 정말 사랑한다"라는 말을 전해달라는 것이었다. 헥토르 삶의 가장 중요한 순간 결정의 요인은 '가족'이다. 그의 메인 색이 가족이 가장 중심이 되는 그린이기 때문이다.

그린에 바이올렛이 혼합된 유형을 보여주는 또 다른 캐릭터는 영화 〈코다〉의 주인공 '루비'이다. 루비를 제외한 가족들은 모두 청각장애인으로 루비가 세상을 연결하는 통로가 되어주고 있다. 루비는 어부 일을 하며 생계를 이어가는 가족들을 아침 일찍부터 돕지만, 다른 친구들은 가족 모두 청각장애인이고 어부 일을 한다는 이유로 놀리며 왕따를 시킨다. 그러다 우연히 합창 동아리에 지원하고, 뛰어난 음악적 재능을 발견한다. 음악 선생님은 루비가 버클리 음대에 갈 수 있도록 돕지만, 루비의 노래를 들을 수 없는 가족들은 루비의 꿈보다 생계를 이어가기 위한 어부 일이 우선이었다. 자신이 하고 싶은 꿈과 가족을 선택하는 상황에서 루비는 자신을 꿈을 포기하려 한다.

루비가 가진 탁월한 재능은 그녀가 가진 바이올렛의 에너지에서 나온다. 하지만 자신의 꿈보다 가족을 선택하고자 하는 건 그녀의 근본 에너지가 그린이기 때문이다. 가족을 버리고 자신을 꿈을 좇아가 성공했다고 해도 그린이 메인 에너지라면 행복하지 않을 수 있다. 하지만 이 영화에서처럼 결국 가족의 이해와 지지를 받고 나아갈 수 있다면 그린+바이올렛은 그 누구보다 행복하게 자신이 가진 재능을 한껏 발휘할 수 있을 것이다.

예술적 능력이 높은 사람들은 자신만의 세상에서 살아가며 세상과 단절하거나, 고집을 부려 의사소통에 어려움이 있거나, 오랫동안 한 가지 일을 하는 것에 어려움을 느끼는 단점이 있다. 그러나 참을성이 높고 묵묵히 한 길로 나아가는 그린에 바이올렛이 결합되어 모든 단점 사라진다. 독특함을 유지하면서도 원활한 인간관계와 소통, 협업이 가능하며, 오랫동안 한 분야에서 자신의 능력을 특출나게 키워 성장할 수 있다. 그렇게 성장하기 위해서는 가족의 따듯한 지지로 가득 채워져야 한다. 그렇지 못했다면 그린+바이올렛은 자신의 재능을 저버린 채, 또는 자신의 재능이 무엇인지도 모르고 살아갈 가능성이 크다.

G V 부정성 '가족도 날 이해 못 하는데...'

그린+바이올렛 에너지가 부정적으로 흐르게 된다면 가족 이외의 사람들과 거의 교류를 하지 않는 은둔형 외톨이가 될 수 있다. 재미있는 아이디어나 상상이 떠올라 가족에게 공유했지만, 인정받지 못하는 것을 넘어 멸시를 당했다면 점점 더 자신만의 세계로 들어가 나올 수 없게 된다. 그린이 메인이기에 가족들로부터 힘과 위안을 얻어야 하는데 가족들이 이상하게 여긴다면 점점 더 위축되어 어디서도 인정받을 수 없는 존재라고 생각할 수 있으며, 타인과 대화하는 데 있어 더욱더 조심성이 강해진다.

그린+바이올렛은 진로를 선택할 때 '매력 없지만 안정적인 것'과 '매력 있지만 불안정한 것' 사이에 갈등이 있는 경우가 많다. 내담자들을 분석했을 때 가족의 지지가 충분했다면 후자를 선택했고, 가족을 돌보거나 경제활동을 강요하는 분위기에서는 전자를 선택했다. 그러나 한국에서 대부분의 그린+바이올렛은 전자의 삶으로 지루함과 공허함을 느끼며 살아간다. 이는 바이올렛을 버리고 그린으로만 살아가 반쪽짜리 인생에서 오는 지루함과 공허함으로 볼 수 있다.

그린+바이올렛은 '초콜릿을 먹을래, 럼주를 마실래'와 같이 두 가지 중 꼭 하나를 선택해야 하는 순간을 경험한다. 가족의 지지는 하나의 선택이 아닌, 두 가지를 결합할 수 있도록 응원과 용기를 주는 힘이 된다. 그러면 지지를 받은 그린+바이올렛은 술 초콜릿이라는 길을 만들어 온전히 자신 그대로 살아갈 수 있다. 이러한 사실을 가족에게 전달하고 힘이 들 때마다 가족의 지지를 받았으면 하는 바람이다. 그것이 어렵다면 가족처럼 나를 따스히 안아주는 사람을 꼭 곁에 두었으면 한다.

Green's core message

'때로 나의 마음 먼저 돌보기'

뿌아는 자신의 울타리 안 사람들을 돌보고 챙기는 것에 자신의 에너지를 먼저 사용한다. 상대방의 입장을 먼저 생각하고, 상대방의 이야기를 더 들어주고, 상대방 마음의 안정을 위해 배려와 희생을 습관처럼 하는 것이다. 특히 가족의 스트레스를 묵묵히 받아주고 불편한 감정을 가슴 한편에 쌓아둔다. 다른 사람을 배려하고 챙겨주는 것처럼 때로는 시간을 내어 당신의 마음을 먼저 돌보아 주었으면 한다. 주변 사람에게 향한 눈과 귀를 잠시 닫고 내 마음에 평화로움이 깃들 때까지.

BLUE

완벽추구

세밀한

철저한

분석

계획적

이성적

논리적

자기만족

권태로운

습관적 보류

편견

아집

두려움

무기력

억압

잦은 스트레스

BLUE

분석적이고 계획적인 완벽주의자 블루에게 필요한 것은
파란 하늘처럼 맑고 상쾌한 긍정의 에너지다.

블루(Blue)는 하늘과 창백하다는 뜻인 고대 프랑스어 Bleu에서 유래되었으며, 파랑의 또 다른 단어인 셀룰리안(Cerulean) 또한 하늘을 의미하는 고대 라틴어 Caeruleus에서 유래되었다. 이처럼 맑고 파란 하늘이 담긴 블루는 시원하고 청명하며 희망찬 이미지와 기분을 함께 전달한다.

고대 이집트에서 푸른빛의 보석 청금석(Lapis Lazuli)은 '하늘의 돌'이라는 뜻으로 귀한 보석으로 여겨졌으며, 블루 색상 역시 왕족과 권위의 신성한 색으로 이집트 투탕카멘의 마스크나 무덤 속 벽화에서도 푸른 보석이나 푸른빛의 염료를 쉽게 찾아볼 수 있다. 청금석을 원료로 만든 군청색 안료는 중앙아시아 아프가니스탄 지역에서 유럽으로 수입되어 '바다 너머'라는 뜻의 울트라마린(Ultra Marine)이라 이름이 붙여졌고 가장 값비싼 물감으로 유럽에서는 귀중한 색상으로 여겨져 성모마리아를 상징하는 색으로 성화에 사용되었다. (※울트라마린은 짙은 푸른색으로 일반적인 블루와는 구분이 되지만, 그 당시 성스럽고 귀중한 블루의 의미를 대표하는 색상으로 많은 성화와 기록들에서 역사적으로나 문화적으로 의미가 있다.)

성모마리아의 색, 여성의 색으로 사용되던 블루는 현대에 이르러 남성성을 상징하는 색으로 널리 인식되었고 19세기 산업 혁명으로 염료 생산이 대량화되면서 저렴해진 파란 염료로 인해 파란색 옷이 대중화되기 시작했다. 청바지는 블루칼라 노동자들을 위한 튼튼한 작업복으로 사용되었지만, 시간이 지나면서 대중문화와 패션의 아이콘이 되었는데 청바지가 전 세계적으로 모든 계층과 연령대에서 사랑받는 옷이 되었듯이, 블루 역시 오래전에는 하늘과 신의 색, 성모마리아의 색으로 귀하고 값비싼 색이었지만, 현재에는 많은 사람들이 성별, 나라, 문화적 배경에 상관없이 선호하는 색으로 사랑받고 있다.

한국리서치(hrcopinion.co.kr)가 2022년 전국 성인남녀 1000명을 대상으로 진행한 '한국인의 색상 인식 조사–색상선호도'에서 한국산업표준에서 지정한 15가지 기본색의 명칭과 색상을 보기로 제시하고, 선호하는 색상과 선호하지 않는 색상을 최대 3개까지 선택하라는 조사 결과, 한국인이 가장 선호하는 색상은 전체 응답자의 36%가 답한 파란색이었다. 성별로 나눠보면 남성의 42%, 여성의 30% 비율이 가장 좋아하는 색이 파란색이라고 응답했을 만큼 블루는 연령과 성별과 상관없이 많은 이들에게 보편적으로 사랑받는 색이다.

블루는 신뢰, 안정, 지식, 진실성 등을 상징하는 색으로, 다양한 기업과 단체에서 블루를 상징색으로 사용하여 대중들에게 블루를 통해 이러한 이미지를 전달하고자 한다. 특히 신뢰와 안정성을 중요시하는 금융권과 IT업계에서 많이 사용되고 있다. 우리나라에서는 블루 상징색의 대표 기업으로 삼성을 꼽을 수 있다. 블루는 기술적 혁신과 신뢰성을 강조하는 삼성의 브랜드 이미지와 잘 맞아떨어져 다양한 제품과 마케팅에서도 블루를 활용하고 있다. 또한 국제연합(UN), 유네스코, EU 등 여러 국제단체에서도 블루를 평화와 안전, 건강, 조화 등의 상징으로 사용하고 있다.

이처럼 블루는 우리의 일상 속에서 긍정적인 이미지로 사용되고 있고, 블루칩, 블루오션, 청사진 등과 같이 안정성, 미래, 희망, 이상향 등의 긍정의 의미를 가지고 있다. 반면 영어단어 'blue'는 파란색뿐만 아니라 우울의 의미 또한 갖고 있기에 슬픔, 우울, 냉정, 불안 등의 부정적인 이미지를 갖는다. 디즈니 애니메이션 〈인사이드 아웃(Inside Out)〉에서 슬픈 감정 캐릭터인 '슬픔(Sadness)'은 색상이 블루로 표현되어 있는데, 기쁘고 신나는 감정 캐릭터인 '기쁨(Joy)'에게도 파란 머리카락, 파란 눈, 파란 아우라 빛 등이 표현되어 슬픔과 기쁨이 연결되어 있음을 시각적으로 보여준다.

'블루' 하면 떠오르는 심리적인 이미지는 신뢰, 지식, 미래와 같은 이성적이고 차가운 느낌이며 이런 블루의 심리적 특성을 가진 블루 사람은 '완벽'을 추구하는 삶을 산다. 자신이 생각하고 계획한 그대로 성공적이고 순조로운 삶, 그것이 블루 사람이 꿈꾸는 삶이다. 이상적이고 차질 없는 진행을 위해 논리적으로 분석하고 계획을 세워 최선을 다해 모든 것을 자신의 것으로 만들어가며 완벽을 추구한다. 꼼꼼하게 준비하는 블루 사람은 완벽한 결과를 위해 무한한 정보 탐색과 분석, 그리고 세밀한 계획을 세우지만 그 안에는 실패에 대한 두려움과 불안이 숨어있다. 계획한 일이 그대로 이루어지고 걱정 근심이 사라질 때는 기쁘지만, 예상하지 못한 일들이 변수가 되어 스트레스를 받게 되기에 되도록 다양한 상황에 대비하고 성공을 위해 철저하게 준비한다. '만약에...'라는 걱정과 근심 속에서도 결국에는 두려움을 이겨내고 목표를 이뤄내는 힘을 가진 블루 캐릭터 '미리(MIRI)'를 소개한다.

블루 캐릭터 미리 MIRI

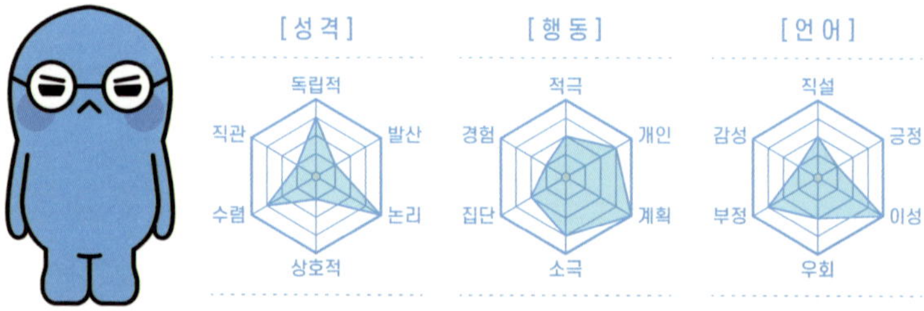

블루 캐릭터 미리(MIRI)의 특성 그래프

미리 검색하고 미리 계획 세우는 분석가

어떤 일이든 미리 검색하여 준비하고 계획하는 블루 캐릭터의 이름은 '미리 MIRI'이며 안경과 함께 날카로운 눈빛에서 집요하게 정보를 얻고 분석하는 똑똑한 이미지, 이성적이고 논리적인 성향을 엿볼 수 있다.

나는 미리인가? 아래 질문에 대답해 보자

- 여행을 준비하거나 새로운 일을 시작할 때 먼저 메모장이나 엑셀 파일을 여는가?
- 핸드폰과 컴퓨터에는 수많은 정보와 자료들이 저장되어 있는가?
- 한 가지 물건을 구매하기 위해 브랜드별 장단점, 판매처별 가격 비교를 하는가?
- 친구들과의 모임을 위해 식당 리뷰를 확인하고 메뉴도 미리 정해 보는가?

대부분의 질문에 Yes라고 답했다면 당신도 미리의 블루 에너지로 가득 채워져 있는 사람이다. 이렇듯 미리는 즉흥적이기보다는 계획적이며 방대한 정보를 검색하고 분석하는 데 탁월한 능력이 있다.

미리는 원리원칙을 잘 지키며 학창 시절에는 규칙을 잘 따르는 모범생이고 모든 일에 이성적, 논리적으로 접근하며 근본적인 이유와 원인을 파고드는 분석가이다. 지식과 데이터를 원천으로 움직이며 때로는 아무것도 안 하는 것처럼 보이기도 하지만 언제나 머릿속에서는 고민과 분석을 하고 있다. 미리가 자주 하는 말은 "내가 알아볼게" "내 말이 맞을 텐데" "생각하고 있어"이다.

결과를 내기까지 오랜 준비와 신중을 기하기에 성실하고 신뢰가 높고 하나의 주제에 대한 집요한 정보수집과 꼼꼼하게 작은 부분까지 신경 쓰며 디테일에 집중하는 능력도 뛰어나다. 일에 대한 책임감이 큰 일 중독이기도 하며 자신에 대한 믿음으로 완벽하고 성공적인 미래를 계획하고 이뤄내기 위해 최선을 다한다.

실패의 두려움을 숨긴 완벽주의자

완벽을 추구하는 미리에게 가장 두려운 것은 무엇일까? 본인이 세운 계획이 틀어지거나 예상치 못한 변수가 생기면 스트레스를 받는 미리는, 부족한 정보와 잘못된 분석에 의한 실패나, 계획이 어그러지는 것을 매우 불편해한다. 이러한 상황을 피하고자 미리는 모든 일에 있어 더욱 철저히 준비하고 다양한 상황을 대비하는데, 이런 방대한 조사와 대비책들은 오히려 미리가 숨기고 있는 실패의 두려움과 완벽함에 대한 불안감을 보여준다.

미리는 모든 것이 완벽하게 준비되었을 때 비로소 움직인다. 잘해야 하는 일일수록 높아지는 부담감에 점점 미루게 되는 특징이 있으며, 완벽한 결과를 갖기 위해 준비하는 시간이 또한 매우 길어 즉각적인 행동보다는 수많은 고민과 분석 후 실행에 옮긴다. 실수와 실패에 대한 두려움으로 더욱더 완벽한 일처리를 원하며, 스스로 만족할 때까지 준비의 준비를 거듭한다. 이처럼 지나치게 분석적이거나 신중한 태도로 인해 길어진 준비시간은 늦은 시작을 초래하고, 결정을 지연시켜 신속한 대응이 필요한 상황에서 비효율적일 수 있다.

자신이 갇힐 수 있는 '나만의 견고한 틀'

미리에게는 보이지 않는 틀이 존재한다. 이 틀은 완벽이라는 목표를 향해 가는 미리가 세운 계획, 가치관이라는 이름의 틀이기도 하다. 견고하게 세운 나만의 틀을 넘어오거나 틀어지게 하는 사람들을 경계하며 자기 세상 속에서만 살기도 한다. 특히나 지식의 저주에 걸리기도 하는데, 내가 알고 있는 것이 전부이고 항상 옳다는 생각으로 일방적인 대화를 하며 타인과의 협의, 소통이 잘되지 않는다. 이 틀이 깨어질까 두려워하며 큰 실수나 실패에는 크게 좌절하게 된다. 스스로 세운 미래의 계획들을 성실히 이행하지만, 예상치 못한 일로 그 계획이 무산되거나 차질이 생기면 스트레스를 받는다. 자녀들의 성장에도 이상적인 자녀상에 맞추어 가길 요구하며 갈등이 일어나기도 하는데, 논리와 이성을 중시하다 보니 감정표현에 서툴러 공감과 협력 등에 부족함이 보여 소통의 어려움을 겪을 수 있다.

완벽한 계획을 세운 냉철한 주인공

앞에서 설명한 미리의 모습은 드라마 〈더 글로리〉의 주인공 '문동은'에서 찾아볼 수 있다. 학교 폭력 피해자였던 동은은 가해자들을 향한 치밀한 복수를 위해 오랜 시간 동안 수많은 계획과 준비를 해왔다. 단 한 줄도 없는 우연으로 복수의 대상인 학교 폭력 가해자들의 약점을 분석하고 점점 압박하며 본인에게 유리한 상황을 이끌어내어 그들 스스로 서로에게 해를 가하며 무너지게 만든다.

감정을 드러내지 않으며 신중하고 조심스럽게 행동하고 냉철하게 상황을 판단하는 동은에게는 사랑도, 가족도, 즐거움도 없다. 본인의 계획을 방해하는 요소인 불법 촬영을 하는 교사, 자신을 힘들게 하는 어머니의 등장 등을 영리하게 처리하며 모든 일이 계획대로 이루어지도록 철저한 준비를 하는 완벽주의자다.

이처럼 블루를 부정적인 에너지로 사용한다면, 그 삶에 감정은 배제된 채 계획과 실행만 남게 된다. 미리 유형은 현실이 어렵거나 설정한 목표가 높을수록 연애, 결혼, 여행, 작은 행복마저도 모두 사치로 받아들이며 자신이 설정한 틀 안에서만 삶을 살아간다.

언제나 완벽할 필요는 없어

모든 일이 예상하고 계획한 대로 순조롭게 흘러간다 할지라도 성공을 보장할 수 없고, 실수와 실패에서 또는 생각지도 못한 우연에서 성공의 키를 얻을 수 있다. 미리는 계획에서 오는 마음의 안정감은 누리되, 실수와 실패에 대한 두려움, 불안, 걱정과 근심은 살며시 내려놓았으면 한다. 인간은 모두 불안정한 시간과 삶 안에서 살아가고 있으므로 불멸의 불안정성을 안정성으로 바꾸기 위한 끝없는 괴로움에 빠지지 않았으면 한다.

미리에게는 누구보다도 강력한 장점이 있다. 분석적이고 논리적인 접근이 필요한 분야, 신중함과 꼼꼼함을 요구하는 직업에서 뛰어난 성과를 낼 수 있고, 최고가 될 때까지 최선을 다해 최상의 결과물을 창출하는 원동력이 있다. 먼 미래의 성공보다는 하루하루 즐겁게 정진하는 삶으로 자신을 믿어준다면 미리에게는 푸르른 하늘처럼 청명한 미래가 기다리고 있을 것이다.

미리의 혼합 컬러 해석

B R 블루+레드 결합

주 성향 블루
보조 성향 레드

이성적인 블루와 열정적인 레드의 결합은 강렬하게 대립된 컬러처럼 각각의 컬러가 가진 정반대의 성향들을 어떻게 융합하는지에 따라 극과 극의 모습을 보여준다. 긍정적인 성향의 결합으로 더욱 큰 시너지를 보이는 책임감 있고 신뢰받는 리더가 되거나, 부정적인 성향의 결합으로 자신의 틀에 갇혀 고집이 꺾이지 않는 꼰대, 새로움을 받아들이지 않고 옛날 방식만 고수하며 지속적인 성장을 바라는 소통 불능 고인물이 될 수 있다.

B R 긍정성 '책임감 있고 진취적인 리더십'

진취적이고 열정적인 레드와 만난 블루는 세밀한 계획을 세우고 거침없이 도전하는 실행력을 갖고 있다. 책임감이 크며 신중하게 행동하는 리더로서, 조직의 체계와 계획을 중요시하는 블루와 사람들을 이끌고 동기를 부여하는 레드가 어우러져 팀을 목표로 이끌고 성과를 창출하는 데 큰 역할을 한다.

드라마 〈이태원 클라쓰〉의 주인공 '박새로이'는 큰 목표를 향한 계획 안에서 움직이며 소신에 따른 행동을 하는 레드와 결합된 블루의 모습을 보여준다. 새로이는 불의를 참지 않으며, 퇴학을 당하고 교도소에 갈지언정 본인의 신념을 굽히지 않는다. 박새로이는 열정과 강한 의지를 가진 청년으로, 극 중에서 "내 계획은 15년짜리니까"라는 말을 하며 아버지의 복수를 위해 차근차근 목표를 설정하고 실행하는 모습에서 블루+레드의 결합임을 알 수 있다. 뚜렷한 소신으로 자신의 일을 끝까지 해내고야 마는 성격과 감정을 솔직하게 표현하는 모습, 불의를 참지 못하고 즉각적으로 반응하거나, 새로운 도전을 두려워하지 않는 도전 정신이 그의 레드 성향을 잘 보여주고, 조력자와 함께 철저한 계산 속에서 목표를 달성하는 모습은 블루를 잘 보여준다. 결국, 성공적인 사업가가 되기까지, 그의 가장 큰 원동력은 블루의 책임감과 계획성, 그리고 그만의 신념과 멈추지 않은 도전이었다.

이처럼 본인이 세운 계획을 소신 있게 진행하는 힘을 가진 블루+레드는 책임감 있게 일을 완수하며 블루의 분석력과 레드의 결단력이 조화를 이루어 문제 상황에서도 신속하고 효율적으로 해결책을 찾아낸다. 또한, 자신의 능력이나 실력이 계획에 방해가 된다면, 그것을 뛰어넘을 수 있도록 끊임없이 노력하는 블루와 열정적인 도전정신의 레드가 결합되어 지식과 실전에서 모두 성장하는 사람이다.

B R 부정성 '나의 법을 따라야 해'

레드 성향이 더 커서 충동적으로 일을 벌이고 그 후에 수습하는 레드+블루와는 달리, 블루+레드는 일 진행에 앞서 목적을 세우고 꼼꼼한 계획으로 실행 가능성을 분석하며 성공 가능성이 엿보일 때 거침없이 돌진한다. 이러한 블루+레드 성향이 부정적으로 사용된다면 어떤 모습일까? 자신이 세운 계획만 옳다고 믿거나, 강제로 따르도록 지시하며 타인의 계획을 무시하는 경향이 나타나기도 한다.

스타트업 회사 대표 A씨는 목표지향적 완벽주의자로 목표 달성을 위해 디테일한 계획을 세우고 빠짐없이 진행하며, 모든 직원들의 스케줄과 업무 과정을 체크하는 사람이다. 완벽한 계획과 완벽한 실행을 추구하는 A씨는 본인의 기준에 따라 원하는 대로 직원들이 움직여 성과를 내기를 원하지만, 잘 따라오지 않거나 예상을 벗어나는 행동을 하는 직원이 매번 나타나 스트레스를 받고 있다. A씨는 이를 바로잡기 위해 더 디테일한 규율과 규정을 빠르게 만들었고, 실수 없이 따를 수 있도록 사내 교육까지 시행했다. 그러나 A씨의 회사는 창의적인 것이 중요한 사업이었으며, 직원과의 불화와 함께 회사 상황은 악화되었다. 결국 A씨는 회사의 빠른 성장을 위해서는 마이크로매니징에서 벗어나 서로의 의견을 존중하며 창의적이고 유연한 사고를 위한 업무환경과 시스템을 재구성할 필요가 있음을 인지하게 되었다.

철저한 계획의 블루와 성취 지향적인 레드가 결합되어 극도의 완벽주의를 강하게 밀어붙이는 모습을 보여준다. 이는 자신에게 지나친 압박을 가하게 되며, 타인의 실수나 부족함을 용납하지 않는 경향으로 이어질 수 있다. 또한, 과도한 업무와 계획에 대한 강박으로 인한 무거운 책임감에 실수와 실패를 용서하지 않기에 스스로 지속적인 스트레스와 압박감을 느낄 수 있다. 특히 계획대로 일이 진행되지 않거나 목표에 도달하지 못했을 때 심리적인 부담이 타인의 탓으로 돌리거나 격노로 나타날 수 있다.

목표와 성공을 향해 앞만 보고 달려가는 블루+레드가 욕심이 생기고 독단적으로 행동하게 되면 주변 사람들이 따르지 않고 일이 수월하게 진행되지 않는다. 목표만을 보지 말고 함께하는 사람들을 바라보아야 한다. 강요보다 의중을 물어보며 타인의 의견을 듣고 수용하는 시간을 가진다면 혼자가 아닌 많은 사람과 함께 더욱더 빠르게 성공에 이르게 될 것이다.

B O 블루+오렌지 결합

주 성향 블루
보조 성향 오렌지

계획을 세우고 지키며 사는 블루와 계획보다 즉흥적으로 삶을 사는 오렌지의 결합은 서로 모순되지만 서로의 장점을 극대화하는 것으로 사용되면 삶의 밸런스가 조화롭게 유지된다. 일에 집중할 때는 블루를 사용하고, 스트레스를 관리할 때는 모든 것을 훌훌 털고 즐거움을 찾는 오렌지를 사용하는 것이다. 하지만 반대로 업무적으로 집중이 필요할 때 놀고 싶은 오렌지가 사용되고, 스트레스가 높을 때는 블루의 고민 걱정에 잠식될 수 있으며, 자신의 지적 능력을 믿고 오히려 아무것도 하지 않는 게으른 삶을 살기도 한다. 이처럼 블루+오렌지는 서로 정반대이지만, 상황에 따라 자신에게 유리한 선택을 할 수 있도록 환경을 조성한다면 누구보다 완벽한 워라밸(Work and Life Balance)을 추구하며 즐겁게 살아갈 수 있다.

B O 긍정성 '퇴근 후 즐거운 취미생활'

자유롭고 즐거움을 추구하는 오렌지와 분석적이고 계획적인 블루의 결합은, 완벽주의 성향으로 받은 스트레스를 즐겁고 흥미로운 것들로 융화시키며 긍정적인 에너지를 유지하는 특징이 있다. 이들은 일과 휴식을 구분하며 워라밸을 적정하게 지키는 건강한 삶을 살고 있다.

필자가 만난 블루+오렌지 내담자들은 일은 일대로 열심히 하면서, 쉬는 시간에는 자신이 하고 싶은 게임을 하거나, 먹고 싶은 음식과 술을 꺼내 최상의 페어링으로 맛을 음미하며 영화를 보거나, 퇴근 후 오락실에 가서 스트레스를 푸는 사례가 있었다. 재밌는 점은 게임을 몇 시까지 정해놓고 하고, 술도 본인이 정한 양만큼만, 오락실도 얼마만 딱 쓰고 온다는 것이었다. 블루+오렌지는 일탈도 선을 넘지 않는 모습을 보여준다.

드라마 〈직장의 신〉의 주인공 '미스김'은 자발적인 기간제 비정규직으로 근무하며 맡은 업무는 정확하고 착실하게 수행하는 블루 성향과 퇴근 후에는 라틴댄스를 즐기고 계약기간이 끝나면 해외여행을 다니는 긍정의 오렌지 성향을 보여준다. 미스김은 100여 개가 넘는 자격증을 보유하여 언제 어디서든 필요한 순간에 전문성을 발휘하는 만능 직원이며 계약조건에 따라 업무를 처리하고, 그 이외의 요구사항이나 동료들과의 점심, 회식에는 일절 참여하지 않는다. 직원들과 어울리지 않는 그녀를 동료들은 어려워하지만, 이내 퇴근 후 살사바에서 멋진 춤을 추며 지내는 그녀의 매력에 빠져든다. 과거의 상처로 본인의 틀 안에 갇혀 지내는 미스김이 상처를 치유하고 본인의 삶을 즐기는 순간은 퇴근 후 춤을 추고, 계약기간 종료 후 멋있게 해외여행을 즐기는 시간으로, 이처럼 긍정의 오렌지 에너지가 그녀의 삶에 활력을 주고 있다.

블루+오렌지는 타인에게 피해 주지 않는 적절한 선에서 일을 하며 관계를 맺고 살아간다. 처음 보는 사람들에게는 블루의 성향이 강조되어 차갑거나 거리를 두는 사람처럼 보일 수 있지만, 관계가 가까워질수록 오렌지의 열정을 다해 삶을 즐기고 별거 아닌 일에도 잘 웃는 모습에 반전매력을 느낄 수 있다. 블루+오렌지는 틀어지지 않는 자신만의 규칙과 자유로움을 즐기는 모험을 넘나들며 후회 없는 삶을 살기 위해 오늘도 충만한 하루를 보낸다.

B O 부정성 '불안 속에서 피어나는 욕망'

긍정적이고 즐거운 오렌지의 이면에는 허영과 과시, 사치, 명품을 선호하며 럭셔리 라이프를 동경하는 부정적인 오렌지가 존재한다. 허영과 과시의 오렌지를 만난 블루는 철저하게 자신을 포장하는 면모를 보여주게 된다.

영화 〈기생충〉의 '김기정'은 불우한 가정환경에서 이성적으로 자신의 현실을 파악하지만, 내면에는 럭셔리한 삶을 동경하고 탐하는 욕구가 숨어있다. 온 가족이 박사장의 집안에 들어가기 위한 치밀한 계획은 모두 딸 기정으로부터 시작된다. 사기행각을 준비하며 그녀가 부른 '제시카 송'의 노래 가사에서 미리 여러 상황을 대비하는 블루의 성공을 위한 치밀한 대비책을 엿볼 수 있다. 외국 유학을 다녀온 미술치료사라며 자신의 능력을 과대포장하고, 집주인이 집을 비운 사이 반신욕을 즐기고 비싼 술을 마시며 사치를 즐기고 싶은 오렌지의 욕망을 드러낸다. 가정부를 내쫓기 위해 복숭아 알레르기를 이용하여 아버지와 계획 그대로 실행하는 모습은 목표를 이루기 위한 집요하고 세밀한 성격을 보여준다.

철저한 계획과 신중함의 블루와 즉흥적이고 변화를 좋아하는 오렌지의 상반된 두 성향의 충돌은 일관성 부족, 과도한 경쟁심, 타인과의 갈등, 지속적인 불안감 등을 만들어 낸다. 새로운 도전이나 기회를 추구하면서도 계획의 틀을 벗어나는 상황에 대한 불안감을 느껴, 선택이 필요한 상황마다 갈팡질팡할 수 있고, 선택 후에는 블루와 오렌지가 서로를 질책하며 후회하게 만든다. 블루+오렌지는 성공에 대한 욕심이 과해지거나, 빈틈없는 계획으로 자신을 질책하면 할수록 보상받고 싶어 하는 오렌지가 강해져 탈선적인 행동이 보일 수 있기에 조심해야 한다.

B Y 블루+옐로 결합

주 성향 블루
보조 성향 옐로

블루+옐로는 집요하게 검색하고 분석하며 지식의 끝을 보려는 블루와 지적 호기심이 많고 다양하게 탐구하기 좋아하는 옐로와의 결합이다. 또한, 블루는 성공과 가능성이라는 키워드로 진로를 선택하지만 옐로는 재미와 성장을 중심으로 선택한다. 따라서 블루+옐로는 잘하는 것과 좋아하는 것 사이에 고민이 있을 수 있으며, 전문성과 집요함으로 두 가지 모두를 잡는 결과를 갖게 된다. 반대로 이를 부정적으로 사용하면, 블루의 실패에 대한 두려움과 불안이 옐로의 자기 자책이나 부족하다고 여겨지는 마음과 만나, 아무런 성취와 실행 없이 그저 지식과 정보만 수집하며 자신의 지적 능력에 만족하기만 하는 사람으로 남아버릴 수 있기에 조심해야 한다.

B Y 긍정성 '박학다식한 팔방미인'

항상 궁금한 것이 많은 옐로와 만난 블루는 무궁무진한 정보 검색의 세계에 빠져들게 된다. 한 가지에 집중해서 분석하는 블루와 다방면에 관심이 많은 옐로가 혼합되어 다양한 분야의 모든 정보를 알고 싶어 하는 호기심 대장으로 집요하게 검색하며 더 많은 정보와 지식을 습득하고자 한다. 블루+옐로가 건강하게 사용되면 무분별한 정보의 수집이 아닌, 목적과 명확한 동기를 통해 계획적이고 분석적인 정보를 수집하며 실행한다.

영화 〈해리 포터〉의 '헤르미온느'는 주인공 해리 포터와 함께 사건을 해결하는 가장 친한 친구 중 한 명으로, 시리즈 초반의 헤르미온느는 학구열이 넘치는 옐로와 결합된 블루의 모범생으로 그려진다. 수많은 책을 읽고 지식을 쌓아 '논리적으로 틀릴 수 없음'이 그녀의 자신감의 원천이고 합리적 사고를 중요시하는 그녀는 예언, 점성술 같은 과목은 받아들이기 힘들어한다. 금서구역의 책을 읽거나, 너무 많은 과목을 선택해 물리적으로 불가능한 시간표를 짜는 등 새로운 경험과 지식탐구에 열정적이다. 결국 시간을 되돌리는 시계를 이용하여 다수의 수업을 동시에 듣는 엄청난 스케줄을 소화하는 것에서 지적욕구가 넘치는 블루와 옐로의 성향을 볼 수 있다. 항상 책을 통해 지식을 습득하고 문제해결에 대비하는데, 독보적인 추리력과 판단력으로 사건해결의 단서와 열쇠는 대부분 헤르미온느로부터 나온다. 사건이 생기면 관련된 모든 책을 찾아보는 등 집요하게 검색하고 분석하는 그녀는 친구들이 위험에 처했을 때는 신중히 대처하며 친구들의 수많은 어려움을 극복하는 데 큰 도움을 준다.

분석적이고 신중한 블루와 긍정적이고 낙관적인 태도의 옐로의 조화는 문제해결에 있어 이를 해결할 수 있다는 자신감과 희망을 잃지 않는다. 또한, 옐로의 창의적이고 다양한 지식으로 유연하고 효과적으로 문제를 해결할 수 있다.

B Y 부정성 '성취가 없는 호더(Hoarder)'

완벽한 정보를 찾기를 원하는 블루와 호기심이 많은 옐로는 방대한 정보수집에 끝이 없다. 실수 없이 완벽하고자 하는 두려움을 가진 블루에 전혀 다른 분야로 관심이 쏠리는 옐로가 활성화되면, 갑자기 하던 수집을 멈추고 새로운 파일을 열어 새로운 정보수집이 시작된다. 실수와 실패 없는 완벽한 결정을 위해 수많은 정보수집과 배움으로 지식의 깊이는 깊어지지만, 나보다 더 높이 있는 사람들을 보면 괜스레 마음이 불안해진다. 이 불안한 마음은 또 다른 배움과 지식으로 채우게 되어 결국 일의 시작이나 문제의 해결은 늦어지게 된다.

진로 고민 중에 있는 대학생 B씨는 다양한 자격증을 취득했음에도 불구하고 다른 사람들과의 차별성은 없는 것 같아 불안하다. 어디에서 무엇을 배우든 그곳에서 우수한 성적을 얻으며 가고자 하는 진로에 희망이 생겼지만, 원하는 회사에 불합격하면서 자신의 부족함에 더욱 집중하게 되었다. B씨는 자신과 합격한 사람들을 지속적으로 비교했으며, 부족한 곳을 발견하면 수업을 등록해 듣고, 자격증을 추가적으로 취득하기를 반복했다. B씨는 오버 스펙이 되었지만, 더 깊은 불안감에 휩싸였다. 자신보다 낮은 스펙의 사람이 합격했기 때문이다. 아무리 분석해도 이해되지 않는 이 상황에서 B씨는 자리에 주저앉아 멍하게 모니터만 응시하다 이내 자신에게 부족한 점을 찾고 채우기 위해 새로운 취업정보와 자격증을 검색하기 시작했다.

자신이 한 분야에서 최고라고 생각하는 블루와 다른 사람들과 비교하며 최고가 되고 싶은 옐로의 결합이기 때문에, 자신보다 앞선 사람과의 비교를 끊임없이 하는 것 역시 블루+옐로의 부정성으로 볼 수 있다. 최고가 되고 싶은 욕구는 그렇지 못한 현실에서 낮은 자존감에 빠져들게 하고 무너지면 쉽게 일어서지 못하는 블루이기에 새로운 것을 찾는 옐로를 활용하여 다른 방면으로의 회피를 선택하게 된다. 블루+옐로 성향은 다양한 관심사의 수많은 정보를 수집하고 익히며 어느 하나도 빠짐없이 전문성을 갖고 싶어 하지만, 내가 아는 것이 모두 옳다고 생각하거나 내가 아는 것이 전부라고 생각하는 편협적인 사고에 빠질 수 있음에 주의해야 한다. 또한, 작은 실수와 부족한 지식 등을 두려워하거나, 자신이 이해할 수 없는 상황에 맞닥뜨리면 이내 포기하고 다른 관심사로 눈을 돌리게 되는데, 수집된 정보와 지식으로 '성공과 최고'라는 단어에 집착하기보다 약간의 빈틈이 있지만 함께하고 싶은 사람에 집중해 보았으면 한다. 실패 경험이 많고 부족하더라도 흔들리지 않고 웃으며 앞으로 나아가는 단단한 사람처럼 말이다. 사람들은 빈틈없는 완성형보다 빈틈이 많아도 꾸준히 성장하는 사람에게 더욱 매력을 느끼는 이유를 한번 생각해 보았으면 한다.

B G 블루+그린 결합

주 성향 블루
보조 성향 그린

맡은 일은 곧 자신이기에 끝까지 책임지며 완성도 높게 일을 마무리하는 블루와 묵묵히 자신의 할 일을 끝까지 마무리하며 높은 신뢰감을 주는 그린의 결합은 모범생 그 자체이다. 주어진 규칙을 잘 따르고 거짓말을 싫어하며 타인에게 피해 주는 것을 극도로 싫어하는 이들은 말과 행동이 예측 가능하기 때문에 재미없는 사람처럼 보일 수 있다. 그러나, 연인이나 부부 관계에서 예측 가능성은 상대방 마음에 안정을 가져다주기 때문에 싸움이 잘 일어나지 않아 장점이 될 수 있다. 반면, 실패에 대한 두려움이 있는 블루의 불안에 변화와 갈등을 싫어하는 부정적인 그린이 더해지면 새로움을 받아들이는 데 거부감이 있으며, 도전하는 것을 주저하게 되어 변화 없이 현재에 안주하며 발전 없는 삶을 살아갈 수 있다.

B G 긍정성 '신뢰 가득한 다정함'

성실하고 안정적인 것을 좋아하는 그린과 전문적인 지식을 갖춘 블루의 결합은 집단 안에서 묵묵히 성과를 내며 겸손하고 신중한 사람이다. 일을 할 때면 가이드 라인을 철저히 지키고, 관계에 있어서 갈등 없이 주변 사람들을 챙기며 공적으로나 사적으로나 신뢰 높은 사람으로 평가된다.

회사원 C씨는 맡은 업무를 완벽히 수행하며 타인에게 피해 주는 일은 일절 하지 않는 블루+그린 성향으로 무탈하게 반복되는 삶 안에서 평온함을 느끼며 지내고 있다. 업무적으로도 흠잡을 데 없고 직원들과 마찰 없이 원만한 관계를 유지하며 회사 내에서 평판이 좋다. 각자 맡은 일을 잘하면서도 서로가 힘들 때 가족처럼 다정히 챙겨주는 관계를 선호하여 업무적으로나 사적으로 어려움을 겪는 동료들을 보면 조용히 도움을 주는 따스함도 가지고 있다. 하지만 간혹 회사 내에서 부정적 감정을 전달하고 타인에게 피해 주는 사람들이 보이면 본인이 유지하고 있는 안정감이 깨질까 마음이 불편해지고 만다.

미국 시트콤 〈프렌즈〉에서 '모니카'는 친구들을 가족처럼 아끼고 함께하길 좋아하는 그린의 성향을 지닌 블루로, 청소와 정리정돈을 좋아하는 꼼꼼한 성격과 맡은 일을 계획적으로 완벽하게 처리하려는 책임감을 보인다. 요리사로서 일에 대한 열정이 크고 책임감이 있으며 친구들이나 가족이 자신을 필요로 할 때 성심성의껏 도와준다. 가정을 이루는 것에 관심이 많은 그린 성향으로 언제나 친구들을 가족처럼 아끼고, 연인과의 만남에서는 안정적인 결혼생활에 대한 기대, 자녀에 대한 간절함이 만남을 지속하는 데 기준이 되기도 한다. 결혼 후에는 난임으로 아이를 입양하여 그토록 원하던 단란한 가족이 된다. 블루+그린 모니카에게 일은 완벽한 책임감이며, 친구와 가족은 언제나 안정을 주는 삶의 원동력이다.

책임감과 가족을 챙기고, 인연을 소중하게 여기는 따뜻한 마음을 장점으로 가진 블루+그린은 맡은 일에 충실하며 팀의 협력과 조화를 중요하게 생각하고 타인과의 관계를 소중히 여겨 인간적인 교감을 통해 관계를 더욱 강화시킨다.

B G 부정성 '불안정에 대한 두려움'

실패의 두려움이 큰 블루와 갈등과 충돌을 싫어하고 안정을 찾는 그린의 결합은 새로운 도전을 하지 않는 답답한 모습을 보여준다. 그린이 싫어하는 불안과 불안정은 블루에게 완벽하지 않음을 의미한다. 따라서 이들은 안정적이고 완벽한 결론이 날 때까지 일의 진행이 더디고 변화를 낯설어하며 새로운 도전에 회의적이다.

취업준비생 D씨는 직장 면접에만 가면 불편함을 느낀다. 우수한 성적으로 필기시험에 합격하였지만, 면접에서 예상치 못한 질문들이 나오거나 자신이 모르는 것에 대한 질문이 나오면 당황스럽다. 특히나 압박면접으로 토론을 하며 본인의 의견을 내거나 빠르게 결론을 내야 하는 상황에서는 더욱 의기소침해진다. 예상질문을 뽑아보고 면접후기들을 검색하여 불편한 면접상황을 미리 대비해 보지만, 완벽한 대답을 하지 못해 불합격할 것 같은 막연한 두려움은 D씨의 마음속에 잠식되어 새로운 도전에 걸림돌이 되고 있다.

지나치게 신중한 블루+그린은 마음속 의문과 걱정이 해결될 때까지 모든 가능성을 분석하고, 다양한 의견을 고려하여 판단하기 때문에 선택이나 결정을 내리는 데 오랜 시간이 걸릴 수 있다. 갈등이나 불안을 회피하기 위해 문제에 직면하지 않는다면, 매번 같은 문제로 인해 기회를 놓치는 상황에 마주하게 된다. 변화에 대한 두려움으로 기존의 방식을 고수하거나 반복적으로 상황을 회피하며 마음의 안정을 추구했던 행동들이 성장의 기회를 방해하기 때문이다. 변화와 실패의 두려움을 이겨내고 목표를 이루려는 자신감과 도전정신이 무엇보다 필요하다. 그러기 위해서는 블루+그린이 평소에 절대 하지 않을 말, '어떻게 되겠지, 그냥 시도해보자'라는 말을 내뱉어 보며 조금 더 가볍게 새로운 도전을 시도하길 바란다.

BP 블루+핑크 결합

주 성향 블루
보조 성향 핑크

논리적인 블루와 감정적인 핑크의 결합은 양면성을 가진 사람처럼 보일 수 있다. 개인적으로 일할 때는 논리적으로 명확하게 처리하면서, 타인과 회의나 협업을 할 때는 따듯한 표현과 배려로 반전 있는 매력을 보여주는 사람이다. 블루+핑크는 관계에 있어서 피해를 받거나 상처받지 않는 적절한 거리를 유지하는 특성을 보인다. 너무 가까운 관계는 블루가 설정한 '프라이버시'라는 선을 쉽게 넘어 잦은 스트레스를 받을 수 있고, 너무 먼 관계는 핑크의 외로움을 자극하기 때문에 관계의 선 안으로 사람들을 모아 적당한 친밀감을 유지한다. 블루는 '실패, 좌절'이라는 단어를 싫어하고 핑크는 '사랑, 가까운 관계'라는 단어를 선호하기에, 블루+핑크는 일도 사랑도 실패 없는 상황을 만들어가는 것에 집중하지만, 성공의 기회가 찾아왔을 때는 블루가 더 높아 사랑보다 일을 선택할 수 있다.

BP 긍정성 '세심함을 가진 전략가'

사랑스러운 핑크와 만난 블루는 이성적이고도 감성적인 매력적인 사람이다. 블루의 전문성으로 본업에 충실히 임하면서도 사람을 챙기는 다정한 모습과 친절함은 모든 사람에게 호감을 불러일으킨다. 블루의 공감 부족이나 완벽주의 성향이 핑크의 감성적인 성향으로 상쇄되어 자기 관리를 잘 하면서도 주변 사람을 배려하는 특징을 보인다.

자영업을 운영하는 E씨는 일 관련해서 이성적이고 냉철한 판단을 하면서도 사람을 대할 때에는 공감하며 따듯한 말을 해주는 다정다감한 매력이 있다. 또한, 업무적으로 다소 부정적인 결과가 발생했을 때는 직원들을 공격하고 다그치기보다 일의 방식에 대해서 피드백하며 더 나은 결과가 나타날 수 있도록 돕는 모습을 보인다. 직원들은 자신들의 부족한 능력에도 불구하고 인격이 다치지 않도록 존중하는 대표 E씨의 모습에 더욱더 일에 매진하며 보답하고자 한다.

드라마 〈내 남편과 결혼해줘〉의 '유지혁'은 블루 성향의 이성적이고 능력 있는 마케팅 총괄부장으로 일할 때는 냉정하게 판단하고 군더더기 없이 깔끔하게 일처리를 하며 직원들의 신임을 받는다. 10년 전으로 회귀한 강지원의 복수극을 돕는 든든한 조력자로 핑크 성향을 발현하여 사랑하는 강지원을 지키기 위한 계획을 세우고, 다시 찾은 사랑에 후회가 없도록 작은 것까지도 놓치지 않고 세심하게 도우며 일과 사랑 모두를 지켜낸다.

블루의 약점인 자신의 영역을 침범하는 것을 허락하지 않으며 공감이 부족한 점을 긍정적이고 따뜻한 인간관계를 지닌 핑크가 블루를 서포트해 줌으로써 일과 사람을 모두 쟁취하는 완성형의 모습을 갖게 된다. 업무적으로도 신중한 책임감의 블루와 세심한 배려심의 핑크의 결합은 포용력 있는 리더십을 보여주며 팀의 조화와 성과를 동시에 이뤄낸다.

B P 부정성 '고통에도 지키고 싶은 삶의 계획'

블루는 일도 사랑도 결혼도 본인이 원하는 그림이 있는 편이다. 최종 목표이자 이상향에 걸맞은 직장이나 직업인 경우에 도전하며, 이상형에 가까운 사람이 나타났을 때 연애를 시작하거나 자신이 원하는 상황이 올 때까지 연애를 함부로 시작하지 않기도 한다. 그러나 블루+핑크는 조금 다르다. 일만큼이나 사랑에도 진심을 보인다. 이들은 사랑을 시작할 때 완벽한 연인의 모습을 보여주기 위해 부단한 노력을 한다. 완벽한 사랑을 꿈꾸고 노력하기에 배신을 당하거나 이별을 통보받으면 핑크의 부정성이 높아지면서 패배감에 사로잡힌다.

내담자 F씨는 자신이 원하는 부부와 자녀의 모습을 담은 결혼생활에 대한 약 30~40년간의 계획이 있었다. 남편과 자신의 소득으로 자녀의 유학을 보내고 원하는 직장에 다닐 수 있도록 서포트하는 것 그리고 자녀가 독립하게 되면 남편과 노후 생활을 어떻게 보낼 것인지까지 염두에 두고 그녀의 계획에 따라 살아왔다. 그러던 어느 날 남편이 바람을 피운 것도 모자라 이혼을 요구했다고 한다. 그녀는 자신이 설계한 완벽한 인생에 마주하게 된 예상치 못한 상황, 미처 대비하지 못한 상황으로 절망했다. 그러나 그녀는 이혼을 하게 되면 자신이 세우고 바라던 인생계획이 모두 무너져 내리는 것이 두려워 이혼하지 않았다. 다만 유학하고 있는 자녀의 서포트를 지속하고 있는데, 자신이 상상한 그림이 모두 무너져 내리는 것보다 덜 무너지는 방법을 선택한 것이다. 그리고 시간이 흐르면 남편 행동에 변화가 일어나지 않을까 하는 작은 바람을 갖고 사랑받기를 꿈꾸며 다시 모든 것이 제자리로 돌아올 수 있기를 바라고 또 바랐다.

블루+핑크는 자신이 설정한 계획이나 삶의 틀을 지켜나가기 위해 최선의 노력을 하며 삶을 살아간다. 특히 사랑하는 사람에 대한 배신이나 폭력을 경험하는 경우 자신을 보호하기 위한 선택을 해야 하지만, 계획 안에 이혼이나 헤어짐을 상상해 본 적이 없다면, 고통 속에 참고 살아가려는 모습을 보인다. 또한, 블루는 자신의 계획에 문제가 있을 때 그 원인을 찾기 위한 집착을 보이는데, 핑크의 부정적 성향이 더해지면 문제의 화살이 자신에게 꽂힐 수 있다. 어떤 내담자는 일적으로 성공했지만, 오랫동안 사귄 남자친구의 마음이 변한 것 같은 느낌이 들 때마다 지속적으로 시술과 성형을 했다는 이야기를 해주었다. 이처럼 블루+핑크의 부정성은 실패나 좌절의 순간이 찾아올 때 자신을 잘 보호하지 못하는 데에 있다. 계획은 똑똑하게 세우지만 실패할 경우 누구보다 감정적으로 자신을 괴롭힌다.

B RB 블루+로열블루 결합

주 성향 블루
보조 성향 로열블루

블루와 로열블루의 결합은 디테일한 정보수집에 대한 믿음과 미래 예측에 대한 믿음의 결합으로, 자신의 지식과 생각, 분석과 결과 예상을 완벽히 믿는 사람이다. 블루+로열블루가 수집한 정보는 양과 질이 모두 우수한 정보로 신뢰성이 높은 편이다. 블루는 세밀한 나뭇결을, 로열블루는 넓은 숲을 상징하기에 두 결합은 어떤 것을 실행하든 완벽한 완성물을 보여준다. 반면, 자신의 지식과 직관력에 대한 과신으로 유독 대화를 할 때 날카로운 언어를 사용하여 비평을 즐겨할 수 있다. 특히 타인과 대화를 할 때 반대 의견을 내기 위한 생각에 사로잡혀 상대방의 말에 집중하지 않을 수 있다.

B RB 긍정성 '집요한 통찰력'

집요한 분석을 즐기는 블루와 통찰력의 로열블루가 만나 이성적인 성향이 더욱 강화되어 높은 수준의 완벽주의와 책임감, 권위적인 일 중독에 빠져들 수 있다. 직업에 있어서는 검사, 변호사, 프로파일러, AI 개발자, 기자, 추리소설가, 빅데이터 분석가 등의 직업에 흥미를 보일 수 있는데, 과학적이고 논리적인 증거를 기반으로 직관력이 더해져 추리하고 결론에 도달하는 직업에 특화되어있기 때문이다.

드라마 〈비밀의 숲〉의 주인공 '황시목'은 감정이 배제된 검사로 권력이나 비리와 거리가 멀고 독립적이며 정의감 넘치는 모습은 블루와 로열블루 그 자체이다. 원리원칙대로 간부와 동료의 위법을 고발하기도 하며 권력 앞에 흔들리지 않는 모습으로 스폰서 검사 사건을 해결하기 위한 특임검사에 지명된다. 사건의 내막을 파악하는 통찰력과 함께 감정에 휘둘리지 않고 철저히 증거와 논리에 따라 사건을 해결하며, 술자리에서 언급된 내용을 밤새워 다 조사하고 분석해 자료를 정리해 두는 워커홀릭이다. 시신을 보고 동요 없이 분석해 추리해 나가며, 사건 현장을 찾아가 사건 당시를 직접 시뮬레이션하며 사건을 해결한다.

분석적이고 체계적인 사고방식의 블루에 로열블루의 깊이 있는 집중력이 합쳐져 고도의 전문성을 보여주고 이들은 주어진 업무나 연구에 대해 깊이 파고들어 탁월한 성과를 낼 수 있다. 특히 로열블루는 거짓말을 싫어하며 감정과 생각에 솔직한 편인데, 원리원칙을 중요시하는 블루 성향이 더해져 공정하고 정직하게 행동하여 타인의 신뢰와 존경을 받는다.

B RB 부정성 '독단적인 고집쟁이'

계획과 원칙을 중심으로 지나친 완벽주의와 높은 책임감을 가지고 있는 블루+로열블루는 워커홀릭이 많다. 일의 결과가 곧 자신이라 생각하며 집착을 보이기 때문이다. 모든 상황을 철저히 분석하려는 성향이 강하고 논리적이고 이성적인 것을 우선으로 생각하기에 직설적이며, 안하무인이거나 공감이 부족해 타인과의 소통에 어려움이 있다.

은둔형 외톨이 G씨는 팩트에 집착하고 본인의 의견을 굽히지 않는 성격으로 대인관계와 사회적 관계에서 어려움을 느껴 점점 고립되어 왔다. 블루의 분석력과 사실확인이 과도하게 발현되어 사람들과의 상호작용에서 유연성을 잃고 모든 논의에서 팩트만을 중시하여 타인과의 소통을 어렵게 만들고 공감대를 형성하지 못한다. 로열블루의 부정적인 면인 우월감으로 안하무인과 독립성이 지나쳐 타협과 양보가 필요한 상황에서 갈등을 유발하기도 한다. 모든 상황에서 완벽을 추구하고 혼자서 모든 것을 처리하려는 경향으로 타인과의 소통과 협력에서 지속적인 어려움을 겪고 있어 타인의 감정과 의견을 존중하고 유연하게 대처하는 연습이 필요하겠다.

블루+로열블루는 지나친 완벽주의와 자기비판으로 스스로에게 엄격해 작은 실수도 용납하지 않고 끝없이 자신을 압박해 스트레스와 불안으로 이어질 수 있다. 자신이 항상 옳다는 생각으로 일과 사람을 대하고 갈등을 초래하는 것에 항상 유의해야 한다. 빠르게 변화되는 현 시대에 유연성을 취하지 못한다는 것은 스스로를 더 고립되도록 만들기 때문이다. 자신을 위해서라도 타인을 향한 공감과 유연한 태도를 배우고 익혀야 할 필요가 있다.

B M 블루+마젠타 결합

주 성향 블루
보조 성향 마젠타

전문성의 블루와 타인을 도와주는 것을 좋아하며 봉사와 헌신을 즐기는 마젠타와 결합은 자신의 지식과 능력을 활용해 타인에게 현실적인 도움을 주는 이타적인 삶을 지향한다. 이들은 세세한 것까지 신경 쓰며 타인의 성장과 행복을 바라는 직업에 관심을 둘 수 있다. 그러나 컬러 에너지를 부정적으로 사용하면, 타인을 잘 신뢰하지 않는 블루와 과도한 참견을 즐기는 마젠타의 결합이 되어 타인에게 지나친 관여로 자신의 틀에 맞게 성장시키려고 하고 강제적으로 타인의 행동이나 생각을 교정하고자 하면서 타인의 부족한 면을 지나친 비판으로 비방할 수 있어 조심해야 한다.

BM 긍정성 '나의 재능을 더 좋은 사회를 위해'

지식을 중시하는 블루와 경험을 중시하는 마젠타가 잘 조화되어 블루+마젠타는 사람들에게 방대한 지식을 바탕으로 하나하나 경험하며 이성과 현실적인 판단으로 당면한 문제를 원활하게 해결한다. 블루가 가진 원칙과 신념은 마젠타의 헌신적 성향과 결합되어 맡은 바를 충실히 수행하고 자신의 일에 대한 강한 사명감을 느낀다. 이들이 가진 능력으로 주변 사람들을 돕고자 하는 마음이 강하게 나타나 문제를 지닌 상황에 기꺼이 나서서 해결하는 모습을 보여준다. 가벼운 것도 단순히 넘어가지 않고 교정하는 습관이 있으며, 올바르고 곧은 심지로 일과 나, 나와 타인에게 집중하는 삶을 산다. 이들은 과도한 업무량에 힘들지 않냐는 물음에도 '마땅히 그래야 하는 것'으로 대답한다.

드라마 〈낭만닥터 김사부〉의 주인공 '김사부'는 의사가 갖는 방대한 전문 지식을 넘어 어떤 상황에서도 무조건 '사람의 생명을 살리는 것'을 원칙으로 살아가는 인물이다. 수술을 집도할 때에는 오직 생명에 집중하며 작은 실수도 용납하지 않지만, 수술장 밖에서는 제자들과 간호사, 원무과 직원들에게 자상한 모습을 보인다. 수술을 앞둔 제자들에게는 유독 냉혹하고 가혹한 말을 하는데, 두려움에 사로잡혀 수술을 포기하려는 제자에게 "수술 포기해"라고 말하면서도 "실패보다 후회가 사람을 더 미치게 만든다"라는 말로 마음을 전달한다. 이는 제자를 향한 미움보다는 개개인이 지닌 어둠의 문을 열고 나와 진심으로 성장하길 바라는 마음이 더 크다.

블루+마젠타 성향은 일할 때는 냉철하면서도 타인을 위한 마음이 담겨 있어 따뜻한 인간미가 돋보인다. 가끔은 말 한마디 한마디가 가슴 아프면서도 연민이라는 마음이 담겨 있다는 사실이 느껴져 미워하고 싶어도 미워할 수 없는 캐릭터이기도 하다. 이들은 일을 할 때면 논리적인 사실과 데이터를 기반으로 하되 인간적인 측면을 고려하며 균형 잡힌 해결책을 제시하기 때문에 전문 기술로 사람들의 문제를 해결하거나 성장시키는 분야에서 높은 역량을 발휘할 수 있다.

B M 부정성 '끝이 없는 지적의 쳇바퀴'

이성적인 블루와 현실적인 마젠타가 결합되어 팩트에 기반하며, 세세한 것까지 모두 끄집어내 잔소리하는 사람이 될 수 있으며, 어떤 것이든 불만과 불평을 늘어놓는 사람이 될 수도 있다. 또한, 자기만의 기준과 틀이 있는 블루처럼 마젠타 역시 본인의 생각과 뜻을 따라주기 바라는 성향이 있어 억지로 사람을 끌고 가려는 독재자와 같은 면모를 보이기도 한다.

워킹맘 H씨는 회사 업무를 소홀히 하지 않으면서 주위 사람들도 챙기는 오지라퍼이다. 가정과 직장에서 역할과 책임을 명확하게 수행하기 위해 빈틈없는 계획으로 삶을 살아간다. 그 계획에는 남편이 따라줘야 하는 아이의 픽업이나 주말에 함께 해줘야 하는 집안일들도 포함된다. 그러나 남편의 갑작스러운 회식이나, 주말 약속은 잦은 다툼의 원인이 되었다. 자녀를 올바르게 성장시키기 위해 약속된 계획을 지켜주지 않거나 벗어나는 행동을 하면 높은 스트레스를 받는 H씨는 이를 통제하기 위해 남편의 일거수일투족을 간섭하거나 지시하게 되었다.

H씨는 자녀의 학업성적, 남편의 직장과 가족 내의 생활, 집안일 등 모든 면에서 자신의 생각이 옳다고 믿었으며, 강요하며 쏟아내는 잔소리와 비판적인 태도는 가족 구성원들의 자존감을 낮추고 있었다.

블루는 자신이 설정한 계획에 문제가 생기면, 그 원인을 찾기 위해 몰입을 하게 된다. 그 원인을 제공한 자는 삶의 방해꾼으로 인식되어 마젠타의 부정적 특징인 지나친 간섭과 비판을 하게 되거나, 엄격한 잣대로 타인의 부족한 부분을 끊임없이 지적하고 개선을 강요하게 된다. 자신의 방식이 옳다고 생각하며 타인의 삶에 지나치게 개입하여 조언하게 되면 주변 사람들에게 부담을 주고 오히려 관계를 악화시키게 되니 지나친 참견이 되지 않도록 조심해야 한다. 한 걸음 물러나 상대방의 상황을 이해하고 존중하며 진심으로 그들이 원하는 삶을 위한 조력자로 돌아가려는 노력이 필요하다.

B V 블루+바이올렛 결합

주 성향 블루
보조 성향 바이올렛

논리적인 블루와 창의적인 바이올렛의 결합은 기술과 예술의 조화를 보여주고 혁신적인 아이디어를 실현 가능하게 만드는 능력을 갖추고 있다. 블루+바이올렛은 평범한 것을 아름답거나 특별하게 표현하는 능력이 있다. 사자를 극사실주의로 그리기 위해 아주 얇은 붓으로 사자의 털을 하나하나 그리는 작업을 한다거나, 글의 구조를 아름답게 만들어 시를 쓰거나 노래 작사를 한다거나, 한글로 패턴을 만들어 디자인하는 것과 같다. 이들은 문제라고 생각하지 못한 곳에서 새로운 관점으로 독창적인 해결책을 제시한다. 그 결과물은 세밀하면서도 아름다워서 많은 사람에게 영감을 준다. 다만 블루의 완벽주의 성향과 자기만의 세계에 빠져버린 바이올렛의 결합은 폐쇄적인 상황을 외로움으로 느끼기보다 오히려 즐기기 때문에 소통 단절의 문제를 인지하지 못할 수 있다.

B V 긍정성 '세밀하고 함축적인 아름다움'

논리적인 블루와 예술적 재능의 바이올렛 결합은 기술을 바탕으로 창의적인 예술성을 보여준다. 과학과 기술에 근거한 예술가로 건축, 제품 디자인, UXUI 디자인과 같이 오차 없는 계산적인 설계와 인체공학적 설계가 필요한 분야에 적합하다. 또한, 글이나 그림, 시나리오 작가, 스토리텔링, 각종 편집처럼 어느 정도의 구조화나 압축된 정리가 필요한 분야에도 흥미를 보인다.

UXUI 디자이너 I씨는 자신이 설계한 디자인이 사용자의 편의성과 사용기기의 기술과 잘 어우러졌을 때 큰 희열을 느낀다. UXUI 디자인은 사용자경험(UX)과 사용환경 인터페이스(UI)를 가장 최우선으로 고려하여 설계되어야 많은 사용자에게 사랑받을 수 있다. 인간에 대한 통찰력으로 사용자의 니즈를 분석하고, 기술과 잘 융합하는 블루의 성향과 창의적인 바이올렛의 성향으로 감각적이고 트렌디한 디자인 또한 놓치지 않아 I씨의 디자인은 개발사와 고객 모두에게 인정받고 있다.

스위스 태생의 프랑스 건축가이자 가구디자이너 르 코르뷔지에(Le Corbusier)는 모더니즘 건축의 아버지라 불리며 구조적 효율성, 합리주의 건축의 대표주자이다. 건물을 디자인할 때 기능성과 효율성을 최우선으로 고려하여 단순하고 기하학적이며 규칙적인 건축을 제안했다. 표준적이고 규격화된 건축을 선보이며 도시의 효율성을 높이려는 분석을 통해 프랑스 마르세유의 거대 주거단지 '유니테'를 설계하였다. 이는 다양한 주거 공간과 공공시설을 통합한 복합 건축물이다. "집은 살기 위한 기계다. 그 안에 사는 사람이 편리해야 한다"는 인간을 위한 건축을 신념으로, 인체 치수인 황금비율(1.618)을 모듈러 시스템(modular system)으로 가구와 건축에 적용하였다. 단순한 설계가 아닌, 인체 치수에 적합한 모듈과 효율성을 건축물이라는 예술로 승화시키는 모습이 블루+바이올렛의 특성을 잘 보여준다.

블루+바이올렛은 기술과 예술, 구조의 세밀함과 함축적인 표현, 이성과 감성의 조화를 이루는 결과물에 강한 면모를 보인다. 차가우면서도 전문가적인 아우라를 내뿜으며 상담 내내 감정이 절제된 모습을 보여주었던 내담자에게 어느 날 상담이 끝난 후 갑작스레 문자 한 통을 받았다. '선생님은 어느 날 갑자기 뜬 무지개 같아요. 생각지도 못한 곳에서 몽글한 빛이 스며드네요. 감사합니다.'라고 적혀있었다. 무지개를 몽글한 빛이라고 표현한 글에 잠시 멍해졌다. 우리는 무지개를 단순히 색으로 표현하지만, 무지개는 빛에서 왔다는 사실을 누구나 알고 있지 않은가. 무지개는 빛이다. 빛은 스며든다. 무지개가 빛으로 마음에 스며든다. 참 멋진 표현이고 절제된 감정을 보이던 내담자가 마음으로 전해준 감성적인 표현이 블루+바이올렛답다는 생각이 들었다.

BV 부정성 '집요함으로 꽃피우는 예술성'

집요한 블루와 예민한 바이올렛과 결합되어 자신이 만들어가는 결과물에 지나치게 집착하는 모습을 보인다. 이들이 추구하는 창의적 결과물은 갑작스럽게 찾아오는 예술적 영감보다 두뇌와 집착으로 꽃을 피우기 때문이다. 세상에 없는 것을 창조하는 직업을 가지고 있다면, 수없이 많은 시간을 분석하고 정리하고 삭제하고 다시 수집하는 특징을 지닐 것이며, 이로 인한 극도의 예민함과 스트레스가 날로 높아져 몸이 쇠약해지는지도 모르고 살아갈 수 있다.

소설가 J씨는 비현실적인 소재를 사용하여 작품이 독창적이어야 한다는 압박감 속에서 작업한다. 다방면으로 자료를 조사하여 분석하고 자신만의 감각으로 재탄생시키기까지 자발적으로 작업실에 갇혀있는 선택을 한다. 그로 인해 사회적 교류가 없고 대인관계에 어려움이 있다. 블루의 완벽주의 성향은 작은 세부사항 하나하나에 집착하며 완벽한 결과를 내기 위해 끊임없이 수정하고 보완하는 과정을 반복한다. 또한, 바이올렛이 결합되어 있어 '전문성이 집약되어 있으면서도 세상에 없는 것'이어야 하므로 영겁의 시간이 걸릴 수밖에 없다. 이렇게 탄생된 창작의 결과물은 산모가 아이를 낳은 듯한 느낌이 들기 때문에 이를 지키기 위해 강한 고집을 부릴 수 있으며, 타인의 조언이나 수정 제안을 거절할 수 있다. 이처럼 블루의 집요함과 집착은 창작이라는 예외성에 감옥을 만들어 오히려 독이 되기도 한다.

이처럼 블루의 과도한 전문성과 바이올렛의 창의성에 대한 집착은 타인의 의견을 수용하기 어려워 갈등을 초래하거나 협업이나 팀워크가 필요한 상황에서 큰 어려움을 겪게 된다. 또한, 현실적으로 달성하기 어려운 목표를 추구하며 자신이나 타인에게 지나치게 높은 기준을 적용하게 되면 무기력함이나 번아웃이 올 수 있음에 주의해야 한다.

Blue's core message

'나는 이미 최고야, 무엇이든 할 수 있어!'

미리는 언제나 아직 모르는 것이 많고, 부족한 부분이 있고, 남들보다 뒤처지는 것 같다고 여겨 다방면으로 검색하고 공부하고 분석하는 일에 인생의 많은 시간을 보낸다. 길고 긴 준비와 세심한 노력 뒤에는 완벽한 결과물로 보답받을 수 있다는 사실은 부정할 수 없지만, 그 누구보다 많은 준비를 해왔을 미리임을 알기에 때때로 '난 이미 모든 준비가 끝났어'라고 자기 확언을 해주었으면 한다. 자신감을 불어넣어주는 이 메시지는 무언가를 시작하기 전에 불안한 미리가 가장 듣고 싶은 말일지도 모르기 때문이다.

PINK

사랑

공감

따뜻한

포용

감성

친절

이타적

수용

오해

의심

피해의식

외로움

예민한

의존적

질투

관계 소유욕

PINK

La Vie en Rose (Life in Pink)
사랑하는 사람과 기분 좋은 감정들을 나누고
서로가 서로의 행복이 되어주는 인생을 살 수 있다면,
핑크에게 그것만큼 아름다운 삶은 없을 것이다.

핑크는 빨강, 파랑, 노랑 등의 원색에 비해 상대적으로 역사가 길지 않은 색이다. 핑크가 상징성을 얻기 시작한 것은 18세기부터이며, 이전까지는 '옅고 산뜻해진 빨강', '공격성과 전쟁의 특성이 없어진 빨강'과 같이 흰색과 빨간색 사이의 색으로만 인식되어 왔다. 18세기 이후 예술, 의류 등의 분야에서 핑크의 인기가 높아지기 시작했는데, 그제야 핑크도 하나의 색으로 인정받게 된다. 이전까지 핑크를 가리키는 별도의 색명이 없었기 때문에 다수의 유럽 국가에서는 핑크를 '장밋빛(Rose)'으로 표현하였고, 'Rose'는 현재까지도 핑크를 지칭하는 단어로 사용되고 있다.

1년 중 핑크색이 유독 눈에 많이 보이는 시기가 있다. 바로 밸런타인데이 시즌이다. 이 시기가 되면 사랑하는 사람에게 마음을 표현하라는 메시지와 함께 세상 곳곳이 하트와 핑크색 패키지로 가득 차곤 한다. 핑크는 빨강에 흰색이 더해져 만들어지는 컬러로, 부드럽고 로맨틱한 분위기가 느껴진다. 채도가 높지 않아 빨강만큼 자극적이지 않으며, 밝은 톤을 가졌기 때문에 순수하고 온화한 이미지를 나타낼 수 있다. 때문에 핑크는 사랑을 표현할 때 가장 많이 선택받는 컬러 중 하나다.

핑크는 사람의 오감 중 미각, 후각을 자극하는 데에도 효과적이다. 많은 사람들이 파스텔톤의 핑크 컬러를 보았을 때, 달콤한 맛과 향을 떠올린다. 핑크의 밝고 부드러운 이미지는 솜사탕, 소프트아이스크림, 시폰 케이크 등 달콤한 음식을 연상시킨다. 따라서 단맛을 강조해야 하는 음식이나 부드럽고 달달한 향을 가진 향수의 패키지에는 유독 핑크색이 많이 활용된다.

로맨틱하고 달콤한 이미지를 가진 핑크색처럼, 핑크를 닮은 사람은 타인과 순수한 사랑을 주고받는 것을 가장 중요시 여긴다. 자신이 받은 사랑만큼 상대방에게도 아낌없이 표현하고, 행복한 관계를 유지하기 위해 누구보다 노력한다. 프랑스어에는 'La Vie en Rose'라는 표현이 있다. 이는 아름답고도 달콤한 인생을 일컫는 말로 우리말로는 '분홍빛 인생', '장밋빛 인생'으로 직역할 수 있다. 핑크가 높은 사람은 '장밋빛 인생'을 꿈꾸는 로맨티스트다. 사랑하는 사람과 기분 좋은 감정들을 나누고 서로가 서로의 행복이 되어주는 인생을 살 수 있다면, 핑크에게 그것만큼 아름다운 삶은 없을 것이다. 지금부터 순수하고 사랑 가득한 눈으로 세상을 바라보는 핑크 캐릭터 '샤샤(SYASYA)'를 만나보자.

핑크 캐릭터 샤샤 SYASYA

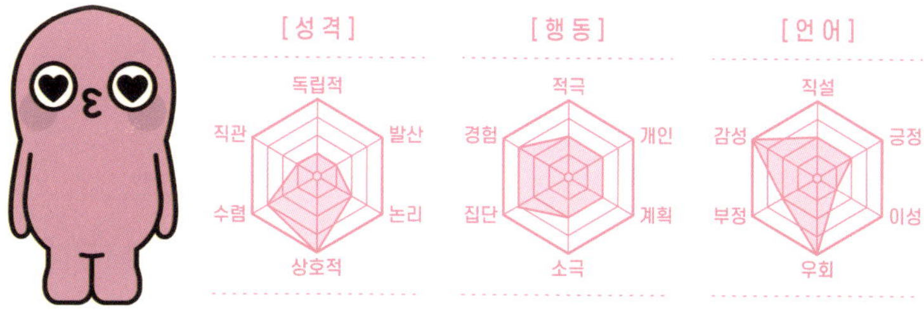

핑크 캐릭터 샤샤(SYASYA)의 특성 그래프

온화한 시선으로 세상을 바라보는 사랑둥이

핑크를 인간화한 캐릭터 '샤샤'는 사람들 사이에서 부드럽고 온화한 표정을 띠고 있다. 샤샤라는 이름은 샤이(Shy) 하다는 표현에서 비롯되었는데, 핑크 성향이 강한 사람들은 수줍은 듯 미소를 짓고 있을 때가 많다. 샤샤는 사랑을 주고받는 데에 가장 관심이 많은 캐릭터다. 타인을 바라보는 샤샤의 눈빛 또한 사랑으로 가득 차 있으며, 항상 친절한 그들의 모습을 보면서 누군가는 '혹시 샤샤가 나 좋아하는 거 아니야?'라며 오해를 하기도 한다. 샤샤의 눈은 세상을 아름답게 바라보는 데에 특화되어 있으며, 본인 역시 더 아름다운 사람이 되기 위해 노력한다.

핑크는 채도가 높지 않은 부드러운 컬러이기 때문에 다양한 색과 이질감 없이 조화를 이룬다. 함께 사용하는 컬러에 따라 다양한 분위기를 연출할 수 있는 색이기도 하다. 예를 들어, 흰색과 함께 배색된 핑크는 순결한 분위기를 풍기지만, 보라나 검정과 함께 사용하면 유혹의 색처럼 보이기도 한다. 이러한 핑크의 특성은 사람들과의 관계 속에서 상대방의 상황을 공감하고, 배려하며 함께 어우러지는 핑크 캐릭터 샤샤의 특성과도 연결된다. 핑크 성향이 높은 사람은 주변인과의 관계를 중시하기 때문에 타인에게 다정다감한 모습을 보인다. 자신의 사랑을 아낌없이 표현하기 위해 상대방의 이야기에도 귀를 기울이며, 주변 사람들과 친밀한 관계를 유지하기 위해 끊임없이 노력한다.

매력적인 사람으로 보이고 싶다는 열망

여리여리한 핑크는 주변 색들의 간섭을 쉽게 받는다. 지나치게 관계를 중시하고, 타인의 시선에 민감하게 반응하기 때문에 스트레스에도 취약한 모습을 보인다. 샤샤는 자신이 베푸는 사랑만큼 상대방에게 칭찬이나 예쁨을 받고 싶어 한다. 하지만 이런 모습들이 샤샤를 예민하고 의존적인 사람처럼 보이게 한다. 핑크의 사랑이 부정적인 방향으로 변질되면 질투의 화신이 되어 상대방에게 지나치게 집착하거나, 감정 기복이 심한 사람처럼 보일 수 있으니 주의해야 한다.

핑크가 높은 사람은 아름다움과 사랑스러움을 갈망한다. 매력적인 사람으로 보이고 싶다는 욕구가 강하기 때문에 뷰티 분야에 대한 소비에 적극적이며, 쇼핑을 통해 스트레스를 해소하는 모습을 자주 보인다. 이들은 자기 자신을 위한 선물도 스스럼없이 하는 편이다. 다른 캐릭터보다 외면을 가꾸는 데에 치중하는 캐릭터이기 때문에 외모에 대한 집착, 충동구매, 쇼핑 중독 등을 조심할 필요가 있다.

사랑이 곧 꿈이고, 인생인 사람

핑크가 높은 사람에게 인생의 목표나 그들이 꿈꾸는 미래에 대해 묻는다면, '사랑하는 사람과의 행복한 미래'에 대한 이야기가 빠지지 않고 등장한다. 사랑이 곧 꿈이고 인생인 샤샤에게, 사랑을 나누지 못하는 삶은 곧 죽음과도 같다. 샤샤는 상대방이 바라봐 주지 않는 순간에도, 어디선가 자신의 사랑을 지키기 위해 알뜰살뜰 노력하고 있을 것이다.

하지만 지나치게 순애보적인 사랑이, 때로는 독이 될 수 있음을 샤샤는 기억해야 한다. 핑크 성향이 강한 사람들은 사랑하는 사람과의 트러블을 피하기 위해 상대방을 지나치게 배려하는 모습을 보인다. 이 과정 속에서 '나'라는 사람이 가진 본연의 모습을 잃게 되더라도 기꺼이 감내한다. 하지만 이는 바람직한 모습이 아니다. 내가 무조건적으로 맞추어주기만 하는 관계는 건강한 관계가 아님을 인지하고, 관계에 대한 미련을 버리는 연습이 필요하다. '타인에게 사랑을 나누어주느라 나 자신의 내면을 챙기는 일에는 소홀하지는 않았는지' 이따금 생각해 볼 필요가 있다. 인생이라는 드라마의 주연은 타인이 아닌 '나'라는 점을 항상 기억하기를 바란다.

샤샤의 혼합 컬러 해석

P R 핑크+레드 결합

주 성향 핑크
보조 성향 레드

일반적으로 핑크 성향이 강한 사람들은 수줍음이 많기 때문에 리더로 나서는 것을 부담스러워한다. 하지만 핑크+레드가 결합된 샤샤는 2순위 컬러 레드의 영향을 받아 리더 역할도 곧잘 해낸다. 레드 캐릭터 뿌시가 과정보다 결과에 집중하여 성과주의적인 리더의 모습을 보이는 것과 달리, 핑크+레드가 높은 샤샤는 함께하는 사람들의 상황이나 컨디션을 두루 살피고 공감하는 리더가 된다.

핑크+레드는 자신의 감정에 솔직하다. 특히 '사랑' 앞에서 누구보다 진심이다. 핑크의 영향으로 사랑이라는 감정에 기민하게 반응하며, 레드의 특성을 발휘해 자신의 마음을 가감 없이 표현한다. 이들의 애정 표현 방식은 매우 적극적이기 때문에 상대방을 헷갈리게 만들지 않는다.

P R 긍정성 '평소에는 의인, 내 연인에게는 사랑의 불도저'

핑크가 가장 높고 2순위로 레드가 높은 사람은 레드의 에너지와 추진력 때문에 평소 생활력 있고 열정적인 모습을 보인다. 하지만 이들이 유독 약해지는 순간이 있는데, 바로 '사랑' 앞에서다. 다른 사람들 앞에서는 자신의 열정과 에너지를 아낌없이 표출하지만, 사랑하는 사람 앞에서는 부끄럼쟁이나 애교쟁이가 된다. 만약 당신이 핑크+레드가 높은 샤샤의 연인이라면 이러한 반전매력이 귀엽다고 느낄 수도 있다.

핑크+레드가 혼합된 샤샤의 특성을 가진 인물은 드라마 〈동백꽃 필 무렵〉의 '황용식'이다. 옹산경찰서 순경으로 근무하는 그는 부당한 상황을 발견하면 감정을 숨기지 않고 곧바로 이야기하고, 각종 문제를 해결하기 위해 몸으로 직접 부딪친다. 동료들은 그를 보며 '의인'이라 일컫기도 한다. 그러던 어느 날, 그의 인생을 핑크빛으로 물들이는 여자 '동백'이 등장하는데, 용식은 그녀에게 첫눈에 반해버린다.

핑크+레드 샤샤는 핑크 성향이 가장 강하기 때문에 처음 사랑에 빠진 순간 바로 직진 고백을 하기보다는, 사랑하는 이의 주변을 맴돌면서 상대방을 관찰한다. 용식 역시 처음에는 책을 얼굴로 가린 채 몰래 동백을 지켜보거나, 순찰이라는 명분으로 동백의 뒤를 따라다니며 그녀의 주위를 살피는 모습을 보인다. 샤샤는 편견 없는 순수한 사랑을 하기 때문에 남들이 반대하는 사랑도 포기하지 않다. 용식이 고아에 미혼모인 동백을 진심으로 사랑할 수 있는 이유도 핑크가 강하기 때문이다.

핑크+레드가 강한 샤샤는 평소에는 다정다감하고 친절한 모습을 보이지만, 자신이 사랑하는 사람이 어려움에 처하게 되면 레드 스위치를 작동시켜 누구보다 추진력 있는 '사랑의 불도저'가 된다. 레드 특성이 강한 사람은 누군가 자신을 폄하하는 것을 매우 싫어하는데, 핑크가 가장 중요하게 생각하는 '사랑'을 건드린다면 엄청난 화를 부를 수 있다. 핑크+레드는 사랑하는 사람이 부당한 상황을 겪는다면 감정을 숨기지 않고 맞설 수 있는 용기를 가진 사람이다.

P R 부정성 '사시사철 사랑 때문에 끓는 감정 용광로'

핑크와 레드는 모두 이성보다는 감성이 앞서는 컬러들이다. 핑크는 평소 타인의 시선에 예민하고 감정 기복이 심한 편인데, 여기에 레드의 화가 더해진다면 극도로 감정적인 사람이 될 수 있다. 특히 핑크+레드가 결합된 샤샤는 사랑 때문에 생기는 분노를 잘 다스리지 못해 타인에게 과민반응하거나 지나치게 짜증을 부리는 사람처럼 보일 수 있다. 만약 레드+핑크의 뿌시였다면 화가 치밀어 오르는 상황에서 시원하게 화를 한번 내고 털어내겠지만, 핑크+레드의 샤샤는 화가 나는 상황의 감정과 짜증을 비교적 오랜 시간 기억하며 더 감정적으로 대응한다.

드라마 〈동백꽃 필 무렵〉의 '황용식'은 평소 노규태가 자신이 사랑하는 동백에게 치근덕거리는 모습을 못마땅하게 생각한다. 그러던 어느 날 술에 취한 노규태가 자신이 사랑하는 동백에게 술주정을 부리며 그녀의 손목을 붙잡는 모습을 발견한다. 이때 자신의 감정을 주체하지 못한 용식은 결국 노규태와 몸싸움을 벌인다. 순경이라는 직업을 가지고 있음에도 자신의 감정을 억누르지 못한 그는, 결국 폭행 혐의로 전과자가 될 위기에 처한다.

핑크+레드는 사랑이라는 감정 앞에 누구보다 솔직한 사람이다. 하지만 자신의 짜증을 컨트롤하지 못해 화를 입거나, 주변 사람들을 피곤하게 만들 수 있으니 주의해야 한다. 이를 막기 위해 평소 일상의 템포를 늦추고, 자신의 짜증을 다스리는 연습을 할 필요가 있다.

P O 핑크+오렌지 결합

주 성향 핑크
보조 성향 오렌지

아름다움을 추구하는 핑크와 즐거운 자극을 추구하는 오렌지, 이 둘의 결합은 인플루언서라는 직업을 연상케 한다. 핑크+오렌지는 아름답고 트렌디한 것에 누구보다 빠르게 반응하며, SNS를 활용하여 자신의 매력을 뽐내는 데에도 능하다. 남다른 창의성과 사람을 끌어당기는 힘을 가졌기 때문에 요즘 같은 셀프 브랜딩 시대에 잘 어울린다.

이들은 핑크를 메인으로 활용하여 타인과 친밀한 관계를 유지하고, 사람들이 자신에게 원하는 것이 무엇인지 알아낸다. 여기에 오렌지 특유의 창의성을 더해 즐거움을 창조해낸다. 항상 도파민을 찾아다니며, 사람들에게 자신의 매력을 인정받을 때 큰 행복을 느낀다. 핑크+오렌지는 틀에 박힌 딱딱한 삶보다는, 유연하고 타인의 지지를 받을 수 있는 환경에서 더 큰 성과를 이루어낼 수 있다.

P O 긍정성 '사랑스러운 이벤트플래너'

핑크와 오렌지가 결합되면 사랑스러우면서도 발랄한 모습을 보인다. 늘 주변 사람들의 기분을 살피고 배려하는 핑크의 특성에 창의적이고 즐거운 오렌지의 성향이 더해져, 사람들이 기뻐할 만한 이벤트들을 추진하는 데에도 재능을 발휘한다. 특히 핑크+오렌지는 사랑하는 연인을 위한 선물이나 이벤트를 기가 막히게 준비한다. 만약 당신이 핑크+오렌지의 연인이라면, 매번 새로운 서프라이즈 이벤트들을 준비해오는 샤샤의 창의성에 놀라움을 금치 못할 것이다. 핑크+오렌지의 연인이 된다면 데이트 코스 계획에 대한 부담 또한 덜어도 괜찮다. 왜냐하면 이들은 핫플레이스, 맛집, 최신 유행 액티비티 등을 이미 모두 섭렵하고 있을 가능성이 높기 때문이다. 당신은 그저 핑크+오렌지가 제안하는 상황들을 함께 즐기고, 당신이 느낀 사랑의 감정을 아낌없이 표현해 주기만 하면 된다.

핑크+오렌지가 결합된 샤샤는 사랑하는 사람과의 친밀한 관계를 가장 중요하게 생각한다. 만약 연인과의 관계를 유지하기 위해 자신의 즐거움을 포기해야 하는 상황이 온다면, 핑크+오렌지는 주변 분위기를 빠르게 감지하여 사랑하는 이에게 피해를 끼치지 않는 선택을 한다. 반면, 오렌지+핑크가 결합된 꺄르는 자신의 생각이나 감정을 앞세우느라 상대방의 감정을 헤아리지 못하는 경우가 많다. 때문에 반대의 선택을 할 가능성이 높다.

핑크+오렌지는 모임에서 분위기를 따스하게 데워주는 역할을 담당한다. 핑크가 1순위이기 때문에 처음 만나는 상대방에게는 온화하고 친절한 모습을 보인다. 하지만 친해질수록 오렌지 특유의 쾌활하고 유머러스한 면을 드러내 사람들을 기쁘게 한다. 사람들에게 쉽게 호감을 사고, 두루두루 친하게 지내는 모습을 보이기 때문에 마당발처럼 보이기도 한다.

핑크+오렌지는 외적으로도 자신의 아름다움을 잘 표현할 줄 아는 사람이다. 외모를 가꾸는 일에 특화되어 있는 핑크의 특성에 오렌지의 특유의 자유분방하고 개성적인 매력이 더해져, 남들과는 다른 패셔너블함을 자랑하기도 한다.

P O 부정성 '과대포장과 무책임'

핑크는 타인의 시선에 매우 민감하며, 아름다움에 대한 갈망이 크다. 여기에 오렌지의 한탕주의가 더해지면 현실감이 매우 부족한 사람이 된다. 부정적인 핑크+오렌지는 타인에게 잘 보이고자 하는 마음이 크며, 과시욕 때문에 곤욕을 겪는다. 외모를 꾸미는 데에 지나치게 많은 시간을 할애하거나, 명품에 대한 집착을 보이기도 한다. 이들은 쇼핑을 하며 스트레스를 푸는 경우가 많은데, 충동구매의 가능성이 다른 캐릭터들에 비해 높기 때문에 주의해야 한다. 겉모습만 번지르르하게 꾸미고, 책임을 다해야 할 일에는 최선을 다하지 않는 모습 때문에 손가락질 받을 수 있다.

핑크+오렌지의 부정적 특성을 가진 인물은 드라마 〈더 글로리〉의 '최혜정'이다. 혜정은 신분 상승에 대한 욕구가 강한 인물이다. 스튜어디스로 근무하며 사회 계층의 격차를 크게 느낀 그녀는 나이가 많은 이혼남 태욱과의 결혼을 통해 자신의 한계를 뛰어넘으려 한다. 주변 인맥을 활용하여 자신의 명예를 지키고, 자신이 가진 것을 자랑하려는 모습에서 오렌지의 부정적 특성이 드러난다.

핑크가 높은 사람은 사랑에 빠져 비상식적인 선택을 하기도 한다. 혜정은 고등학생 때부터 짝사랑해온 재준에게 한결같은 애정을 드러낸다. 그녀는 재준과 연진이 불륜 사이라는 사실, 재준에게 혼외자가 있다는 사실을 알면서도 그에 대한 마음을 결코 포기하지 않는다. 핑크가 1순위인 사람은 모두가 자신의 사랑을 반대하더라도, 끝까지 자신의 마음이 향하는 대로 움직인다. 끝내 재준은 혜정에게 살림을 합치자는 제안을 하게 되는데, 이때 혜정은 한 치의 망설임도 없이 약혼남 태욱에게 이별을 고한다. 재준의 말 한마디에 문자로 일방적인 파혼을 선언하고, 약혼남의 연락처를 차단하는 행위에서 무책임함이 느껴진다.

건강한 핑크+오렌지가 되기 위해서는 자신의 욕구를 조절하는 연습이 필요하다. 지나친 욕심이 화를 불러일으킬 수 있음을 깨달아야 하며, 자신의 즉흥적인 행동들이 가져올 파장에 대해 경각심을 가질 필요가 있다. 사랑을 포함한 모든 권리에는 언제나 책임이 따른다. 달콤함에 취해 책임을 회피하지는 말자.

P Y 핑크+옐로 결합

핑크 캐릭터 샤샤와 옐로 캐릭터 뀨뀨는 반대되는 특성을 가진다. 핑크는 자신이 아끼는 사람들과 사랑을 나누며 즐거움을 얻는 관계 중심적 캐릭터인 반면, 옐로는 자신의 성장을 최고의 가치로 여기는 독립적인 캐릭터다. 핑

주 성향 핑크
보조 성향 옐로

크+옐로가 결합된 사람은 상반된 가치를 동시에 추구하는 자신의 모습 때문에 내적 혼란을 겪을 수 있다. 하지만 독립성과 상호작용 사이의 스위치를 잘 켜고 끈다면 이들은 누구보다 매력적인 캐릭터로 성장할 수 있다.

핑크+옐로가 결합된 샤샤는 핑크의 사랑스러움에 옐로 특유의 아이 같은 호기심이 더해져 누구보다 밝고 아름다운 사람처럼 보인다. 하지만 두 컬러 모두 밝기 때문에 누구보다 그늘이 드리워지기 쉬우며, 사랑하는 사람의 영향력 아래에서 자유롭지 못한 모습을 보인다.

PY 긍정성 '해피엔딩 로맨스의 주인공'

핑크가 높은 사람이 옐로도 높은 경우, 순수한 사랑을 추구함과 동시에 자기 자신의 내면을 가꾸는 데에도 집중할 줄 아는 사람이 된다. 핑크가 극단적으로 높은 사람들은 타인과의 관계를 유지하는 데에 많은 에너지를 쓰기 때문에, 자신의 내면을 돌보는 데에는 소홀한 경우가 있다. 하지만 핑크+옐로가 결합된 샤샤는 옐로의 영향으로 끊임없이 성장하고, 자신이 가진 궁금증을 해결하기 위해 노력한다. 때문에 타인을 향하는 에너지와 자신을 위한 에너지를 균형 있게 사용할 수 있다.

핑크+옐로의 특징이 나타나는 인물은 영화 〈라붐〉의 여자 주인공인 '빅'이다. 핑크가 가장 높은 사람들은 '사랑'을 인생의 가장 중요한 가치로 꼽는다. 일상을 살아가거나, 중요한 일을 앞둔 상황에서도 늘 사랑을 최우선시하는 모습을 볼 수 있다. 여기에 옐로의 호기심과 성장에 대한 열망이 더해지면 사랑에 대한 궁금증으로 이어지며, 사랑을 통한 자아실현을 꿈꾸기도 한다. 빅은 사랑에 대한 로망과 호기심을 가진 소녀로 베르사유에서 파리로 이사를 오자마자 자신의 운명을 만나기 위해 파티에 찾아간다. 파티에서 매튜를 만난 빅은 그에게 첫눈에 반해버리고, 이후에는 그를 찾아가거나 그와 만날 수 있는 방법에 대해 고민하기 시작한다.

핑크+옐로가 결합된 샤샤는 자신의 꿈을 지지받을 수 있는 환경을 선호하며, 누군가 자신의 성장에 도움을 준다고 믿으면 그 사람의 에너지를 빠르게 흡수하는 경향이 있다. 빅은 매튜와의 사랑을 이루기 위한 과정에서 할머니의 도움과 지원을 받게 되는데, 이 과정에서 자신의 최대 관심사인 '사랑'을 이루기 위해 고군분투하는 모습을 보인다. 옐로를 긍정적으로 활용하는 샤샤는 사랑을 하는 과정 속에서도 끊임없이 자기 자신에 대해 성찰하며, 새로운 것을 배우는 데에도 열려있는 성장형 캐릭터가 된다. 이때 주변 사람들의 칭찬이 함께한다면 한층 더 사랑스러운 사람이 되기도 한다.

P Y 부정성 '사랑을 향한 맹목적인 직진'

사랑이 가장 중요한 핑크에 호기심이 강한 컬러 옐로가 더해지면, 사랑에 꽂혀 무모한 도전을 하는 부정적 특성이 나타날 수 있다. 옐로가 강한 사람은 호기심이 생기면 타인의 조언을 귀담아듣지 않고, 무작정 도전해 보는 경향이 강하다. 핑크+옐로는 사랑에 대한 호기심 때문에 위기 상황에 직면하거나, 연인에게 부정적인 영향을 받아 나쁜 환경에 물들기도 한다. 핑크는 주변 사람들을 지나치게 의식하고, 옐로는 주변 환경을 빠르게 흡수하는 특징을 가지기 때문에 핑크+옐로가 강한 사람은 자신의 주변 환경에 대한 각별한 주의가 필요하다.

내담자로 온 A씨는 4년간의 연애를 마치고 우울감이 높아져 상담을 신청했다. 그녀는 전 남자친구와 연애를 시작함과 동시에 동거를 했고, 더 많은 대화와 감정을 나누기 위해 그가 좋아하는 취미를 함께 배우며 살았다고 한다. 그녀는 연인이 하는 모든 것에 궁금증을 느꼈다. 동거를 하며 술과 담배를 배웠고, 그와 함께 문신을 했으며, 대인관계 역시 그의 친구들로 점점 채워나갔다. 그녀의 가까웠던 지인들은 그와의 연애를 말렸다. 그 사람이 나쁘다기보다는 이전의 그녀와 전혀 다른 삶을 살고 있는 A씨가 걱정된다는 이유 때문이었다. 하지만 그녀는 그 순간이 행복했기 때문에 귀담아듣지 않았다. 오히려 주변 사람들이 자신의 행복을 방해한다고 생각했다. A씨는 사랑을 시작함과 동시에 연인에게 물들어버렸고, 마치 그 사람이 된 것처럼 하루하루를 살았다. 4년간의 연애가 끝난 후, 결국 그녀는 '자신이 어떤 사람이었는지', '어떤 것을 좋아했는지'에 대해 모두 잊어버렸다. 핑크+옐로인 A씨는 연애를 하는 동안 그녀의 삶에 '나 자신'이 없었다는 사실을 뒤늦게 깨달았다.

핑크+옐로가 결합된 샤샤는 호기심이 강하기 때문에 무모한 선택을 할 수 있다. 성장에 대한 욕구를 가지거나 더 나은 내가 되기 위해 도전하는 것은 좋지만, 때로는 잠시 쉬어가거나, 주변 사람들의 조언을 귀담아듣는 모습도 필요하다. 특히 사랑 앞에서는 조금 더 신중한 모습을 보일 필요가 있겠다. 모두가 안 된다고 말리는 데에는 이유가 있음을 잊지 말자.

P G 핑크+그린 결합

주 성향 핑크
보조 성향 그린

핑크와 그린은 관계지향적 성향이 가장 두드러지는 캐릭터들이다. 사랑이 1순위인 핑크와 가족이 1순위인 그린이 만나면, 내 사람들을 지지하고 응원하는 데에 누구보다 큰 재능을 가진 캐릭터가 된다. 핑크+그린은 평소 자신의 주장을 강하게 내세우기보다는 타인의 이야기를 들어주거나, 상대방을 위해 참고 기다려주는 모습을 보인다. 이들은 동, 식물을 돌보는 데에도 큰 재능이 있다.

타 캐릭터 조합에 비해 눈에 두드러지는 강렬한 개성은 없기 때문에 누군가는 핑크+그린을 보며 '무난하고 평범한 사람'이라는 평가를 할 수도 있다. 하지만 세상에 핑크+그린이 없다면 달콤한 연애, 화목한 가정, 평화로운 모임은 더 이상 존재하지 않을지도 모른다.

P G 긍정성 '아낌없이 주는 깊은 사랑'

핑크+그린이 높은 사람은 사랑하는 사람들을 위해 묵묵하게 사랑을 나누어주고, 자신의 행동을 과장하여 티 내려 하지 않는다. 핑크+그린의 다정하고 한결같은 모습에 주변 사람들은 편안함을 느낄 수 있다. 핑크와 그린이 결합된 샤샤는 사랑하는 사람을 최우선으로 생각하면서도,

가족의 평화 또한 중시하기 때문에 믿음직한 결혼 상대가 될 수 있다.

핑크+그린이 혼합된 샤샤의 특성을 보여주는 인물은 드라마 〈응답하라 1988〉의 '성선우'다. 다정하고 착실한 성격의 전교회장 선우는 항상 바른 모습을 보여 동네 주민들과 친구들로부터 믿음을 산다. 특히 선우는 남고생이지만 매우 다정하고 살가운 말투를 사용하며 친구들의 힘든 상황들을 쉽게 공감해 주는데, 이는 핑크의 수치가 높기 때문에 발현되는 모습이다. 이러한 선우의 친절 때문에 동네 친구인 덕선은 선우가 자신을 좋아한다고 오해하기도 한다. 핑크와 그린이 모두 높게 나타나는 사람은 모두에게 친절한 태도와, 타인에게 관대한 모습을 보이기 때문에 이성에게 인기가 많다.

핑크+그린이 혼합된 샤샤는 가족을 끔찍이 아낀다. 선우는 돌아가신 아버지를 대신하여 자신이 어머니와 어린 동생을 돌보아야 한다는 책임감을 가지고 있다. 어머니가 해주신 음식이 맛이 없거나 돌이 들어가 있더라도 싫은 내색 한 번 하지 않으며, 늘 동생을 먼저 신경 쓰는 모습에서 가족 중심적인 그린의 특성을 확인할 수 있다. 그는 대학 진학이라는 인생 최대의 결정 앞에서도 자신의 뜻을 내세우기보다, 엄마의 소원을 이루어드리고 싶다는 이야기를 하며 의대 진학을 결심한다.

평소에는 가족을 가장 아끼고, 타인을 위해 양보하는 것이 몸에 배어 있는 선우이지만, 유일하게 그가 자신의 욕심을 드러내는 순간이 있다. 핑크가 1순위인 사람은 사랑 앞에서만큼은 쉽게 포기하지 않는다. 2년 동안 보라를 짝사랑해온 선우는, 보라와 마주치기 위해 일부러 핑곗거리를 만들어 그녀의 집에 찾아가거나, 몰래 보라를 바라보며 미소 짓는 등 꾸준히 자신의 마음을 키워나간다. 특히 그는 가족의 반대에도 사랑을 택하는 모습을 보이는데, 이는 핑크가 그린보다 높기 때문에 나타나는 특징이다. 그는 동성동본이라는 법적 규제와 가족들의 거센 반대에도 결혼에 대한 마음을 접지 않으며, 결국 동성동본 법안 폐지 이후 보라와의 결혼에 성공한다.

핑크와 그린이 결합된 샤샤는 한결같은 마음으로 사랑하는 사람을 지지해 주고, 어떤 어려움 속에서도 연인을 기다려줄 수 있는 사람이다. 매사에 부드럽고 다정한 태도를 보이기 때문에 주변 사람들에게 힐링의 기운을 선물해 준다는 강점이 있다.

P G 부정성 '덤덤함 속에 감추어둔 민감함'

핑크와 그린은 모두 타인과의 관계를 중시하는 캐릭터들이다. 핑크가 강한 사람은 타인의 말과 행동에 매우 민감하게 반응하며, 사람들과의 관계가 틀어지는 것을 두려워한다. 여기에 그린이 더해지면 타인과 평화로운 관계를 유지하고자 하는 마음이 더욱 강해지기 때문에, 갈등을 회피하려는 성향이 커진다. 핑크와 그린이 강한 사람은 다소 수동적인 모습을 보인다. 적극적이지 못한 모습 때문에 사람들에게 무시를 당하거나, 조종당하는 경우도 있으니 타인에게 자신의 의견을 조금 더 표출하는 연습이 필요하겠다.

또한, 핑크+그린은 자신의 감정을 돌보는 데에 서툰 모습을 보인다. 이들은 타인에게 피해나 상처를 줄까 두려워하는 마음에 자신의 본심을 숨기고 살아간다. 하지만 스트레스가 일정 수준 이상 누적되는 경우, 억눌러왔던 자신의 감정을 주체하지 못해 큰 감정 기복을 보이거나 충동적인 언행을 할 수 있으니 주의해야 한다. 핑크+그린이 결합된 샤샤는 스트레스를 받는 상황 속에서 자신의 감정에 지배당하는 경우가 많다. 이때 가족이나 연인의 감정은 후순위가 된다. 그린+핑크가 결합된 뿌아가 자신이 스트레스를 받는 상황 속에서도 가족이나 연인을 가장 먼저 챙기는 모습과는 대조적이다. 핑크+그린이 가장 높은 사람은 평소에는 천사 같은 모습을 보이지만, 한번 화가 나면 본인의 감정이 전부 해소될 때까지 상대방과 싸운다. 이 과정에서 상대방은 샤샤의 감정적인 모습에 지쳐버릴 수 있으니 조심하도록 하자.

PB 핑크+블루 결합

주 성향 핑크
보조 성향 블루

핑크+블루가 높은 사람은 선불리 나서지 않으며, 타인의 프라이버시를 침해하는 일이 적다. 핑크가 1순위이기 때문에 주변 사람들의 분위기나 반응을 매우 잘 살피며, 공감도 잘한다. 하지만 블루가 강하기 때문에 자신이 누군가를 배려하고 있음을 굳이 과장하여 티 내려 하지 않는다. 때문에 눈치가 없는 사람들은 핑크+블루가 자신을 배려하고 있음을 알아채지 못할 수도 있다.

핑크+블루가 높은 사람은 스트레스 관리가 특히 중요하다. 핑크는 사랑하는 사람과의 관계를 가장 중요하게 생각하는데, 여기에 블루의 완벽주의와 근심 걱정이 더해지면 '내 사람들에게 완벽한 모습을 보여야 한다', '누구보다 멋진 연인이 돼야 한다'라는 강박을 가질 수 있기 때문이다.

P B 긍정성 '로맨틱한 설계자'

핑크가 높은 사람이 블루도 높은 경우, 사랑하는 이를 위하는 마음과 이성적인 사고를 두루 갖춘 사람이 된다. 핑크만 높은 사람은 상대방의 행동이나 태도에 따라 감정의 변화가 커지기 쉬운데, 핑크+블루가 혼합된 샤샤는 블루의 영향을 받아 자신의 감정을 잘 컨트롤하며 논리적인 면모를 드러낸다. 디테일한 설계에 강한 완벽주의 캐릭터로, 사랑을 할 때에도 연인을 위한 계획들을 꼼꼼하게 세워나간다.

핑크+블루가 혼합된 샤샤의 특성을 가진 인물은 드라마 〈더 글로리〉의 '주여정'이다. 핑크가 가장 강한 사람은 인생의 목표나 삶의 동기가 '사랑하는 사람'에 있다. 사랑하는 사람을 위해 자신을 희생하며, 연인과 함께 행복한 삶을 살기 위해 주변을 관찰한다. 주여정은 자신이 사랑하는 문동은을 위해 교수 과정을 포기하고 세명시로 이사하여 성형외과를 개업한다. 여정은 첫눈에 반한 동은이 7~8년 동안 연락이 없었음에도 그녀를 향한 마음을 접지 않고 행복했던 순간을 마음속에 간직하며 살아간다.

블루의 특성이 강하면 디테일한 계획과 판을 짜는 능력이 강해지는데, 이는 실패의 확률을 낮추기 위함이다. 핑크+블루 성향을 가진 사람은 실패에 대한 두려움이 크기 때문에 원하는 바를 이루기 위해 더 꼼꼼히 준비하고 노력한다. 주여정은 문동은의 복수를 돕는 과정에서 철두철미한 모습을 보인다. 과거 문동은을 괴롭혔던 가해자들을 자신의 성형외과로 끌어들여 증거를 확보하고, 하도영에게 의도적으로 접근해 바둑을 두는 모습 등에서 그의 치밀한 면모를 확인할 수 있다. 또한 그는 계획에 어긋나는 상황을 대비하기 위해 시뮬레이션을 하며 여러 대안을 세우는 모습까지 보인다.

핑크+블루가 긍정적으로 결합된 샤샤는 자신이 아끼는 사람들을 지키기 위해 세심한 배려를 한다. 좋아하는 사람이 스치듯 이야기한 먹고 싶은 것, 갖고 싶은 것, 필요한 것들을 귀담아듣고 기억해뒀다가 상황에 맞게 챙겨준다. 주변 사람들은 이러한 핑크+블루의 모습에 사랑스러움과 신뢰감을 동시에 느낀다.

P B 부정성 '사랑의 그림자에 잠식당하다'

핑크와 블루가 강한 사람은 걱정이 많으며 완벽주의 성향을 보인다. 자신이 사랑하는 사람과 관련된 일에는 더 철두철미한 모습을 보이며, 지나치게 계획적인 모습을 보이기도 한다. 이들은 핑크의 영향으로 타인을 돕는 데에는 익숙하지만, 자기 보호가 강한 블루의 영향으로 타인에게 도움을 받는 것은 어색해한다. 때문에 자신의 힘든 상황을 연인에게 알리거나 도움을 청하는 일에는 어려움을 겪는다. 핑크+블루는 방어기제가 높은 편이기 때문에 최악의 경우 자기 자신을 부정적인 틀에 가두어 소멸시키는 상황에 이를 수 있다.

드라마 〈더 글로리〉의 '주여정'은 아버지의 죽음 이후 오랫동안 정신과 상담을 받았지만, 치료의 효과를 하나도 보지 못한 캐릭터다. 심리적으로 매우 불안하고 위태로운 상황이지만, 자신의 정신건강을 돌보기보다 자신이 사랑하는 동은의 복수에만 몰입한다. 여정의 상태를 걱정한 그의 어머니는 동은에게 찾아가 '아들이 복수를 끝마치고 자살을 택할까 두렵다며 아들을 떠나지 말아 달라'는 부탁을 하기도 한다. 핑크+블루는 자신의 전부인 사랑을 잃었을 때, 비관적인 성향이 극대화되며 심한 우울증을 앓기도 한다.

핑크+블루가 강한 사람은 평소 사랑하는 사람과 자신의 긍정적인 감정들을 교류하는 연습이 필요하다. 비관적인 생각에 갇혀버리는 경우 계속해서 자기 자신을 갉아 먹을 수 있다. 그러니 사랑하는 사람에게 자신이 가진 걱정이나 고민을 나누고, 문제를 함께 해결해 나갈 수 있는 힘을 기르는 것이 중요하겠다.

P RB 핑크+로열블루 결합

가장 온화한 컬러 핑크와 가장 냉철한 컬러 로열블루의 결합으로, 상황에 따라 이성과 감성을 적절하게 활용한다. 1순위 핑크의 영향으로 일상에서는 친절하고 상대방의 이야기에도 잘 공감해 주는 모습을 보인다. 하지만 일을 하거나 중요한 판단을 해야 하는 순간이 오면, 로열블루 특유의 시뮬레이션을 능

주 성향 핑크
보조 성향 로열블루

력을 가동하여 누구보다도 논리적이고 날카로운 면모를 보인다.

상반되는 두 가지 성향을 동시에 가진 탓에 핑크+로열블루는 타인으로부터 '어떤 것이 너의 진짜 모습인지 모르겠다'라는 피드백을 받을 수 있다. 일반적으로 사람들이 핑크에게 기대하는 모습은 '다정하고 온화한' 모습이기 때문에 로열블루로서의 냉철한 자아를 타인에게 드러내는 것이 망설여질 수도 있다.

P RB 긍정성 '프로페셔널에 가려진 진짜 사랑꾼'

핑크가 가장 높고 2순위로 로열블루가 높게 나타나는 사람은 로맨틱한 사랑을 꿈꾸며, 운명의 상대를 만나면 츤데레 같은 모습을 보인다. 사랑을 할 때는 감성을 드러내 부드럽고 다정한 모습을 보이지만, 일을 할 때는 현실감각과 이성을 활용하여 높은 성과를 내기 위해 몰입한다.

핑크+로열블루의 특성이 잘 나타나는 인물은 드라마 〈눈물의 여왕〉의 '홍해인'이다. 퀸즈그룹 재벌 3세이자 퀸즈백화점 사장인 홍해인은 평소 워커홀릭적인 면모를 보인다. 직설적이고 솔직한 화법을 사용하는 탓에 함께 일하는 직원들을 긴장하게 만들지만, 자신이 사랑하는 백현우와 관련된 일에는 유독 감성적인 모습을 보인다. 재벌임에도 시골 출신의 평사원 백현우를 사랑하고, 가족의 반대에도 결혼을 강행하는 모습에서 그녀에게는 사랑이 최우선임을 확인할 수 있다. 핑크+로열블루는 핑크가 1순위이기 때문에 순애보적 사랑을 꿈꾼다. 희귀병을 앓고 있는 해인은 독일에서 한 노신사가 아내의 묘에 꽃을 두고 가는 장면을 목격한다. 이후 '자신이 죽었을 때, 남편인 백현우만큼은 자신을 위해 울어주기를 바란다'는 마음을 밝히는데, 이 부분에서 홍해인은 백현우를 세상의 전부로 생각하고 있음을 알 수 있다.

이들은 로열블루 성향 역시 강하기 때문에 현실적인 면모도 함께 가졌다. 명확한 근거가 없거나 납득할 만한 상황이 아닌 경우, 타인의 말에 쉽게 휘둘리지 않으며 자신의 선택을 최우선으로 생각한다. 건강한 핑크+로열블루는 힘든 상황일수록 자신의 감정을 억누르기 위해 일에 더 몰입하고, 철두철미한 모습을 보이면서 자기 자신을 지켜 나간다. 이는 로열블루가 2순위 컬러이기 때문에 가능한 행동이다.

일반적으로 핑크+로열블루는 두 컬러 에너지를 상황에 맞게 잘 조절하여 사용하지만, 의도치 않게 인간미를 드러내는 경우도 있다. 핑크+로열블루 B씨는 회사 내에서 일 잘하는 팀장으로 신임을 얻는 인물인데, 신입직원과 비밀 사내 연애를 하게 되었다. B씨는 자신의 연애를 완벽하게 감출 수 있을 거라는 자신감이 있었다. 하지만 팀원이자 연인인 신입직원과 함께 일을 할 때면 '감성과 이성', '따뜻함과 차가움', '공감과 현실'이 상충하여 뚝딱거리게 되었다. 결국 평소와 다른 B씨의 모습 때문에 두 사람의 연애는 금방 탄로 났다고 한다. 열애 사실이 공개된 후 B씨는 신입직원을 감싸며 자신이 다른 팀으로 이적하겠다는 결정을 하였고, 이후에는 다시 일과 사랑 모두에 집중할 수 있었다고 한다.

핑크와 로열블루가 잘 결합된 샤샤는 주변 사람들에게는 따뜻하고 친절한 사람이지만, 일을 할 때는 누구보다 통찰력 있고 프로페셔널한 모습을 보인다. 따라서 일과 사랑 두 마리 토끼 모두 놓치지 않는 이상적인 사람이 될 수 있다.

P RB 부정성 '극심한 온도차'

핑크+로열블루가 높은 사람은 두 컬러의 상충되는 성향 때문에 타인을 혼란스럽게 만들 수 있다. 핑크는 매우 감성적이며 감정 소모가 많은 캐릭터이다. 반면, 로열블루는 매우 냉철한 모습을 가진 캐릭터이기 때문에 독하고 차가운 말로 상대방의 마음을 다치게 할 수 있다. 핑크+로열블루는 핑크 성향이 더 강하기 때문에 타인으로부터 따뜻하고 다정한 말을 듣고 싶어 한다. 하지만 정작 자신은 타인에게 로열블루의 차갑고 단호한 모습을 보이기 때문에 내로남불(내가 하면 로맨스 남이 하면 불륜)이라는 평가를 받을 수 있다.

드라마 〈눈물의 여왕〉의 '홍해인'은 남편 백현우가 몰래 이혼 서류를 준비하고 있음을 알게 되었을 때, 감정적으로 흔들리는 모습을 보인다. 이때 해인은 자신을 보호하기 위한 방법으로 백현우에게 독설을 퍼붓는다. 핑크+로열블루의 독설은 말투는 강하지만, 내용적으로는 자신이 느낀 짜증과 예민한 감정들이 잘 묻어난다는 특징이 있다. 만약 해인이 로열블루+핑크였다면 본인의 감정을 배제한 채, 팩트만으로 더 냉정하게 상대방을 공격했을 것이다.

순수하고 사려 깊은 사람을 좋아하는 핑크와 상대방을 꿰뚫어 보며 좋은 사람인지 아닌지를 판단하는 로열블루의 결합은, 자신이 선택한 사랑에 강한 확신을 가지게 만든다. 핑크+로열블루는 사랑에 눈이 멀거나 외적인 것에 빠져 잘못된 선택을 했을지라도, 자신의 잘못을 인정하지 못하는 경우가 많다. 이들은 잘못된 선택 자체에 화를 내기보다, 잘못된 영역에 들어온 상대방을 향해 비수같이 날카로운 말을 던진다. 이러한 모습은 결국 타인과의 갈등의 원인이 되기도 한다. 핑크+로열블루는 특히 사랑을 인생에서 가장 중요한 가치로 생각하는데, 타인이 자신의 사랑을 반대하는 경우 아집은 더 강해진다. 가족이나 친구의 말을 귀담아듣지 않고, 오로지 자신의 사랑이 최고라고 생각하는 태도 때문에 주변 사람을 잃을 수 있으니 주의해야 한다.

PM 핑크+마젠타 결합

주 성향 핑크
보조 성향 마젠타

핑크+마젠타가 혼합된 샤샤는 개인 간의 사랑을 넘어, 인류애적인 사랑에도 큰 관심을 보인다. 사람들과 어울리는 단체 활동에 적응을 잘하며, 정의감이 강하기 때문에 리더 역할도 잘 수행한다. 리더가 된 핑크+마젠타는 부드러운 카리스마를 보여준다.

핑크가 높기 때문에 기본적으로 온화하고 부드러운 화법을 사용하지만, 이따금씩 마젠타의 해결사 기질을 발휘하여 현실적이거나 비판적인 말을 하기도 한다. 이들의 쓴소리는 상대방을 깎아내리거나 폄하하려는 의도보다는, 타인을 사랑하고 아끼는 마음이 크다. 이들은 외로움의 감정을 싫어하고, 타인이 외로워하는 모습을 보는 것도 힘들어한다.

PM 긍정성 '온 세상에 알리는 사랑의 힘'

핑크와 마젠타가 가장 높은 사람은 주변 사람이 필요로 하는 것을 빠르게 캐치하고, 상대방이 가진 문제를 빠르게 해결해 줄 수 있다. 핑크는 관계 중심적인 캐릭터이기 때문에 타인의 기분이나 분위기를 잘 읽어내는데, 여기에 마젠타의 행동력과 리더십이 더해지면 누구보다도 희생적인 사람이 된다.

핑크+마젠타의 특성이 가장 잘 나타나는 인물은 애니메이션 〈백설공주〉의 주인공 '백설공주'다. 핑크가 가장 높은 사람은 첫눈에 반하는 로맨틱한 사랑을 믿는다. 백설공주는 우물가에서 잠깐 마주친 왕자에게 첫눈에 반해 사랑에 빠져버리고, 난쟁이들에게 언젠가 왕자와 다시 만나 행복하게 살 것이라는 소망을 이야기한다. 또한, 마녀가 독사과를 주며 소원을 이야기해 보라 할 때에도 왕자와의 사랑이 이루어지게 해달라는 소원을 빈다. 핑크가 높은 사람에게 사랑은 인생의 최대 목표이자 꿈이다.

핑크에 마젠타가 더해지면 타인을 대신하여 자신을 희생하고, 생명을 돕고자 하는 마음이 커진다. 백설공주는 어린 소녀이지만 난쟁이들을 위해 설거지, 요리, 바느질과 같은 집안일을 도맡는다. 특히 일을 마치고 온 난쟁이들에게 '손을 씻지 않으면 밥을 주지 않겠다'며 잔소리하는 부분에서 타인을 위하는 마젠타의 마음이 잘 드러난다. 핑크+마젠타가 높은 사람은 생명에 대한 연민의 감정을 잘 느낀다. 백설공주는 평소 숲속 동물들을 도와주며 더불어 살아가기 위해 노력한다. 만약 백설공주가 마젠타+핑크였다면 어려움에 처한 동물들을 찾아 나서고, 연민의 감정을 느껴 도움을 주거나 치유하는 행위 자체에 더 집중했을 것이다. 하지만 백설공주는 동물들을 케어하면서도 끊임없이 자신의 감정을 공유하고, 동물들과 대화를 나누는 모습을 보인다. 이는 관계지향적인 핑크의 특징으로 볼 수 있다.

핑크+마젠타가 잘 결합된 샤샤는 타인과 잘 어우러지는 능력과 생활력, 돌봄 능력을 강점으로 가지고 있어, 어려운 상황에서도 믿고 따를 수 있는 사람이 된다. 이들은 누구보다도 사랑을 나누는 데에 진심을 쏟고, 그 사랑을 행동으로 보여줄 줄 아는 사람이기 때문에 함께 있으면 든든함이 느껴진다.

P M 부정성 '상대방이 아닌 나의 만족을 위한 친절'

핑크+마젠타가 강한 사람은 타인을 돕고자 하는 마음이 강하다. 하지만 부정적으로 발현될 경우 지나치게 사랑을 갈구하며, 상대방이 도움을 필요로 하지 않는 상황에서도 억지로 도움을 주며 타인을 조종하려 한다.

드라마 〈내 남편과 결혼해줘〉에서 여주인공 강지원의 가장 친한 친구로 등장하는 '정수민'은 핑크+마젠타의 부정성이 잘 드러나는 캐릭터다. 정수민과 강지원은 어린 시절 바람난 부모님에게 버려졌다는 공통점 때문에 친해진 사이이다. 수민은 불행한 삶을 살아온 자신과 달리, 주변 사람들에게 인정받으며 행복한 삶을 살아가는 지원을 보며 열등감을 느낀다. 애정결핍이 있는 그녀는 지원의 모든 순간을 함께하며 지원이 가진 것을 빼앗아 자신의 것으로 만들려 한다. 이 모습에서 사랑을 갈구하는 핑크의 부정적 특징이 나타난다. 또한, 은근슬쩍 지원을 가스라이팅 하여 그녀가 자신에게 의존하도록 유도하는 모습에서 마젠타의 부정적 특성도 확인할 수 있다.

핑크가 강한 사람은 타인에게 사랑받고자 하는 욕구가 강하다. 때문에 상대방에게도 맹목적인 사랑을 퍼주며, 기대한 만큼의 사랑을 되돌려 받지 못하면 상대방에게 더 큰 집착을 한다. 여기에 마젠타의 부정적 특성이 더해지면 타인의 일상을 자신의 손바닥 안에 두려 하는 성향이 강해진다. 자신의 경험만이 정답이라고 믿기 때문에 타인에게 자신과 같은 생각을 강요하며, 고집을 굽히지 않는다. 충분한 사랑을 받지 못한다고 느낀 핑크+마젠타는 결국 자기 연민에 빠지게 되며, 애정 결핍의 모습을 보인다. 주변 사람들은 고집불통인 핑크+마젠타 때문에 피로감을 겪는다.

핑크+마젠타가 강한 사람은 타인의 입장에서 생각해 보고, 상대방과 건강한 관계를 구축하기 위해 노력하는 자세가 필요하다. 내가 베푸는 애정이 상대방에게는 부담이 될 수 있음을 깨달아야 하며, 나의 경험만이 정답이라고 생각하는 오만에서 벗어나야 한다.

PV 핑크+바이올렛 결합

핑크+바이올렛이 결합된 샤샤는 뛰어난 미감을 가졌을 확률이 크다. 핑크의 영향으로 대중적인 트렌드나 유행에도 관심을 보이지만, 바이올렛을 활용하여 자신만의 영역을 구축하거나 유니크한 예술성을 뽐내기도 한다.

주 성향 핑크
보조 성향 바이올렛

1순위 컬러가 핑크이기 때문에 겉보기엔 여리여리하고 순한 사람처럼 보일 수 있지만, 알고 보면 머릿속에 크고 복잡한 우주를 품고 사는 사람들이다. 어쩌면 당신이 본 핑크+바이올렛의 표정은 그들의 극히 일부분일 수도 있다. 이들은 보기와 다르게 자존심이 강하고, 자신이 가진 특별함을 믿는 사람들이니 많은 격려와 칭찬을 해주기를 바란다.

P V 긍정성 '사랑을 통해 개척하는 삶'

핑크가 가장 높은 사람이 바이올렛도 높은 경우, 남들과는 다른 특별한 삶을 꿈꾼다. 바이올렛의 영향을 받아 다소 독특한 사고와 행동을 보이지만, 핑크+바이올렛이 결합된 샤샤는 자신의 독특함을 매력으로 승화시켜 사랑하는 사람과의 관계를 더 돈독하게 만든다. 이는 바이올렛이 1순위인 니끄가 타인에게 이해받지 못하는 것조차 특별하다고 여기거나, 타인을 이해시키기 위해 큰 노력을 쏟지 않는 모습과 대비된다.

핑크+바이올렛이 혼합된 샤샤의 특성을 가진 인물은 영화 〈타이타닉〉의 여자 주인공 '로즈'이다. 핑크가 가장 높은 사람은 사랑에 깊게 빠지며, 어떤 어려움이 있더라도 자신의 사랑을 지키기 위해 노력한다. 집안의 몰락으로 자신의 의지와 상관없이 신흥 부자와 강제 약혼을 하게 된 로즈는, 자신의 의지대로 살 수 없는 삶에 회의감을 느껴 자살을 시도한다. 이때 잭이 그녀를 발견하게 되고, 로즈는 그로 인해 다시 살아가야겠다는 의지를 다진다. 이후 로즈는 화가인 잭의 그림을 접하게 되는데, 이때부터 그녀는 잭과 사랑에 빠진다. 로즈의 가족들은 3등실 승객인 잭과 그녀의 만남을 반대하지만 로즈는 꿋꿋이 잭과의 사랑을 이어 나간다.

핑크+바이올렛이 높은 사람은 평소 남다른 관점으로 상황을 바라보는 재주가 있다. 로즈는 타이타닉에 처음 승선했을 때 피카소, 모네 등의 작품을 자신의 방에 걸어 장식한다. 상류층 출신답지 않게 현대 미술 작품을 걸어두어 자신만의 특별함을 표출한 것이다. 핑크+바이올렛은 연애를 할 때에도 남들이 발견하지 못하는 상대방의 매력을 잘 찾아낸다. 로즈가 가난한 화가 잭의 그림 실력을 보고 사랑에 빠질 수 있었던 이유도 핑크+바이올렛이 특별함을 추구하는 남다른 눈을 가졌기 때문이다. 로즈는 배가 항구에 닿자마자 잭과 함께 도망쳐 새 삶을 살겠다는 계획을 밝히는데, 이 부분에서 핑크의 연인을 최우선으로 생각하는 마음과 바이올렛의 삶에 대한 주체성을 동시에 느낄 수 있다.

핑크와 바이올렛이 잘 결합된 샤샤는 사랑이나 건강한 인간관계를 통해 삶의 의미를 찾고, 자신만의 독특한 관점을 표현할 줄 아는 사람이 된다. 자유로운 표현을 통해 자신만의 영역에서 독보적인 존재가 되기도 하고, 더 나아가 타인에게 영감을 주는 뮤즈가 되기도 한다.

P V 부정성 '내 사랑은 특별해야 한다는 믿음'

핑크가 높은 사람은 사랑받고자 하는 욕구가 강하며, 더 매력적인 사람으로 비치기 위해 자신을 꾸미는 데에 많은 시간과 에너지를 할애한다. 여기에 바이올렛 성향이 더해지면 자신의 특별함을 드러내고자 하는 욕구가 더 강해지는데, 이는 분수에 맞지 않는 소비나 사치로 이어질 수 있다.

핑크+바이올렛은 자신만의 독특함을 추구하면서도, 타인으로부터 인정과 사랑을 받길 원한다. 핑크와 바이올렛의 결합은 자존감을 고취시켜 '나는 마땅히 사랑받아야 하는 고귀한 존재'라고 생각하게 만든다. 때문에 핑크+바이올렛은 주변 사람들에게 사랑을 강요하기도 한다. 핑크가 높아 타인으로부터 이해와 공감을 받길 원하지만, 정작 핑크+바이올렛은 자신만을 생각하느라 상대방이 원하는 것이 무엇인지 신경 쓰지 않는다. 바이올렛이 높은 사람은 자기 자신에 대한 믿음이 강하다. 때문에 타인의 입장에서 이해하기 힘든 행동들을 할 때가 있다. 이때 연인으로부터 공감을 받지 못하는 경우, 핑크+바이올렛이 강한 샤샤는 서운함을 느끼며 감정적으로 대응할 수 있다. 만약 바이올렛+핑크가 결합된 니끄라면 연인이 자신의 감정을 온전히 이해하지 못한다고 해도 그러려니 하며 계속 남들과 다른 독특함을 추구할 것이다. 하지만 핑크+바이올렛이 결합된 샤샤는 사랑하는 사람과의 관계를 가장 중시하기 때문에 상처받고 스트레스받을 수 있으며, 예측하지 못하는 상황에서 히스테리를 부릴 수도 있다.

독특함을 추구하는 핑크+바이올렛은 사랑에 빠질 때에도 타인의 시선을 의식하지 않는 편이다. 나쁜 사람과 사랑에 빠지는 경우, 자신의 사랑은 특별하다고 여기며 더 깊게 빠져들어 헤어 나오지 못할 수 있으니 조심해야 한다.

Pink's core message

**"세상 모든 사람에게 사랑받을 수는 없습니다.
그렇지만 당신은 사랑받을 자격이 충분한 사람입니다."**

샤샤는 사랑받고 싶다는 욕구가 강한 캐릭터다. 누군가가 자신을 싫어한다고 느꼈을 때, 크나큰 마음의 상처를 입는다. 하지만 샤샤는 '세상 모든 사람들이 나를 사랑해 줄 수는 없음'을 인지해야만 한다. 나에게 상처 주는 사람들에게 나를 맞추려 애쓰기보다는, 내가 가진 매력과 아름다움을 더 극대화해 줄 수 있는 사람들과 만나 충분한 사랑을 나누며 살기를 바란다. 마치 동화처럼, Happily Ever After!

ROYAL BLUE

통찰

문제해결

본질추구

직감

자존감

몰입

신념

냉철한

무례한

중독

권위

무관심

불신

오만

허무주의

냉소적인

ROYAL BLUE

로열블루는 얼음처럼 차갑고 빙하처럼 고고해 보이지만
그 속에는 작고 귀여운 영혼이 숨 쉬고 있다.

로열블루(Royal Blue)는 낮은 명도와 높은 채도로 '어둡지만 눈부신 색'이라는 오묘한 시각적 이미지를 가지고 있다. 깊은 심해의 바다색 또는 빙하 가장 아래 감춰진 차가운 푸른색을 연상하게 한다. 로열블루는 보편적으로 알고 있는 블루(Blue)보다 어두운 색감을 띠고 있으며, 네이비(Navy)보다 밝고 채도가 높아 어둡지만 동시에 화려한 느낌이 든다. 로열블루와 닮은 사람은 색이 가진 이미지처럼 '차갑고 카리스마 있는 분위기'와 '고귀하고 화려한 분위기'가 동시에 나타나, 매력적이지만 쉽게 다가갈 수 없는 아우라를 지닌다. 이러한 상징성은 로열블루가 지닌 역사적 배경과도 깊은 연관이 있다.

18세기 영국, 왕족의 특별함을 상징하는 색으로 드레스를 제작하는 대회가 개최되었다. 이 대회에서 윌리엄(William Henry) 4세와 샬럿(Charlotte Augusta) 공주의 예복에 처음 사용된 색이 바로 로열블루이다. 이후 로열블루는 영국 왕실의 상징색으로 고귀하고 화려하며, 쉽게 다가갈 수 없는 감정을 전달하는 데 기반이 되었다.

색채심리학적으로 로열블루는, 블루와 마찬가지로 '지성과 신뢰의 색'이라는 공통된 키워드를 지닌다. 그러나 명도와 채도의 차이로 두

색은 전혀 다른 심리적 해석을 낳는다. 블루의 지성은 '사실 기반의 정보수집과 집요한 분석'의 결과물이며, 신뢰는 '교차 검증된 양질의 정확한 지식'에 뿌리를 둔다. 반면, 로열블루의 지성은 '눈에 보이는 사실 기반의 정보가 아닌, 보이지 않는 본질적 탐구'에서 비롯된다. 즉, 내면 깊은 곳에서 떠오르는 직감과 직관을 통해 끊임없이 질문하고 답하는 철학적 기반의 정보수집과 통찰의 결과물이다. 또한, 신뢰는 '통찰을 기반으로 한, 뼈를 찌르는 핵심적인 말'에 있다.

로열블루의 심리적 특성을 닮은 사람은 마음속에 심해를 담고 있다. 그 심해는 깊고 넓어 한평생 '나다운 나'를 찾아가는 미지의 공간으로 활용된다. 그곳에는 반짝이는 보석 하나가 숨어있는데, 그 보석은 타인이 대신해서 발견해줄 수 없다. 그 이유는 로열블루가 타인이 마음의 심해로 들어오는 것을 쉽게 허락하지 않을뿐더러, 허락할지라도 그곳은 깊고 어두워 선뜻 뛰어들 용기를 내는 이가 드물기 때문이다. 로열블루는 마음속 심해를 탐색하면서, 내가 어디에서 무엇을 보고 느꼈는지, 경로를 멈춰야 할지, 혹은 방향을 바꿔야 할지 끊임없이 자기성찰을 하며 보석을 찾아가는 여정을 보낸다.

로열블루는 심해를 항해하며 수많은 실패와 깨달음의 과정을 통해 스스로와 끊임없이 싸우며 외롭고 고된 시간을 경험하게 된다. 하지만 그 시간을 견딜수록, 그 안에 숨겨진 보석의 가치는 더욱 높아진다. 자신을 포기하지 않고 반복된 실패와 성찰을 거듭하다 보면, 어느 순간 반짝이는 보석 하나를 마주하게 된다. 그렇다면 로열블루에게 있어 그 보석은 무엇을 의미하는 것일까? 어둡고 푸르며 눈동자 속에 빛이 담긴 로열블루 캐릭터 '아르(ARU)'의 이야기를 시작해 본다.

로열블루 캐릭터 아르 ARU

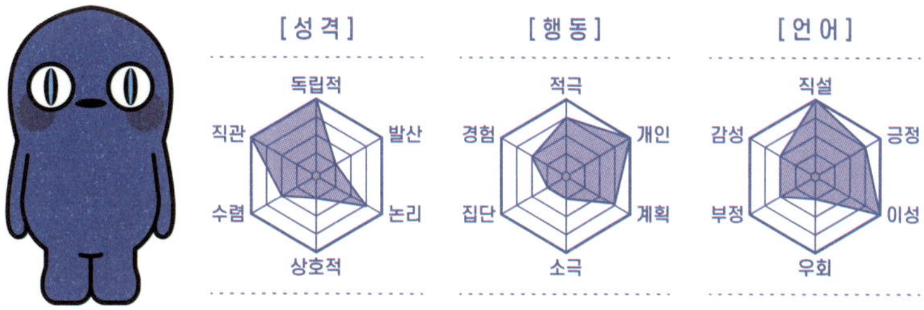

로열블루 캐릭터 아르(ARU)의 특성 그래프

통찰의 눈으로 보석을 찾는 삶의 여정

아르의 매력은 어둡고 차가운 외적 모습과 대조적으로 반짝이는 눈빛에서 드러난다. 그 빛은 마음 깊은 곳 심해를 항해하며 자신만의 보석을 발견했을 때 비로소 드러나는 내면의 빛이다. 보석을 찾은 아르는 마음이 단단하고 속이 깊으며, 자신이 가야 할 길을 묵묵히 걸어가는 인물이다. 어떠한 상황에서도 흔들림 없이 견고한 태도를 유지하며, 그 중심은 언제나 내면 가장 깊은 곳에 있는 '나'로 향한다. 삶 속에서 수많은 질문과 실패, 좌절을 경험한 아르는 그 과정을 통해 진리를 찾아가는 여정을 걸으며, 결국 진정한 나를 발견하게 된다. 그리고 그것은 인생에서 무엇이 중요한지에 대한 지각으로 이어지며, 본인만의 철학을 지닌 단단한 인물로 성장하게 만든다. 아르에게 있어 심해 속 보석은 '나다운 나'의 발견이며, 본질을 잃지 않는 '통찰의 눈'이다.

보석을 찾지 못한 냉소적인 아르

보석을 찾기 전 아르의 눈에는 빛이 나지 않는다. 눈에 빛이 없다는 것은 곧, 자신의 내면을 성찰하지 않았다는 의미이며, 냉소적인 외적 모습 그대로 생각과 말, 행동이 날카롭고 때로는 잔인하게 타인을 공격하는 형태로 나타난다.

냉소적인 아르는 왕실의 색답게 '고귀한 나'에 집중되어 있다. 관계에 있어 무의식적으로 자신을 왕, 타인은 평민 혹은 그 이하로 인식하며, '네가 감히, 네가 뭔데 나한테?, 너 따위가' 같은 생각이나 말로 상대를 하대한다. 또한, 자신의 말에 상대방이 복종해야 한다는 식의 안하무인격 언행을 보이며, 타인을 배려하지 못하고 인격적으로 모독하여 '인성이 바르지 못하다'는 평가를 받기도 한다.

냉소적인 아르는 커뮤니케이션에도 문제점이 드러난다. 대화 내용이 본질에 가깝지 않고 시시콜콜하게 느껴지면, 시간이 아깝다고 생각하거나, 대화 상대에게 관심을 주지 않고 귀담아듣지 않는다. 설령 대화가 이루어진다고 해도 관심의 중심은 상대방이 아닌 자신에게 있으며, 이기적인 커뮤니케이션 방식을 보인다. 예를 들어, 타인의 고민이 아르에게는 시답지 않게 느껴질 경우, 고민을 털어놓는 사람에게 '별것도 아닌 것으로 고민한다'며 오히려 상처를 주는 경우와 같다.

냉소적이고 철학적인 아르

어릴 때부터 노력한 것보다 더 많은 보상을 받거나, 실패 없이 쉽게 이득을 본 사람은 많은 것을 가졌음에도 불구하고 냉소적인 아르의 삶을 살아간다. 그 삶은 자만으로 뒤덮여 결국 최악의 방향으로 흘러간다. 반면, 수많은 실패와 좌절을 겪고, 남들보다 몇 배의 노력을 통해 자신만의 보석을 찾아낸 철학적인 아르는, 한평생 '나다운 성공'을 이루며 진정으로 빛나는 삶을 살아가게 된다.

이 두 인생은 모두 아르 한 사람 안에서 일어난다. 10~20대처럼 아직 인생의 실패와 좌절 경험이 적은 시기에는, 냉소적인 아르로 삶을 살아가기 쉽다. 그러나 잘못된 언행으로 사람과 명예를 모두 잃고 혼자가 되었을 때 비로소 아르는 자신의 내면으로 들어가 마음의 심해를 탐색하며 철학적인 아르로 변하게 된다. 따라서 아르의 삶은 인생의 1막과 2막이 뚜렷하게 구분되며, 전혀 다른 사람으로 성장하게 된다. 그만큼 아르에게 있어 실패 경험은 보물 지도의 조각을 모으는 일과 같으며, 좌절은 인격과 인성을 단련시켜 성공으로 이끄는 지름길이 되어준다.

아르의 멋진 인생은 먹구름에 비를 맞은 오늘이 아닌, 비가 그친 후 햇살이 아름답게 일렁이는 미래에 있다. 과거와 오늘의 좌절로 자신의 미래를 의심하기보다, 지금의 노력과 눈물이 모두 축적되어 성공적인 삶으로 이어질 것임을 믿으며, 포기하지 않고 걸어간다면, 빛나는 햇살을 반드시 마주하게 될 것이다.

아르의 혼합 컬러 해석

RB R 로열블루+레드 결합

주 성향 로열블루
보조 성향 레드

혼자 몰입하는 것을 좋아하고 성공 가능성에 따라 움직이는 로열블루와, 함께 힘을 모아 일하길 좋아하며 성공 가능성과 상관없이 불가능을 뛰어넘으려는 태도를 지닌 레드는 서로 정반대의 특성을 가진다. 실제로 두 색이 결합된 내담자는 "대표님, 저는 모순덩어리 같아요. 혼자 있는 게 편하면서도 답답해서 모임에 나가면 내가 여기서 뭐 하는 건가 싶고, 시간 낭비하는 느낌이 들어요. 불가능하다는 것을 알면서도 실행하고 있는 저를 보면 한심하게 느껴져요."라고 말한다. 이처럼 모순적인 성향이 1, 2위 컬러로 혼합되면, 자신을 이해하는 데 혼란을 겪기 쉽다. 하지만 모순된 성향이 서로의 단점을 보완하는 방향으로 적용된다면, 남들이 쉽게 따라올 수 없는 극강의 장점으로 발현될 수 있다.

RB R 긍정성 '두려움 없이 실행하는 자기 믿음'

로열블루의 가장 큰 장점은 뛰어난 상상력과 이를 손쉽게 실험할 수 있는 시뮬레이션 능력에 있다. 시뮬레이션 능력이란, 실제로 행동에 옮기지 않더라도, 머릿속에서 과정을 그려보며 실제에 가까운 결과를 예측하는 능력을 말한다. 만약 이 시뮬레이션 과정에서 다수의 문제점이 발견되거나 리스크가 크다고 판단되면, 로열블루는 실행하지 않고 도전보다 빠른 포기를 선택한다. 그러나 리스크를 감수하고서라도 해낼 수 있다는 자기 믿음, 실행의 두려움을 없애고 도전할 수 있도록 용기와 행동력을 높여주는 색이 바로 레드다.

서로 정반대의 특성을 가진 두 색의 모순점은 극강의 장점으로 발현될 수 있다. 로열블루는 시뮬레이션을 통해 다양한 테스트와 분석을 거치며 해결의 실마리를 도출하고, 최적의 실행 루트를 설계한다. 이 과정을 바탕으로 레드는 두려움 없이 실행하여 도전과 실패를 직접 경험하고, 다시금 로열블루의 시뮬레이션으로 최상의 방법을 찾아내는 순환적 구조가 만들어진다. 이처럼 상호보완적인 행동이 빠르게 반복되며, 그 결과 성공에 도달하는 시간을 단축하고, 더 높은 완성의 결과를 만들어내는 장점이 있다.

로열블루+레드 결합에 상징적인 인물로는, 생명의 위험을 무릅쓰고 지동설을 발전시킨 갈릴레오 갈릴레이(Galileo Galilei)가 있다. 1616년 지동설이 성경의 교리에 어긋난다는 이유로, 그 이론을 타인에게 가르치거나 옹호하지 말라는 명령이 내려졌다. 그러나 갈릴레이는 직감적으로 지동설이 옳다고 믿었으며, 포기하지 않고 망원경을 활용해 목성 주변을 도는 4개의 위성과 금성, 태양의 흑점과 자전을 직접 관찰하며 지동설을 보다 과학적으로 증명해 나갔다. 이러한 금기된 행위는 결국 1633년 종교 재판으로 이어졌고, 갈릴레이는 이단 혐의를 받아 고문 위협을 받으며 자신의 견해를 철회하라는 강요를 받는다. 그러나 목숨이 위태로운 재판 상황에서도, 그는 "E pur si muove(그래도 그것은 움직인다)"를 중얼거리며 자신의 주장을 끝까지 꺾지 않았다는 일화를 남겼다.

이처럼 로열블루+레드 결합은 신중하면서도 반항적이며, 침착하면서도 순간적인 판단과 행동력을 동시에 지닌다. 모순적 캐릭터의 조합은 마치 동전의 양면과 같아, 극강의 장점을 발휘하는 동시에 극단적인 단점 또한 함께 내포하고 있다.

RB R 부정성 '자기 믿음이 가져온 독재자'

로열블루+레드 결합을 가진 내담자들에게는 공통적인 특성이 있었다. 자신에 대한 믿음과 신뢰, 그리고 자기 신념이 매우 굳건하다는 점이다. 이러한 특징은 사회나 조직, 타인의 부정적인 말과 평가에도 쉽게 흔들리지 않고, 다시 일어나 자신이 원하는 방향으로 나아갈 힘이 되어준다. 하지만 반대로 생각해보면, 타인의 비판적인 말을 들으려 하지 않거나, 아예 평가 자체를 회피하는 태도로 해석할 수 있다. 자신의 생각만을 절대적으로 믿고 귀를 닫은 채 독불장군처럼 행동하는 모습이다. 즉, 로열블루+레드 결합의 높은 부정성은 상대를 압박하거나 강요하는 방식의 커뮤니케이션에서 두드러지게 나타난다.

어느 날, 교회 안에서 관계에 대한 고민이 있다며 한 내담자가 찾아왔다. 그는 종교적인 신념과 철학적 믿음을 바탕으로, 주변 사람들을 위해 문제해결 중심의 상담을 자주 해주었고, 단체의 단합심을 이끄는 중심 인물로서 교회 안에서 리더 역할을 맡게 되었다고 한다. 그러나 그의 고민은 아이러니하게도, 그가 맡은 직책을 성실히 수행할수록 사람들과 멀어지고 있다는 점이었다. 시간이 흘러 함께했던 사람들로부터 '독단적이다, 함께하고 싶지 않다, 불편하다'라는 피드백을 받았고,

결국 소중한 사람들을 하나둘씩 잃게 되었다고 털어놓았다.

그의 리더 역할은 주변 사람들의 추천으로 시작되었다. 로열블루+레드는 타인이 자신의 능력을 인정하고 믿어줄수록, '역시 나는 잘하고 있어, 내 생각과 행동이 옳아'라는 강한 자기 신념이 생기며, 그 기대에 완벽한 결과물로 보답하고 싶은 욕구가 커지게 된다. 그는 본인이 옳다고 믿는 방향으로 성공적인 결과를 만들기 위해 몰두했고, 어느 순간부터는 내가 일이고, 일이 곧 내가 되는 상태에 빠지게 되었다. 이후 일에 대한 타인의 피드백은 곧 나에 대한 공격으로 느껴졌고, 피드백을 준 사람을 비난하고 공격하며 자신이 원하는 성공을 방해하는 걸림돌 같은 존재로 인식하게 되었다. 협업에 있어서 상대는 '함께 만들어가는 우리들의 결과'를 원했지만, 내담자는 '내가 생각한 완벽한 결과'를 목표로 삼았기 때문에, 시간이 흐를수록 주변 사람들은 점점 그의 곁을 떠나게 되었다.

로열블루+레드 결합의 사람은 타인과의 협업에서 극단적인 자기 만족감, 자아도취, 근거 없는 자기 신뢰를 의식적으로 낮추려는 노력이 필요하다. 내 생각만 맞고 타인의 생각은 모두 틀렸다는 전제에서 벗어나야 하며, 모두가 나를 따라야만 더 나은 결과가 나온다는 이기적인 믿음에서 벗어날 때, 비로소 관계의 갈등을 풀어나갈 수 있다.

RB O 로열블루+오렌지 결합

로열블루+오렌지 유형은 서로 다른 가치관의 충돌이 삶의 끊임없는 고민거리가 된다. 로열블루는 심오하고 진중하며 '무엇이 중요한가'를

주 성향 로열블루
보조 성향 오렌지

파악하는 것을 선호하며, 본질과 미래지향적인 가치에 높은 의미를 둔다. 반면, 오렌지는 밝고 유쾌하며 '즉흥적인 즐거움'을 추구하고 예측할 수 없는 미래보다 지금 이 순간의 행복에 더 큰 가치를 둔다. 이처럼 상반된 두 색은 서로 다른 인생의 가치관으로 인해 삶의 곳곳에서 마음속 혼란을 일으키고 '왜 나는 항상 선택에 기로에 서 있을까?'라는 질문에 사로잡히게 된다. 미래를 준비하면서도 예상치 못한 샛길로 자주 빠져버리는 자신에게 답답함을 느끼는 것이다. 로열블루+오렌지 유형이 더 나은 방향으로 나아가기 위해서는, 지금까지 걸어온 길을 돌아보며 자기성찰의 시간이 필요하지만, 그런 시간을 갖기엔 세상에 재밌는 것이 너무 많다.

RB O 긍정성 '권위 없는 유쾌한 천재'

로열블루+오렌지 결합의 장점은 뛰어난 상상력과 창의성에 있다. 로열블루의 상상력은 현실에서 실험하는 것과 거의 유사한 수준의 결괏값을 머릿속 시뮬레이션만으로도 도출해낼 수 있다는 것이다. 오렌지의 상상력은 어려운 문제를 직면했을 때 어른의 시각이 아닌, 맑고 순수한 아이의 눈으로 상황을 바라보며, 의외의 방식으로 문제해결의 열쇠를 쉽게 찾아낸다. 이처럼 로열블루의 직관적인 상상력과 오렌지의 순수한 창의성이 결합되면, 천재적인 상상력과 순수한 아이디어를 동시에 지니면서 독창적이고 유연한 사고를 가진 사람이 된다.

높은 직관성과 수학적 이론을 통해 시공간의 움직임과 변화라는 개념을 처음으로 인지시킨 천재적인 인물, 그리고 높은 위치에 있으면서도 권위적이기보단 어린아이 같은 순수함을 지닌 인물 하면 누가 떠오르는가? 바로 아인슈타인(Albert Einstein)이다.

아인슈타인은 저명한 학자로서 뛰어난 직관성으로 미지의 세계를 정확하게 계산하고 예측했으며, 사람들 앞에서는 권위보다 아이 같은 순수한 모습으로, 외적인 격식보다는 학문의 즐거움을 추구하였다. 그는 학생들과 동료들 사이에서도 유쾌한 사람이었는데, 교수의 권위를 내세우기보다 같이 연구하는 동료처럼 거리낌 없이 학생들과 자주 교류하였고, 교과서적 지식을 따르기보다 독립적으로 사고하며 호기심과 창의성을 키우는 것이 더 중요하다고 강조했다. 동료들과의 회의에서는 학문적 토론보다 생각을 자극하기 위한 농담을 자주 던졌다. 또한, 격식이 요구되는 자리라고 할지라도 틀에 박힌 의복을 갖춰 입는 것을 싫어했으며, 답답한 것이 싫어 양말조차 신지 않거나 구멍 난 양말을 신고 출몰했다고 한다. 로열블루+오렌지가 집중할 때면, '천재는 노력하는 사람을 이길 수 없고, 노력하는 사람은 즐기는 사람을 이길 수 없다'는 공자의 《논어》 구절이 떠오른다. 로열블루는 몰입하는 동안 주변 사람들과의 관계를 차단하고 스트레스에 잠식당하는 경우가 많지만, 오렌지와 결합하는 순간 일 자체를 즐기며 유연하게 스트레스를 관리한다. 이러한 특성으로 이들은 지속적으로 말랑한 뇌를 유지하며, 나이가 들어도 고립되지 않는 전문성과 유머감각으로 주변의 높은 존경을 받게 된다.

RB O 부정성 '노력 비하자'

로열블루+오렌지 결합의 부정성은 다양한 실패를 경험하지 않고 승승장구한 로열블루와, 어떠한 통제도 경험하지 못한 채 자유분방하게 살아온 오렌지의 조합을 말한다. 이 조합을 가진 내담자들은 두 가지 주요한 문제 상황을 경험한다. 첫 번째는, 운이 더 이상 따르지 않았을 때 오는 충격을 견디지 못하고 어떤 일이든 쉽게 포기해버렸고, 두 번째는, 운이 지속적으로 따를 경우 스스로의 노력으로 삶을 살아가는 타인을 이해하지 못하고 오히려 비아냥거리는 태도를 보였다.

첫 번째 사례의 특징은 노력 없이 운 좋게 만족스러운 삶을 살아왔기 때문에 넘어졌을 때 스스로 일어나는 법을 알지 못했으며 일어나려고 노력하지 않는다는 점이다. 누군가 자신의 손을 잡고 일으켜주면 조금 더 쉽게 일어날 수 있다고 생각하기 때문에, 노력의 가치를 중심에 두지 않는다. 그리고는 '노력해도 결국 넘어지잖아. 인생은 아무리 노력해도 내가 원하는 만큼 되지 않으니까, 차라리 쉽게 성공할 수 있는 기회를 기다리자'라는 왜곡된 신념을 만들어 삶 전반을 운에 의존한 채 살아가게 된다.

두 번째는, 첫 번째 사례에 속한 사람들이 더욱 부정적으로 강화된 상태로, 타인의 노력을 비하하고 함께 끌어내리려는 행위를 보인다. 이들은 노력하거나 성장하고자 하는 모든 상황에 '어차피'라는 단어가 따라다닌다. 예를 들어, 열심히 살아가는 친구나 동료를 향해 "그걸 한다고 해서 크게 성공할 것도 아닌데, 뭘 그렇게 열심히 해"라고 말하며 노력을 깎아내리거나, "어차피 잠깐 한다고 달라질 건 없어"라는 식으로 자신의 무동기를 타인에게 물들이는 언행을 보인다.

로열블루+오렌지의 부정적 행동은 타인의 독려나 강한 비판으로 변화되기 어렵다. 로열블루가 잘못된 철학을 갖기 시작하면 그것이 고집과 아집이 되어 타인의 말에 변화되지 않고 오히려 반감을 품기 때문이다. 따라서 그들의 부정성에 정면으로 맞서기보다 스스로 깨닫고 느낄 수 있는 시간이 올 때까지 묵묵히 곁에서 지지하며 기다려주는 것이 가장 효과적인 접근이다.

RB Y 로열블루+옐로 결합

주 성향 로열블루
보조 성향 옐로

로열블루의 시뮬레이션 능력은 옐로의 호기심으로부터 생성된 수많은 아이디어를 가상으로 실행하는 데 활용된다. 옐로는 로열블루가 제공한 가상 데이터를 수집하면서, 관심 영역을 광범위하게 확장시킨다. 로열블루+옐로는 시간이 흐를수록 방대한 지식 영역 간의 융합이 지속적으로 이루어지며, 자신만의 빅데이터를 구축하고 그 속에서 정보를 자유롭게 꺼내어 활용하는 특징을 지닌다. 이들은 아는 것이 많고, 지식 수집에 대한 경계가 없으며, 문제해결 과정에서 융합된 색다른 아이디어를 실행에 옮김으로써 새로운 분야를 개척하고 선도적인 위치에서 주목받으며 성장해나간다.

RB Y 긍정성 '빛나는 융합 전문가'

로열블루는 늘 정답을 찾고, 옐로는 새로운 아이디어가 떠오르기 때문에, 문제 상황이 발생하면 자신만의 빅데이터 속 다양한 분야를 융합하여, 창의적으로 문제를 해결하는 강점을 지닌다. 이들이 제시하는 해결책은 타인이 한 번도 생각하지 못한 방법으로 낯설고 불가능해 보일 수 있지만, 로열블루의 집요한 문제해결력과 옐로의 융합적 사고를 통해 완벽하게 해결된다.

로열블루+옐로는 끊임없이 미래를 상상하고, 미래를 준비하기 위해 배우며, 죽을 때까지 성장하기 때문에 새롭고 창의적인 업무를 하며 본인의 업적을 남기는 데 깊은 관심을 가진다. 이러한 성향은 학문 간의 경계를 허물고 새로운 분야로 전진하는 데 두려움이 없으며, 나아가 새로운 도전을 하는 이들에게 길을 제시해주는 멋진 인생 멘토로 성장하게 된다.

로열블루+옐로 유형의 인물은 프랑스 건축가 장 누벨(Jean Nouvel)이 있다. 장 누벨은 유형의 건축물과 무형의 빛을 융합하여, 빛으로 공간을 설계하는 '빛의 건축가'이다. 1987년에 건축된 프랑스 파리의 '아랍 세계 연구소(Arab World Institute)'는 장 누벨의 철학이 잘 담긴 대표작이다. 이 건축물은 빛과 기계 시스템이 결합되어, 공간이 시시각각 변화하는 특징을 지닌다. 햇빛이 잘 드는 남쪽 벽에는 아랍 전통 격자무늬 240개가 기계식 전동 조리개의 모습으로 설치되어있다. 이 격자는 카메라의 자동 조리개처럼 건물로 들어오는 햇빛의 양에 반응하여 자동으로 열리고 닫혀, 내부 공간의 온도를 조절하거나 조명 역할을 하여 에너지 소비를 줄일 수 있도록 설계하였다. 장 누벨은 건축물 단순한 미학을 넘어 주변 환경과 건축, 건축과 빛, 빛과 공간의 상호작용을 모두 아우를 수 있는 방식을 모색했다. 이를 완벽하게 성공시키기 위해 다양한 재료와 기술을 융합하여, 그가 상상한 바를 현실로 구현한 혁신적인 건물을 창조해냈다. 이처럼 로열블루+옐로는 학문 간의 경계를 허물고 고차원적인 사고로 문제를 해결하며, 기존에 시도되지 않았던 방식조차 자신만의 시뮬레이션과 데이터로 정답을 상상하고 이를 완벽히 실행해내는 강점을 지닌다.

RB Y 부정성 '지적 나르시스트'

로열블루+옐로의 부정성은 지적 욕망에 따른 '지적 나르시스트'와 '스킵 커뮤니케이션'을 들 수 있다. 이들에게 지적 욕망이란, 서로 다른 영역의 지식을 융합해 자신만의 것으로 만들어 데이터를 구축하고 실현하는 것을 말한다. 여기서 첫 번째 문제가 발생한다. 지적 욕망으로 쌓인 수많은 지식은 '나는 옳고 너는 틀렸어'라고 굳건히 믿게 하는 원동력이 된다. 이들은 어릴 적부터 타인의 생각과 자신의 생각을 조율하며 협력한 경험보다는, 타인을 설득해 유리한 결과를 얻었거나, 자신이 틀린 말이나 행동을 해도 부모나 또래가 반복적으로 수용해준 경험에서 비롯된 잘못된 믿음이다. 즉, 자기 지식에 대한 실패 경험 없이 성장할 경우, 지적 오만함과 함께 지적 나르시스트가 된다.

두 번째 '스킵 커뮤니케이션'은 대화의 중간 과정을 생략하고 말하는 것을 말한다. 로열블루+옐로는 자신만의 빅데이터 세계 속에서 살기 때문에, 협업이 필요한 상황에서는 자신의 생각을 이해하기 쉽게 설명해야 한다. 하지만 상대방도 자신만큼 알 것이라 지레짐작하며 중요한 내용을 스킵하여 말하는 것이다. 그리고 상대가 이를 이해하지 못하면, '말귀를 못 알아듣는다'며 비난한다. 예를 들어, 부하직원에게 업무를 지시할 때, 구체적인 설명 없이 중요 정보를 스킵하여 전달하고, 이후 문제가 발생하면 "왜 이걸 이렇게 이해했지?"라고 말하며 부하직원의 지적 능력을 깎아내리고 자존감을 갉아 먹는다. 이러한 스킵 커뮤니케이션은 가까운 사이일수록, 혹은 자신보다 지위가 낮다고 인식될수록 더욱 빈번히 나타나 관계의 문제를 초래한다.

RB G 로열블루+그린 결합

주 성향 로열블루
보조 성향 그린

로열블루+그린 결합은 캐릭터가 보여주는 상반된 표정만으로도 그 특성이 설명된다. 겉으로는 카리스마 있고 말투는 차갑지만, 속으로는 누구보다 따듯하고 타인을 배려하는 특징을 지닌다. 이들은 무표정한 얼굴로 날카로운 말을 하면서도 행동은 약자를 돕고 있거나, 강자에게는 누구보다 단호하고 강하게 대응하지만, 약자에겐 한없이 부드럽고 친절한 태도를 보인다.

로열블루가 숨기고 있는 그린의 성향은 가장 가까운 사람 앞에서만 나타난다. 부모 앞에서는 여전히 철들지 않는 자녀의 모습처럼 칭얼거리거나 떼를 쓰기도 하고, 부부와 연인 사이에서는 애교 있고 장난기 많은 사람이 되기도 한다. 이처럼 로열블루+그린 결합의 특성은, 가족처럼 깊고 가까운 관계 아닌 이상 그 사람의 진짜 모습을 온전히 볼 수도, 알 수도 없다.

RB G 긍정성 '따듯한 카리스마'

로열블루+그린의 긍정성은 두려움 없이 약자를 돕거나, 그 편에 서서 실질적인 도움을 준다는 데 있다. '두려움 없이 약자를 돕는다'는 것은, 상대가 어떤 모습을 하고 있든 상관없이 약자의 위치에 있다고 판단되면, 망설임 없이 다가가 도움을 주는 태도를 의미한다. 예를 들어, 한 사람이 공공장소에서 분노를 주체하지 못해 주변 사람들을 위협하고 있었고, 아무도 그를 말리지 못했다. 로열블루+그린은 그 사람이 약자의 위치에서 억울함과 서글픔으로 인해 그런 행동을 하고 있다고 느낀다면, 말없이 다가가 안아주고 마음을 진정시켜주는 선택을 한다. 남들이 위험하니 다가가지 말라고 해도, 본인의 판단을 믿고 행동에 옮긴다. 로열블루+그린은 사람을 겉모습과 사회의 평판으로 판단하려 하지 않고, 내면의 진심을 바라보며 관계를 맺고 도움을 주려는 점에서 '따사로운 카리스마'를 지닌 유형이라 할 수 있다.

로열블루+그린을 대표하는 인물로는 영국의 가장 유명한 해군 사령관으로 알려진 호레이쇼 넬슨(Horatio Nelson) 제독이 있다. 넬슨은 당시 무섭고 차가운 제독이라는 이미지와 상위 계급에게 복종하는 사회적 분위기와는 달리, 따듯한 카리스마 리더십을 발휘한 인물로 전해진다.

넬슨은 부하들의 이름, 나이, 삶의 전반적인 특징과 문제점 등 세부사항을 세심하게 기억하고, 전투에 나서기에 앞서 배 안을 거닐며 선원 한 명 한 명에게 일상적 질문과 위로, 격려의 말을 아끼지 않았다. 또한, 넬슨의 전투 계획은 승리에 앞서 도전적이고 위험한 전술보다, 부하직원들의 사상을 최소화하는 방향으로 전략을 세웠으며, 전투 이후 부상자를 치료하고 보호하는 과제를 최우선으로 삼았다. 마지막으로 그는 당시 통용되던 서열 중심의 승진 관행을 폐지하고, 각자의 공로에 기반한 승진제도를 도입함으로써 부하들에게 지속적인 동기 부여와 성장의 기회를 제공했다. 이를 통해 부하들의 사기와 충성심은 자연스럽게 높아졌으며, 서로 간의 믿음을 굳건히 다졌다. 이러한 리더십은 서로가 Win–Win 할 수 있는, 로열블루+그린만의 따듯한 카리스마로 해석할 수 있다.

RB G 부정성 '가족이라는 그림자'

로열블루+그린의 부정성에는 '가족에 대한 화'를 들 수 있다. 로열블루+그린에게 마음 깊은 상처가 존재한다면, 그것은 대부분 가족에게서 비롯된 경우가 많다. 로열블루는 사람들에게 별다른 관심을 두지 않기 때문에, 어떤 말이나 행동에 공격을 받아도 '그래, 너는 그렇게 해. 그건 네 생각이고'라며 상처를 잘 받지 않는 편이다. 하지만 그린이 상처를 입었을 경우는 다르다. 그린은 가족을 설명하는 색으로 가족이 화목할 때 가장 큰 행복과 위로를 느끼는 동시에, 가족으로부터 가장 깊은 상처를 받는다. 만약 로열블루+그린이 유년 시절 가족에게 사랑을 느끼지 못한 것을 넘어, 생명의 위협을 받았다거나, 마음의 안정성을 빼앗기거나, 부모 자녀의 관계라고 설명할 수 없을 만한 사건들을 겪으며 성장했다면 성인이 되어 부정적인 나로 살아가게 된다.

로열블루+그린은 평소 가족 앞에서 마치 상처 없는 사람처럼 아무렇지 않은 듯 행동한다. 그러다 사소한 가족의 말 한마디에 과도하게 분노하거나, 부모나 형제의 인격을 무시하는 발언들을 쉴 새 없이 쏟아내 버린다. 가족 입장에서는 갑작스럽게 돌변하는 로열블루+그린의 반응이 당혹스럽고 별나다고 생각할 수 있으며, 그런 반응은 다시 로열블루+그린에게 또 다른 서운함으로 되돌아온다. 이러한 상황은, 겉으로 당차고 담담해 보이지만 마음속 그린이 가족에게 받은 상처를 여전히 품고 있으며, 그 상처 위에 애써 눈물을 참고 있는 경우가 많아 벌어지는 일이다.

로열블루+그린 결합의 사람이 가족에게서 직접적인 치유를 얻기 위해서는, 그린+로열블루 결합보다 더 많은 시간과 노력이 필요하다. 로열블루가 부정적으로 변화될 경우, 잘못된 철학과 왜곡된 예측이 곧 자기 신념으로 굳어지기 쉬운데, 만약 '우리 가족은 절대 변하지 않아'라는 문구가 가슴 깊이 각인되어 있다면 변화하는 데 큰 걸림돌이 되기 때문이다.

RB B 로열블루+블루 결합

로열블루와 블루의 결합은 최고의 전문성과 이를 뒷받침하는 강한 고집을 지닌다. 이들이 선택한 직업이 무엇이든 최고의 전문가로 성장

주 성향 로열블루
보조 성향 블루

하게 된다. 예를 들어 바리스타 직업에 몰입하게 되면, 전 세계 바리스타 관련 영상과 자료를 찾아 꾸준히 지식을 축적하며 전문 교육을 이수해 바리스타가 된다. 이후에는 자신만의 최상의 맛과 향을 지닌 레시피를 개발하는데, 시간과 품이 많이 들고 수익 면에서 큰 이득이 없다고 할지라도 '최고'라는 확신이 든다면 판매를 강행하는 뚝심을 보인다. 대중성보다 전문성을 더욱 높게 평가하는 것이다. 이처럼 로열블루+블루는 사업, 발명, 개발, 연구 등 분야 상관없이 본인만의 고집으로 업계의 장인 또는 고수의 길을 걷는다.

RB B 긍정성 '예외 없이 완벽한 결과물의 탄생'

로열블루+블루는 일을 시작하게 되면 극도의 몰입에 빠져 예민성이 극에 달한다. 아무리 큰 스케일의 작업이라도 상상하고 예측한 그대로 구현해내는 능력이 훌륭한 로열블루와, 아주 작고 사소한 것까지 디테일의 극한을 보여주는 블루의 결합이다. 그렇다면 어떤 작업물이 탄생할까?

위대한 조각상이나 건축물을 멀리서 바라봤을 때 가늠할 수 없을 만큼의 큰 스케일에 먼저 압도당하고, 가까이 다가가면 아주 작은 부분까지 치밀하게 설계된 모습에 전율하게 된다. 그림의 경우 마치 눈앞에 살아있는 듯한 인물의 얼굴 솜털이나 눈동자에 반사된 풍경까지 정교하게 묘사된 작품들이 바로 로열블루+블루의 작업 방식이다. 이처럼 방대한 작업량을 처리하면서도 작은 것 하나 놓치지 않는 결과물에는 장인 정신이 깃들어 있다.

로열블루+블루에 해당하는 인물은 삼국지에 제갈량(諸葛亮)으로 그의 유형한 일화 중 공명첩(空城計)을 소개한다. 제갈량의 병력이 턱없이 부족했을 때 사마의(司馬懿)가 큰 군대를 이끌고 다가와 위험에 처한 것을 알게 되었다. 제갈량은 군사의 충돌로 이길 수 없다는 판단이 들자 모든 성문을 열고 부하들에게 숨으라고 지시하였으며 성벽 꼭대기에 올라 태연히 거문고를 연주했다. 도시에 접근한 사마의는 열린 성문과 평온해 보이는 제갈량을 보고 함정이라 의심하고 군대를 철수하기로 한다. 이 일화는 제갈량이 적의 마음을 꿰뚫고 시각과 청각을 이용하여 자신이 원하는 상황으로 이끄는 모습으로, 심리적 전략과 세밀한 통찰력을 보여준다. 마치 신이 예측하고 설계한 것처럼 그 누구보다 완벽하게 준비하고 실행을 이끌어 원하는 방향으로 성공을 이뤄내는 것이 로열블루+블루의 강점이다.

RB B 부정성 '만약이라는 높은 벽'

로열블루+블루는 일을 시작하기 전 준비과정에서, 블루+로열블루 유형보다 훨씬 더 많은 시간과 정성을 쏟는다. 이들은 중간에 계획이 틀어지면 그동안 공들였던 많은 요소를 수정해야 하므로 큰 스트레스를 받게 된다. 이를 방지하기 위해 틀어질 수 있는 계획까지 사전에 예측하고 준비하는 모습을 보인다. '만약에 이러면 어떡하지?' '만약에 저러면 어떡하지?'라며 아직 벌어지지 않을 모든 가능성의 문제를 세세히 적고 방안을 찾는 데 많은 시간을 쏟아붓는다. 이것이 로열블루+블루가 가장 조심해야 하는 '만약에 저주'이다. 만약에 저주에 빠지게 되면 시간 대비 많은 것이 완성되지 않은 채 결과물은 계속해서 늦어지게 된다. 일을 맡긴 사람들은 늘어지는 진행 속도와 결과물의 지연을 두고 능력 부족으로 해석하여 냉혹한 사회적 평가를 내린다.

로열블루+블루의 부정성을 가지고 있는 사람들은 '퀄리티 과잉' 문제가 빈번히 일어난다. 자신만의 기준에서 일을 시작하기보다, 일을 의뢰한 사람들의 기대 수준이나 수용 가능한 퀄리티의 기준을 명확히 파악한 후 일을 시작할 필요가 있다. 아울러, 습관적으로 상대방이 원하는 수준보다 더 높은 퀄리티로 실행하고 있지는 않은지 과정 중에 잠시 멈추어 살펴보아야 한다.

RB P 로열블루+핑크 결합

주 성향 로열블루
보조 성향 핑크

로열블루는 미래를 바라보고 핑크는 트렌드에 민감하다. 두 색의 조합은 사회가 제시한 트렌드를 따르기보다는 자신만의 미적 감각을 지니고 있다. 또한 자신의 매력이 무엇인지 알고 그 매력이 돋보일 수 있도록 자기 관리를 잘하는 편이다. 연예인이라면 패션 트렌드를 선도하는 사람이 되고, 일반적으로는 남들보다 앞서 패션 트렌드를 제안하거나, 미래지향적인 디자인 또는 기획 업무를 할 때 일과 삶에 대한 만족도가 높다.

로열블루는 타인에게 관심이 없고, 핑크는 자신과 타인에게 모두 관심이 높다. 로열블루는 일을 가장 사랑하는 반면, 핑크는 연인을 삶의 중심에 두는 특징이 있다. 이로 인해 로열블루+핑크 조합은 일의 영역에서는 뛰어난 전문성을 발휘하지만, 사랑의 영역에서는 서툴러 생각과 말이 엇갈리거나 반대로 표현되는 등, 일과 사랑의 관계에서 내적 모순을 경험하기도 한다.

RB P 긍정성 '최선을 다한다. 일과 사랑 모두'

로열블루+핑크는 미래를 바라보는 예측력과 직업의 전문성을 갖추는 동시에, 타인의 마음을 바라보는 공감 능력과 자신을 끊임없이 관리하는 육각형 인간상을 이룬다. 이들은 인생을 바라보는 가치관이나 생활 태도 또한 건강하여, 타인에게 모범이 되거나 뮤즈로서 영감을 주는 경우가 많다.

로열블루+핑크가 사랑할 때는 평소 차갑게 대한 것에 반성이라도 하는 듯, 사랑이 넘치는 말과 행동으로 상대방의 기분을 맞추고, 원하는 것을 들어주는 패턴을 보인다. 로열블루+핑크 특성을 잘 보여주는 인물로는 영화 〈악마는 프라다를 입는다〉의 패션 잡지 편집장 '미란다 프리슬리(Miranda Priestly)'를 들 수 있다.

패션 잡지 편집장 미란다는 패션계에서 가장 뛰어난 트렌드 세터이자 전 세계 패션 산업을 이끄는 영향력 높은 인물로 소개된다. 그녀는 업계의 최고의 권위자로서 카리스마와 아우라를 지니고 있으며, 그녀의 존재만으로 회사 직원과 패션업계는 두려움과 경외감을 동시에 불러일으킨다. 이러한 그녀가 자신의 비서를 선발하는 장면이 연출된다. 사람들의 예상과는 다르게 패션과 트렌드에 대한 이해가 부족한 앤디를 채용함으로써, 로열블루가 선호하는 인재상이 모두 드러난다. 그것은 '꾸밈없이 솔직할 것, 자기 자신에 대해 무엇이 부족한지 명확하게 인지할 것, 비서직이라는 직무에서 가장 필요한 능력이 무엇인지 알고 있을 것'이다. 미란다는 내일 당장 출근해야 하는 현실적인 상황 속에서, 패션 감각보다 빠르게 일을 습득하고 실수 없이 유능하게 일을 처리할 수 있는 인재가 필요하다는 것을 알고 있는 사람이다. 그래서 미란다는 겉모습만 보고 패션 회사를 동경해서 지원서를 넣은 사람이 아닌, 비서직을 실질적으로 훌륭하게 수행할 수 있을 것으로 예측되는 앤디의 가능성을 간파하고 채용시킨 것으로 볼 수 있다.

또한, 미란다는 자녀와의 약속을 지키고 자녀가 원하는 것을 모두 채워주기 위해 최선을 다하는 모습으로 그려진다. 파리 패션위크를 준비하던 중 태풍으로 인해 뉴욕행 비행편이 모두 결항되자 앤디에게 전화를 걸어 태풍을 뚫고서라도 아이에게 가겠다는 무모한 요청을 청한다. 영화 전반적으로 미란다의 핑크는 힘들고 고달픈 상황 속에서도 자기 자신을 격려하고 사랑하는 내면의 모습과 아이들을 위해 필요한 것을 찾아 무한으로 채워주려는 엄마의 자아로 사용된다.

로열블루+핑크의 긍정성을 일과 나, 부모와 아이로 풀어냈지만, 이를 연애 관계에 그대로 대입해도 무리가 없다. 로열블루+핑크가 당신을 사랑하고 있다면, 일도 사랑도 어느 하나 놓치지 않으며, 늘 최선을 다해 당신에게 최고의 것을 선물해 줄 것이다.

RB P 부정성 '나를 위해 너를 공격해'

로열블루+핑크의 부정성은 자신의 진실한 감정을 숨긴 채 타인을 공격하는 것에 있다. 이들은 사랑하는 관계에서 화가 났을 때, 핑크를 억누르고 로열블루만 사용하여 상대방을 냉정하고 잔인하게 비난하는 경향을 보인다. 이로 인해 로열블루+핑크는 하루에도 몇 번씩 감정이 카멜레온처럼 변화하거나 요동치며, 자신이 사랑했던 상대방에게 잊지 못할 감정적 상처를 남기는 경우가 많다.

로열블루+핑크의 결합에서 핑크는 타인에게 상처받고 싶지 않다는 강한 방어 심리를 지니고 있다. 로열블루는 그 감정을 보호하기 위한 선택으로 타인을 더욱더 냉정하게 몰아세우고 공격하는 태도를 취한다. 상처받은 마음을 숨기고 아무렇지 않은 척할수록, 내면에서는 상처에 대한 보상을 받기 위해 더 날카롭고 차가운 태도로 상대를 위축시키고 눈치를 보게 만든다. 문제는 자신을 두려워하는 사람들의 반응을 보며, 그것을 권위와 능력을 갖춘 자가 누릴 수 있는 혜택이라고 착각하게 되고, 그런 자신의 모습을 더욱 사랑하게 되는 악순환에 빠진다는 점이다.

로열블루+핑크는 자신이 느끼는 감정에 대해 솔직해질 필요가 있다. 상처받을 수 있는 상황에 놓였을 때, 자신을 지키기 위해 타인을 공격해도 된다고 타당화해서는 안 된다. 또한, 쏟아부은 말들이 자신의 진심이 아니라는 사실을 인지해야 하며, 진심을 왜곡하는 습관에서도 벗어나야 한다. 로열블루+핑크에게 해주고 싶은 말은, 상처받은 감정을 솔직하게 말한다고 해서, 당신이 나약해 보이는 것은 아니다. 당신은 이미 단단한 사람이며 어떤 일이든 진심으로 최선을 다하기에, 그 누구도 당신을 나약한 존재로 보지 않는다. 따라서 왜곡된 말들로 상대에게 상처를 주며 자신을 지켰다고 여기기보다, 상처받은 감정을 있는 그대로 표현하고, 그 감정을 통해 타인에게 위로받을 수 있는 용기가 진정 자신을 보호하는 삶이라는 사실을 기억하길 바란다.

RB M 로열블루+마젠타 결합

주 성향 로열블루
보조 성향 마젠타

감정과 편견을 배제한 채 인간을 있는 그대로 바라보는 로열블루와, 비판적 사고력과 깊은 인간애를 지닌 마젠타의 결합은, 부조리한 것에 투항하고 약자의 권리를 회복시키며 인간이 인간답게 살아가는 방법을 알려주는 사람이다. 예를 들어, 스스로를 약자라고 여기는 사람을 만났을 때, 그 인식의 프레임을 직접 벗겨주는 역할을 하며, 본질적인 질문과 경험에서 나온 답변을 통해 어떻게 인생을 건강하게 살아갈 수 있는지 조언하며 멘탈을 돌보는 면모를 보여준다.

로열블루+마젠타는 눈앞에 누가 있든 상관없이, 자신이 하고 싶은 말과 의견을 당당하게 표현하는 데 주저함이 없다. 이들과의 대화는 철학적이고 성숙하며, 명확하고 시원한 답변에 감탄하게 되고, 성공한 인물들조차 그들을 멘토로 곁에 두고 싶어 한다. 그러나, 로열블루+마젠타의 선택을 받기 위해서는, 반드시 진실한 마음으로 대화할 수 있는 상태여야 한다. 모든 질문에 솔직하고, 순수하며 착하지만, 한편으로는 안쓰럽고 도와주고 싶은 마음이 우러나와야 멘토 역할을 자처하는데, 그 선택을 받기란 하늘의 별 따기만큼 어렵다.

RB M 긍정성 '편견 없이 당신을 존중해'

로열블루와+마젠타의 결합은 마치 성인군자 같은 모습을 떠올리게 한다. 이들은 무엇이 가장 중요한지 직감적으로 파악하고, 그것을 현실로 끌어와 문제를 드러낸 뒤 해결방안을 제시하며, 이를 타인과 공유하는 역할을 한다. 자신이 올바르게 깨달은 것을 전파함으로써, 세상과 사회가, 그리고 우리가 더 나은 삶을 살아갈 수 있도록 깊은 통찰과 깨우침을 전하는 사람이다.

이 유형에서 로열블루는 내면에 자신만의 철학서를 집필하듯 살아가며, 그 철학에 따라 일관된 삶을 살아간다. 여기에 비판적 사고 능력이 높은 마젠타와 결합되면, 그 철학서적의 제목은 '직접 가서 확인해보니, 예측한 그대로 별로였다'로 작성된다. 마젠타의 비판적 사고는 주로 사회문제나 인간의 인격적 결함을 꼬집는 경우가 많다. 그 철학책에는 권력이나 돈으로 사람들을 조종하거나, 약자를 물건처럼 대하고 인간을 계급화하여 포식자의 위치에서 타인을 하대하는 이들에 대한 비판으로 가득 채워져 있을 것이다.

로열블루+마젠타는 본질적 질문을 통해 자기 자신을 깊이 탐구하고, 그로부터 얻은 지혜를 타인에게 전하며 삶의 방향성을 제시하고자 한다. 이러한 특성을 잘 보여주는 인물은 고대 그리스 철학자 소크라테스(Socrates)이다.

소크라테스는 인간을 내면의 눈으로 봐야 한다고 생각했다. 권력, 권위, 돈, 아름다운 외적 모습보다 이성적, 비판적, 성찰하는 자세가 중요하다고 여겼다. 이러한 신념은 “나는 내가 아무것도 모른다는 것을 안다” “너 자신을 알라” “검토되지 않은 삶은 살 가치가 없다”와 같은 명언을 통해 드러나며, 소크라테스가 깊은 자기 탐구와 경험을 통한 깨달음을 중시했던 인물임을 보여준다.

소크라테스는 모든 사람을 계급이 아닌, 동등한 인격체로 바라보았다. 나이나 권력에 상관없이 멘토가 멘티에게 깨달음을 주듯, 멘티 역시 멘토에게 배움을 줄 수 있는 존재라고 생각했다. 그는 사회적 지위에 상관없이 거리에서 누구와도 토론을 즐겼는데, 그중 겸손한 제화공과 삶에 관한 이야기를 나누는 것을 즐겼다. 그는 부유하고 권력있는 사람들을 대하듯, 제화공에게도 존경심을 담아 편견 없이 이야기를 나눴다고 한다.

우리는 여전히 부와 명예, 권력, 외적인 조건에 따라 사람을 계급으로 나누고, 그에 맞춰 태도를 달리하는 모습을 쉽게 마주한다. 과거의 계급사회가 현재에 사라졌다고 보기 어려울 정도로 갑의 위치에서 을을 억압하는 ‘갑질 논란’은 끊이지 않으며, 오히려 이를 묵인하거나 수용하는 사회 분위기마저 형성되고 있다. 더욱이 유치원 아이들 사이에서도 부모님이 자가인지 전세인지 묻고, 무슨 차를 타는지, 직업이 무엇인지 확인하며, 그에 따라 아이들의 태도가 달라진다는 이야기를 들을 때면, 과거의 계급 구조가 여전히 우리 일상 속에 뿌리내리고 있음을 부정할 수 없어 씁쓸하다. 이러한 시대일수록, 강자와 약자를 구분하지 않고 편견 없이 한 사람의 인격체로 마음을 다해 대하는 로열블루+마젠타의 철학이 사회 전반에 부흥되기를 진심으로 바란다.

RB M 부정성 '진리는 오직 나에게 있어'

로열블루는 관심의 초점이 '나'에게 있고, 마젠타의 관심 방향은 '타인'에게 있다. 두 결합의 경우 '나로부터 시작된 철학적 옳음이, 타인을 돕기 위해 사용되는 것'에 관심을 가진다. 로열블루+마젠타의 부정성은, 자신의 진리를 타인을 돕는 데 사용하는 것에 있다. 타인을 돕는데 왜 부정적이라고 하는 것일까? 자신이 생각한 진리가 절대적 진리가 아님에도 불구하고 그것을 타인에게 강요하거나 일반적으로 적용하려 할 때 문제가 발생하기 때문이다.

이들은 타인과 대화할 때 '모두 너를 위한 것'이라는 말을 넣어 반론의 여지를 차단한다. 이들이 추구하는 대화는 본질적인 질문을 던지고, 진리를 탐구해 얻은 깨달음을 전제로 한다. 그렇기에 타인이 가지고 있는 신념을 쉽게 무너트릴 수 있고 그 자리에 자신이 도달한 진리를 심어 '나를 따르도록' 유도하는 흐름이 형성된다.

이들은 사람의 마음과 심리를 꿰뚫어 보는 능력이 탁월해, 상대에게 지금 가장 필요한 것이 무엇인지 직관적으로 파악할 수 있다. 특히, 약점을 발견했을 때에는 그 마음을 조종하는 데 어려움이 없다. 로열블루+마젠타는 그 약점이 치유될 수 있도록 멘탈을 관리하며, 상대가 자신에게 감사함을 느끼도록 관계를 이끌어 간다. 이 글을 읽으며 무엇이 떠올랐는가? 아마도 종교적 신념으로 많은 사람들을 죽음으로 이끈 오대양, 영생교 사건과 같은 비극적 사례가 떠올랐을 것이다.

능력은 그것을 어떻게 사용하는지에 따라 긍정적인 도구가 될 수 있고, 반대로 파괴적인 무기가 될 수 있다. 사람의 마음을 꿰뚫어 보고 조종하는 것에 탁월한 능력이 있는 로열블루+마젠타가 능력을 부정적으로 사용할 경우, 주변 사람을 자신의 이익을 위한 수단으로 삼게 된다. 반면, 긍정적으로 사용한다면, 무기력하고 우울한 사람의 마음을 꿰뚫어 보고 '이렇게 말하면 삶의 동기를 얻을 수 있겠지, 마음의 불안을 덜어줘야지'라고 생각하며 삶의 활력을 되찾도록 이끌어주는 인생 멘토가 된다. 두 능력은 다르지 않다. 단지 방향이 다를 뿐이다. 본인의 능력이 누군가의 삶을 살릴 수도, 무너트릴 수도 있다면 살리는 곳에 사용되길 바란다.

주 성향 로열블루
보조 성향 바이올렛

RB V 로열블루+바이올렛 결합

그 누구도 해결하지 못한 문제에 강한 관심을 보이며, 핵심을 찌르는 질문을 통해 본질적인 답을 찾아가는 로열블루와, 보이지 않는 대상에 매력을 느끼고, 그 대상과 정신적 교감을 통해 자신을 특별한 존재로 인식하는 바이올렛의 결합은 다음과 같은 특징을 지닌다. 문제의 본질을 정확하게 꿰뚫는 로열블루의 통찰력과, 세상에 존재하지 않는 새로운 아이디어를 창조해내는 바이올렛의 상상력이 만나, 세상을 변화시키는 강력한 파급력을 만들어낸다는 강점이 있다. 이 조합은 세상의 문제를 해결할 특별한 아이디어를 완벽하게 구상하고 실행 가능한 단계까지 시뮬레이션이 도달했을 때 비로소 행동으로 옮기며, 행동을 시작한 이후에는 몰입을 넘어 집착에 가까운 집중력을 발휘한다.

RB V 긍정성 '당신에게 날리는 날카로운 메시지'

로열블루+바이올렛은 철학과 예술성의 만남이다. 이들은 자신의 철학적 관점에서 옳고 그름을 명확히 구분하고, 그중 옳다고 판단되는 방향으로 세상을 변화시키는 일에 높은 가치를 둔다. 또한, 예술을 도구로 활용하여 부정적 상황을 올바른 결과로 이끌어내기 위해 날카로운 메시지를 담아 표현한다.

로열블루+바이올렛의 강점은 세상의 복잡하고 민감한 문제들을 직관적이고 간결한 방식으로 쉽게 전달하는 데 있으며, 타인 스스로 자발적인 변화가 이루어질 수 있도록 사람과 사회를 움직이는 힘을 지닌다. 이들은 '내가 아무리 좋은 방법을 알려준다고 할지라도 그들은 변화하지 않아. 오히려 머리와 가슴을 동시에 찌르는 충격적인 메시지를 전달해야 비로소 스스로 움직일 수 있어'라고 생각한다. 즉, 이는 물리적인 힘이 아닌 메시지의 힘으로 타인을 움직이는 데 능력을 사용한다. 이러한 특정을 잘 보여주는 인물 혹은 집단은 사회적 · 정치적 문제를 그림으로 풍자로 날카롭게 비판하며 세상의 본질을 드러내는 뱅크시(Banksy)가 있다.

뱅크시는 예명으로 한 명의 인물인지 또는 여러 명으로 구성된 단체인지, 나이와 성별 등 어떤 정보도 공개되지 않은 정체불명의 거리 예술가이다. 뱅크시의 작품은 기존 유명 예술 작품과는 다른 길을 걷는다. 그의 작품을 두고 빛의 설정과 구조, 디테일, 아름다움 등의 대한 평가가 중심이 되지 않으며, 작가의 배경이나 특징이 작품 해석에 영향을 미치지 않는다. 또한, 작품을 보호하기 위한 유리 케이스나, 관람자와의 거리를 설정하지 않음으로써 예술의 자유로움과 열린 해석의 가능성을 부여했다. 이러한 점에서 뱅크시는 바이올렛의 예술성보다는, 로열블루의 철학이 담긴 날카로운 메시지, 변화를 위한 가치 판단을 더욱 우선하는 인물로 볼 수 있다. 길거리 예술이라는 형식을 통해 그는 정치, 사회, 자본주의를 비판하고, 동시에 예술의 고귀함이라는 기존 패러다임을 비판한다. 이를 통해 그는 대중과 관람자에게 '무엇이 예술이고 옳은 가치인가?'라는 근본적인 질문을 던지며 새로운 세상으로 이끈다. 이처럼 로열블루+바이올렛은 개인의 내면과 세계의 시스템을 넘나들며, 부정적인 상태를 긍정적인 변화로 이끌어 간다는 점에서 높은 장점을 지닌 조합이다.

RB V 부정성 '세상을 바꾸기 위한 당신의 희생'

로열블루는 자기만의 철학적 관점을 통해 부정적 문제를 해결하려 한다. 그러나 여기서 위험한 점은 그 철학적 관점이 잘못된 방향으로 설정되었을 때 나타난다. 만약 철학적 관점과 가치관이 타인의 희생쯤은 감수할 수 있는 일로 판단되면, 나를 방해하는 모든 대상에 대해 부정적인 감정을 품게 되며, 날카로운 언어는 긍정적 변화를 위한 조언이 아니라 상대를 인격적으로 해치기 위한 무기로 변질될 수 있다. 또한, 바이올렛은 보이지 않는 것에 아름다운 가치를 부여하지만, 그것을 직접 소유하거나 결과물을 확인하고 싶을 때, 무한한 시간과 고통이 따를지라도 몰입과 집착을 통해 끝내 그것을 손에 쥐려는 성향을 보인다. 이는 긍정적으로 작용할 경우, 세상에 없는 것을 창조해내는 천재의 성공으로 볼 수 있지만, 부정적으로 사용하면 아집과 고집으로 타인의 희생까지 강요하여 자신의 욕망을 채우고 싶은 사람이 될 수 있다. 따라서 두 결합은 왜곡된 철학을 가지고 있음에도 불구하고, 추구하는 목표 또는 결과가 아름답다고 착각하며, 절대적 가치로 신념화하여 타인에게 강요하는 문제적 행동으로 이어진다. 이들이 권력을 쥐게 될 경우 철저한 시뮬레이션과 정교한 설계를 통해 자신이 원하는 목표를 성취하고자 하는데, 그 생각과 방식이 보편적이지 않아 일반적으로 이해하는 데 어려움이 있다. 더불어, 그들의 방식에 명백한 문제가 있더라도, 자신의 철학과 가치관이 올바르고 그 마음이 진심이라고 확신하기 때문에, 자신의 오류를 인식하지 못하는 경우가 많다. 이러한 모습을 극명하게 보여주는 캐릭터는 〈마블 코믹스〉의 '타노스(Thanos)'이다.

타노스는 우주의 균형과 질서를 위해 반드시 행동해야 하는 필연적 존재라 인식했다. 그는 생명체들이 자원을 압도하게 될 경우 세상이 멸망에 이를 것이라는 사실을 깨닫고, 자연적 균형을 이루기 위해 생명체 절반을 없애야 한다는, 보편적이지 않은 철학적 가치를 확립하게 된다. 타노스는 자신이 살고 있는 행성의 원로들에게 생명체의 절반을 제거해야 한다는 제안을 하지만 이는 묵살되고 만다. 결국 자원의 부족으로 전쟁이 일어나고 행성은 멸망에 이르게 된다. 이 과정을 통해 타노스는 자신의 예측이 옳았음을 직접 확인하게 되며, 그 결과 우주 균형과 질서가 아름답게 유지되기 위해서는 생명의 반이 사라져야 한다는 신념을 더욱 굳건히 다진다. 그는 자신이 이 일을 수행할 수 있는 유일한 존재, 특별하고 필연적인 존재로 여기며, 목표를 실행하기 위해 생명의 죽음조차 정당하다고 믿게 된다.

로열블루+바이올렛은 자신의 생각이 고착되기 전에, 다양한 사람들을 만나 이야기를 나누는 습관을 지녀야 한다. 즉, 어릴 때부터 하나의 문제나 상황에도 여러 해석과 입장이 존재할 수 있음을 알려주고, 토론을 통해 더 나은 해결방안을 도출할 수 있다는 경험을 반복적으로 쌓아주는 것이 중요하다. 성인이 된 이후에는, 자신의 가치관과 반대되는 사람을 적대하거나 회피하기보다는, 오히려 밀접한 관계를 맺고 그들의 생각을 듣고 이해해보는 시간을 가지는 것이 필요하다. 또한, 자신의 생각을 실제로 행동에 옮기기 전, 본인의 철학과 신념에 대해 스스로 반론해보는 시간을 갖는 것이 필요하며, 그 선택 과정에서 혹시 타인의 피해와 희생을 불가피하다는 단어로 포장하고 있지 않은지, 정당화하고 있지 않은지 깊이 성찰해보아야 한다.

Royal blue's core message

'포기하지 않고 앞으로 나아간다면'

아르는 아무리 오랜 시간이 걸려도 본질의 해답을 찾기 위한 여정을 결코 멈추지 않는다. 자신이 옳다고 믿는 길 앞에서는, 사회의 시선과 타인의 평가에도 쉽게 흔들리지 않기 때문이다. 그 길은 때때로 외롭고 고된 시간이 될 수 있지만, '포기하지 않고 앞으로 나아간다면' 세상을 움직일 만큼 깊고 강한 힘을 지닌 해답을 반드시 찾게 될 것이다. 아르의 뛰어난 직감과 집요함, 간절한 몰입을 믿으며 당신이 원하는 세상이 오는 그날까지.

MAGENTA

봉사

연민

동정심

보호 본능

협력

부모애

지원

헌신

저항

간섭

지배욕

비판

편협한

불만

참견

잔소리

MAGENTA

마젠타는 폭풍 속에서도 한 줄기 빛으로 다가오는
따뜻한 햇볕 같은 존재이다.

특허받은 아닐린 염료에서 가져온 색 마젠타는 1859년 프랑스의 화학자 프랑수아-에마뉘엘 베르갱(François-Emmanuel Verguin)에 의해 제조되었다. 원래는 푹신(fuchsine)이란 이름으로 불렸으며 직물, 염료, 인쇄 잉크 분야에서 인기 있는 색이었다. 1859년 이탈리아 북부 롬바르디아 지방에 위치한 도시 마젠타에서 사르데냐 왕국군과 오스트리아 군대 사이에 이탈리아 통일전쟁이 일어난 후에 보랏빛을 내는 핑크빛 염료가 개발되었는데, 이탈리아가 승리한 마젠타 전투를 기념하기 위해 염료에 '마젠타'라는 이름을 붙이게 되었다. 마젠타는 핑크빛 또는 보랏빛을 띤 빨강 등으로 불리며 핑크와 비슷해 보이지만, 붉은 보라색으로 핑크보다 힘이 강한 이미지를 갖는다.

마젠타 컬러는 색상 심리에서 중요한 역할을 하는 색으로, 다양한 감정과 의미를 담고 있다. 독특하고 개성 있게 자신을 표현하는 데 사용되는 마젠타는 정신적 성장과 자기 발견을 상징하는 긍정적인 에너지를 전달하는 색으로, 주로 디자인, 패션, 마케팅 등에서 시각적 주목성과 감정을 자극하는 데 사용된다. 마젠타는 붉은색의 강렬한 톤과 바이올렛의 신비로운 요소를 결합해 심리학적 해석으로도 두 색의 특징이 모두 결합되어 있다. 마젠타는 레드와 같이 열정적인 감정을 상징하며 사랑, 욕망, 감동, 강렬하고 자신감 넘치는 성격 등을 표현한다. 또한, 바이올렛처럼 주체적이고 독립적이며 개성적인 자아 표현을 강조하기도 한다.

2000년부터 매년 12월이 되면 미국 색채 전문 기업 팬톤(PANTONE) 연구소 전문가들은 전 세계 다양한 분야의 문화적 현상을 조사하여 시대정신을 상징하는 색을 선정한다. 2023년은 팬데믹 장기화와 경제 침체 속 불안한 시대 상황을 극복할 색으로 역동적이고 차가우면서도 따뜻함과 균형을 이루는 '비바 마젠타(Viva Magenta)'를 선정하였다. 로리 프레스먼 팬톤 연구소 부회장은 팬데믹의 혼란한 시기를 지나 세계가 다시 회복과 도약을 향해 나아가는 이때, 용기 있고 겁 없는 '비바 마젠타' 색은 올해의 시대정신인 안심, 신뢰, 회복의 이미지와 부합된다고 설명했다.

마젠타의 심리적 특성을 닮은 사람은 우리의 삶이 혼란스럽고 때로는 가는 길의 방향을 잃을 때 우리에게 나아갈 길을 밝혀주는 등불과도 같다. 삶은 우리에게 끊임없는 선택을 강요하고 우리는 매 순간 무엇을, 어떤 것을 선택할지 고민하며 살아간다. 다양한 선택지 안에서 진정한 가치를 발견하고 삶의 의미를 찾는 과정은 매우 중요한데, 누군가의 등불이 되어줄 수 있다는 것은 축복이 아닐 수 없다.

마젠타는 도움이 필요한 타인을 위해 무언가를 할 수 있다는 것에 삶의 의미를 두고 있으며, 나아가 세상을 더 나은 곳으로 변화시켜야겠다는 원대한 꿈을 가지고 있다. "우리에게 진정으로 필요한 것은 세상을 바꿀 수 있는 몇몇 사람이 아니라, 세상을 바꾸고자 노력하는 수많은 사람들이다"라는 마틴 루터 킹 주니어(Martin Luther King Jr.)의 명언이 있다. 이처럼 세상에는 헌신과 봉사로 빛나는 수많은 사람들이 있다. 자신의 재능으로 어려운 이들을 돕는 봉사자, 사랑하는 사람을 위해 헌신하는 가족, 더 나은 세상을 위해 끊임없이 노력하는 활동가들의 등불처럼 빛나는 모습이야말로 바로 마젠타의 특성이라고 할 수 있다. 지금부터 우리는 마젠타의 심리적 특성을 가진 캐릭터 '쭈까(JJUKKA)'에 대해 알아보도록 하자.

마젠타 캐릭터 쭈까 JJUKKA

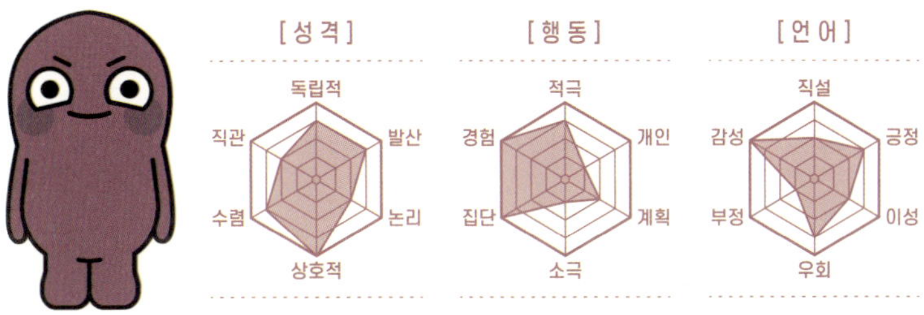

마젠타 캐릭터 쭈까(JJUKKA)의 특성 그래프

마젠타를 가진 사람은 이타심이 높아 자신과 그 밖의 모든 사람을 보살피는 사랑의 힘을 가지고 있다. 대범하고 넓은 마음으로 타인을 받아들이는 사람이며, 약자 편에 서서 물리적·심리적 환경까지 세심히 살피며 보살피는 것을 행복해한다. 옳은 일에 있어 자신의 의지가 뚜렷하고 확고하여 어떤 상황에서도 중심을 잘 잡고 원하는 방향으로 삶을 살아간다.

조직 안에서는 부드러운 카리스마로 구성원을 잘 타이르고 격려하며 이끌어 가는 특징이 있으며, 사소하고 작은 문제까지 해결하며 주변을 포용해 주는 모습이 마젠타의 강점으로 많은 이들이 믿고 따른다. 현실적인 안목이 매우 뛰어나고 자신이 잘할 수 있는 역할에 책임을 다하며 본인이 책임져야 할 부분은 매우 꼼꼼하게 살펴보는 사명감도 있다. 일에서는 나만이 할 수 있는 역할을 선호하고 스스로 결정한 것은 강한 책임의식을 가지고 쉽게 회피하거나 도망치지 않기 때문에 의리파로 불리기도 하다. 그래서 이들은 잘못된 것에 목소리를 내고, 변화시켜야 한다는 사명감이 생기면 어떤 상황에도 포기하지 않고 실천한다.

마젠타는 많은 것을 경험하고 무엇이든 스스로의 힘으로 일을 처리한다. 철저한 경험주의로 자신이 해보지 않은 일에 대해선 섣부른 판단을 하지 않으며 반드시 경험해 본 것만 자신 있게 이야기한다. 그래서 경험하지 않은 일을 마치 자기 일처럼 부풀려 이야기하거나 지키지 못할 약속을 하는 것을 싫어한다. 하지만 본인이 원하는 일이 뜻대로 되지 않을 때는 고집이나 히스테리를 부리기도 하고, 독단적 리더로 변화되기도 한다.

이런 특성이 담긴 마젠타 캐릭터 이름은 쭈까이다. 이미 위의 글로 어느 정도 짐작이 되겠지만 마젠타는 항상 "내가 해줄까, 도와줄까, 이거 줄까?"라며 말을 하는 히어로 같은 캐릭터다. 남이 원하든 원하지 않든 무언가를 해주고 싶어 안달이 나 있어서 모든 걸 다 해준다기에 붙여진 이름이다. 쭈까는 뛰어난 심미안을 가지고 있어 타인의 부족한 면이 한눈에 보이기에 항상 더 나은 방향으로 이끌어주고 싶어 한다. 그래서 타인이 요청하기 전에 나서서 도움을 주고, 도움을 요청하면 더욱더 발 벗고 나선다.

쭈까는 본인 스스로가 직접 해보고 경험해보길 좋아해서 본인이 경험한 것을 바탕으로 조언하고 도와주는 걸 좋아하는데, 도움과 함께 잔소리는 보너스로 따라가는 편이다. 이런 쭈까의 성향이 내가 모든 걸 다 경험했고 다 해결할 수 있다는 생각이 뒷받침되기 때문에 고집쟁이가 되거나 건방지고 거만해 보인다는 이야기를 많이 들을 수 있으며, 독재자가 될 수 있으니 유의해야 한다.

쭈까는 자신이 필요로 하다고 느끼는 곳이라면 어디든 마다하지 않고 달려가며, 남을 위해 일하는 것에서 행복을 느낀다. 이런 성향을 가진 인물로는 주로 위인과 사회운동가, 의사, 간호사 등이 많으며 실제로 그런 직업에 많이 분포되어 있다.

치의학전문대학원에서 한 색채심리와 관련된 연구에서는 여학생들이 마젠타를 첫 번째 색으로 선호하는 것으로 나타났다. 이러한 결과는 마젠타를 선호하는 사람들이 친절하고, 온화하며, 사려 깊은 사람임을 의미한다. 이들은 카운슬러나 간호사, 사회적기업처럼 타인을 돌보는 분야에서 일하는 경우가 많으며, 타인과의 협업능력이 뛰어나고 성숙한 성향을 지닌 것으로 연구자는 분석했다. 실제 사례로 사회복지사를 대상으로 조사한 결과 아동이나 돌봄, 복지영역에서도 마젠타가 높게 나왔지만, 봉사와 희생이 더 필요한 장애, 노인, 치매간병과 관련된 직종이 마젠타색 선호도가 훨씬 더 높게 나타났다.

자신보다 타인을 먼저 생각하는 신성함

마젠타는 헌신이라는 의미를 담고 있는 컬러로 신의 손길이라 불리며 몸과 마음의 상처를 치유해 주는 컬러이기도 하다. 헌신이란 자신이 가진 시간, 재능, 에너지를 기꺼이 쏟아붓는 행위이며 특정 목표나 가치, 사람을 위해 자신을 온전히 던지는 것으로 이를 실천하기는 쉽지 않지만, 마젠타는 그 과정에서 깊은 만족과 보람을 느끼며 삶의 방향성을 결정한다.

마젠타 컬러를 많은 사람들이 마더 테레사(Mother Teresa)와 비유하기도 한다. 마더 테레사는 약자들을 도우며 살라는 소명을 받은 후 에이즈, 결핵, 나병환자를 위한 요양원과 무료 급식소, 고아원, 상담소 등을 포함해 610개의 선교 단체를 123개 국가에 설립하고 운영하며 평생을 남을 위한 희생과 봉사, 선교에만 앞장섰다. 그녀의 봉사 방향성은 죽어가는 사람들을 혼자 내버려두지 않는다는 것이었는데 자신이 심장마비로 죽을 위기에 처했을 때도 가난한 사람들은 받을 수 없는 의료적 행위를 자신이 받을 수는 없다는 이유로 두 번이나 거절하다 정부와 교황의 요청으로 결국 수술을 받기도 하였다. 그런 그녀는 세계적으로 가난한 이들을 대변하는 세계적인 인도주의자로 널리 알려지며 1979년 노벨 평화상을 수상했다. 신체적, 정신적, 사회적 변화가 남을 돕는 행동으로 인해 일어나는 것을 마더 테레사 효과라고 부를 정도로 그녀의 영향력은 대단했으며 오늘날 수도성인의 대표적인 인물로 손꼽히고 있다.

유대인의 격언 중에 '신이 모든 곳에 있을 수 없기에 어머니를 만들었다'라는 말이 있다. 어머니 역시 자식에게 모든 것을 내어주는, 언제나 무한한 사랑과 지지를 주는, 신이 모든 곳에 있을 수 없기에 우리에게 내려준 존재이다. 마더 테레사의 마더가 공교롭게도 영어로 어머니라는 사실은 우연이라고 하기엔 놀라운 사실이 아닐 수 없다. 대부분 수녀는 Sister로 부르고 Mother는 수녀원장이라 번역하여 테레사 수녀라고 부르자는 의견도 있었는데, 이미 천주교에서 테레사라는 이름의 수녀이자 성녀들이 존재하므로 이들과의 구별이 필요하여 어머니라는 매우 존엄한 호칭을 붙였다는 것만으로도 마더 테레사에 대한 존경의 의미를 담았다고 볼 수 있다.

오지랖의 동상이몽

마젠타의 헌신은 일상에서 다른 면으로도 사용된다. 자신의 기준에서 안타까워 보이는 사람을 다 돌봐 줘야 할 것 같은 착각이 오지랖 넓은 유형으로 나타난다. 그러기에, 누군가의 간절한 부탁은 부담스러울지라도 거절할 수 없어 "내가 해줄게, 알아봐 줄게"를 달고 살아, 선뜻 수락한 일들이 버거워 후회하는 경우가 많다. 또한, 타인이 원치 않아도 도움을 줄 수 있다는 생각이 들면 다가가 조언을 하는데, 좋은 마음으로 한 도움이 누군가에게는 간섭이고 불쾌한 감정을 일으킬 수 있어 동상이몽 오지랖이라고 할 수 있다.

마젠타는 겉으로 보기엔 사소한 것에 크게 신경 쓰지 않는듯 쿨해 보이지만 속마음은 약하여 쉽게 상처받고 혼자 아파하는 성격이다. 마젠타는 모두를 도와주는 깊은 헌신과, 애정 섞인 간섭으로 많은 것을 베풀고 돌보지만, 이를 당연하게 받아들이면 마음에 큰 상처를 받는다. 또한, 마젠타는 모든 이를 돌보느라 정작 자신은 돌보지 않고 몸과 마음을 모두 소진해 버리기에 한 번씩 견디기 힘든 병을 앓기도 한다. 만약 당신이 마젠타를 만난다면 감사와 위로의 말 한마디를 건네주기를 바란다. 그렇다면 마젠타는 당신의 옆에서 평생 친구이자 엄마 같은 존재로 남을 것이다.

영화 〈82년생 김지영〉의 주인공 '김지영'은 정대현과 결혼 후 커리어를 위해 아이를 늦게 가질 거라 했지만 아이가 생기면서 일과 육아를 동시에 할 수 없어 결국 회사를 그만두고 육아에 전념한다. 때론 어딘가 갇힌 듯 답답하기도 하고, 보수적인 시댁의 시집살이와 점점 자신을 잃어버리는 것 같은 공허함, 육아로 인한 정신적 스트레스로 빙의까지 하며 결국엔 정신과를 가게 된다.

이처럼 자신은 괜찮다며 남을 먼저 생각하고 돌보다가 나를 잊게 되고, 결국엔 모든 것을 놓게 되는 번아웃에 이르게 된다. 마젠타는 자신도 돌봐야 하는 대상임을 인지하며 살아갈 필요가 있다.

쭈까의 혼합 컬러 해석

M/R 마젠타+레드 결합

주 성향 마젠타
보조 성향 레드

마젠타와 레드의 결합은 타인을 위한 희생과 헌신이 기본성향으로, 적극적인 리더십을 발휘한다. 대의를 위하고 타인의 행복을 위해서라면 살신성인의 정신으로 물불 가리지 않고 뛰어든다. 대체로 보호 및 치유를 위한 봉사단체, 정치나 정책을 관리하는 단체, 세상의 목소리를 내고 변화를 추구하는 단체의 장 역할을 톡톡히 한다. 마젠타+레드는 긍정적인 에너지로 타인을 보호하며 상생을 위한 삶을 살면 위인, 부정적인 에너지로 삶을 살면 타인을 비방하는 데 즐거움을 느끼는 자기 우월주의자가 될 수도 있다.

M/R 긍정성 '열정으로 만인을 구원하라'

봉사와 헌신의 마젠타와 추진력이 있는 레드의 결합은 진취적이고 열정에 가득찬 행동파인 혁명가 유형이다. 남을 돕는 일에 매우 열심이며, 상대방의 문제를 해결하는 데 있어 자신의 에너지를 아끼지 않는다. 필요하다고 느끼면 주저하기보다 즉시 행동하여 주도적으로 상황을 이끈다. 문제가 발생하면 다른 사람들이 도와주기 전에 먼저 나서서 곧바로 해결책을 제시하고, 책임감을 가지고 강하게 추진하며, 남의 문제를 자신의 문제처럼 여기고 이를 해결하는 데 최선을 다한다.

마젠타+레드의 대표적인 인물을 예로 들자면 잔 다르크(Jeanne d'Arc)와 전태일을 들 수 있다. 먼저 잔 다르크는 프랑스의 구국 영웅이자 가톨릭 수호성인 중 한 명으로 걸스카우트의 수호성인, 교회 일치 운동의 일환으로 성공회에서도 성인이자 성녀로 불린다. 17세의 평범한 무학의 문맹 시골 소녀가 어느 날 갑자기 프랑스 왕실에 나타나 하느님의 부르심을 받았다며 프랑스의 총사령관이 되었고, 프랑스 병사들에게 행운의 여신, 승리의 여신이라 불리며 전투의 마스코트가 되었다. 잔 다르크는 흰 갑옷을 입고 앞장서서 직접 전투를 지휘했고 프랑스 병사들은 드높은 사기로 영국군을 무찌르기 시작했다. 잔 다르크의 무모한 전투를 반대하는 귀족세력들도 있었지만, 그녀의 말처럼 하느님의 계시를 받은 탓인지 어려운 상황을 우위로 돌려 반년 넘게 지속되던 오를레앙 전투에서 랭스를 함락시키고, 열흘 만에 기적적인 승리를 이끌어 샤를 7세의 대관식을 올리며 백년전쟁을 승리로 이끌었다. 잔 다르크 덕분에 프랑스 왕으로 즉위한 샤를 7세와 그를 지지한 귀족들은 오히려 그녀의 치솟는 인기를 질투하거나 시기하여 영국군의 재공격에 소극적으로 나섰고 잔 다르크는 다시 한번 왕과 프랑스를 위해 갑옷을 입어야 했다. 주변의 도움 없이 혼자 치러야 하는 전투에 결국 패하였고 잔 다르크는 포로로 사로잡혔으나 신의 계시만을 부르짖는 잔 다르크는 이미 왕위에 오른 샤를 7세에겐 성가신 존재여서 협상을 거절하였다. 일곱 번의 재판 끝에 신의 중계자인 사제를 거치지 않고는 신의 신성한 계시를 받을 수 없다는 이유로 그녀를 마녀, 이교도, 우상숭배의 죄를 뒤집어씌워 이단으로 몰아 잔 다르크는 19세의 꽃다운 나이에 루앙 광장에서 화형으로 인생을 마쳤다. 이단 재판 당시 잔 다르크는 "스스로 굴복하고 믿음 없이 사는 것은 젊어서 죽는 것보다 더 끔찍하다", "저는 두렵지 않습니다. 저는 이것을 하기 위해 태어났습니다"라는 말을 남겼다.

프랑스의 카톨릭 수호성인이자 성녀임에도 불구하고 군인이 되어 직접 전쟁에 참여하였고 6일 밤낮을 무장한 채로 견디는 정신력과 카리스마의 소유자로 전쟁을 승리로 이끄는 열정과, 포로로 잡힌 상황에서도 본인이 생각하는 바를 굽히지 않고 나라를 위해 헌신하는 모습이 마젠타+레드의 결합형으로 보인다.

두 번째 예시 인물은 전태일이다. 전태일 열사의 등장은 대한민국 노동운동 역사의 전환점이라 할 수 있으며, 그는 노동운동의 발전에 지대한 영향을 미친 인물로, 상징과도 같은 존재이다. 그는 따뜻한 심성과 다정다감한 성격을 지닌 동시에 불의에 타협하지 않는 강직한 기질을 가지고 있었다. 또한, 뛰어난 실력과 신속한 업무 처리로 직장에서 높은 평가를 받아 짧은 시간 내에 보조재단사에서 재단사로 승진하였으며, 동료 재단사들과 힘을 합쳐 자신의 가게를 창업하는 꿈을 품은 사람이었다. 같은 공장에서 일하는 여공이 심하게 기침을 하다가 각혈하는 것을 본 것이 그의 인생을 뒤바꾸는 전환점이 되는 사건이었다. 이를 계기로 노동 현실의 타파와 개선을 위한 일에 관심을 가지기 시작하여 노동환경의 열악한 현실을 알리기 위해 정부와 자본 기업들에 근로기준법 준수를 요구하며 시위 현장에서 근로기준법 법전과 함께 자신의 몸에 휘발유를 끼얹고 불을 붙이면서 분신자살했다. 본인을 위한 선택이 아닌 노동현실의 타파와 개선을 위한 노동운동의 시작이 그의 마젠타적 성향이라면 그 일에 적극적이고 행동으로 결과를 보여 주는 실행력이 그의 레드 성향이라 볼 수 있다.

M R 부정성 '내 마음대로 도와줄게'

상황판단이 빠르고 실행능력이 높은 마젠타와 어떤 상황에서도 밀고 나아가는 레드의 결합은 경주마 같은 리더의 모습을 떠오르게 한다. 이들은 문제를 캐치하고 더 나은 방향으로 수정하며 목표에 도착하는 데 쏜살같이 빠르다. 마젠타는 경험이라는 데이터로 움직이기 때문에 큰 실수가 없어 자신의 생각과 주장을 매우 신뢰한다. 레드 또한 스스로의 능력을 높게 평가하기 때문에 자신의 결단력과 추진력을 신뢰하는 특징이 있다. 따라서 마젠타+레드의 결합은 자신을 무한하게 믿기 때문에, 문제해결에 있어서 타인이 의견을 말하기도 전에 또는 의견을 듣지도 않고 저 앞으로 달려나가 있다.

마젠타+레드인 회사원 A는 동료직원의 업무가 과도해 보여 도움을 주고자 했다. A는 내가 도와주면 좋아하고 고마워할 거라는 생각에 동료의 의견을 무시한 채 혼자만의 방법으로 빠르게 업무 처리를 했다. 그러나 동료는 고맙다는 말은커녕 "나한테 물어보고 하지 그랬어"라고 말을 해 화가 났다고 한다. A는 "힘들어 보여 도와줬는데 고마운 줄도 모르네, 나는 시간이 남아돌아서 도와준 줄 알아?"라며 불같이 화를 내었다.

동료의 일은 동료가 가장 잘 알고 있음에도 불구하고 자신의 능력을 더 높이 평가하는 마젠타+레드는 상황이나 방법을 묻지 않고 자기 마음대로 도움을 주었다. 좋은 의도로 행동한 것은 맞지만, 도움을 강제로 받게 되는 상대방 입장은 전혀 고려하지 않은 것도 사실이다. 이들은 도와준다는 명목으로 다른 사람의 의견이나 감정을 무시하며 독단적인 행동을 하기에, 감사보다는 부담이나 미움을 살 수도 있다. 따라서 이들은 도와주고도 고맙다는 말을 듣지 못하는 타입으로 한편으로는 안쓰럽다.

M O 마젠타+오렌지 결합

주 성향 마젠타
보조 성향 오렌지

마젠타와 오렌지의 결합은 타인을 위한 희생과 헌신이 기본성향으로, 놀고, 먹고, 즐거움을 추구해 어려운 상황에서도 낙천적인 자세를 유지한다. 마젠타는 자신의 일이나 타인에 대한 생각으로 가득 차 있는 상태라 웃고 떠들고 내 마음을 털어놓는 것에 익숙하지 않아 스트레스 관리에 약한 편인데, 오렌지가 결합되어 장난꾸러기 같은 모습으로 스트레스를 해소해 두 결합의 시너지가 좋다고 볼 수 있다. 그러나 마젠타는 약자에게 한없이 약해 다 퍼주며, 오렌지는 좋은 게 좋은 것으로 생각하기 때문에, 이를 이용하려는 사람을 조심할 필요가 있다.

M O 긍정성 '너의 즐거움이 곧 나의 즐거움'

헌신하며 살아가는 마젠타 삶에 웃음을 넣어주는 오렌지와, 개인주의적 성향으로 자유를 외치는 삶에 따듯한 책임감을 부여해주는 마젠타는 서로 상호보완되며 삶의 만족도를 높인다. 이들은 자신의 가치관이나 열망에 따라 꿈을 실현하기 위해 헌신적으로 노력하면서도 삶의 다양한 경험을 즐긴다. 많은 사람과 좋은 관계를 유지하며, 활발한 사회 활동으로 인맥이 넓고 다른 사람들이 믿고 의지할 수 있는 친구로서, 공동체 내에서 감초 역할을 하며, 주변 사람들로부터 높은 신뢰를 받는다. 이 컬러의 조합은 아마도 본인의 밝은 성품을 남을 위해 사용하고 있을 가능성이 높으며, 타인에 대한 관심과 도움을 우선시하면서도 일상의 즐거움을 놓치지 않는 사람일 것이다.

마젠타+오렌지의 대표적인 인물을 예로 들자면 드라마 〈슬기로운 의사생활〉의 '이익준'을 들 수 있다. '인싸 중의 인싸, 인싸킹'이라는 단어로도 설명이 모자란 캐릭터로, 고등학교 때부터 친구였던 준완의 말에 따르면 전체 학년 모두가 다 친구였다고 한다. 그런 그가 수술을 집도한 환자가 웃는 얼굴로 퇴원한 바로 다음 날, 교통사고로 뇌사 상태가 되어 다시 병원에 실려 오는 일이 발생한다. 환자의 마지막 가는 길을 배웅하고자 익준이 직접 수술에 참여하면서 어린이날이 아버지의 기일이 되어 환자의 아이에게 상처가 되지 않도록 양해를 구하고 자정을 넘긴 다음에 수술을 진행한다. 이렇게 이익준은 의사로서 사명감과 자부심이 있으나 여전히 놀기 좋아하고 잡기에 능하며 오지랖 넓고 여기저기 관여 안 하는 곳이 없어 병원 내 모든 사람과 인맥을 쌓고 있는 인싸이다. 병원식당의 배식 이모가 급한 일이 있다고 연락을 하면 짬을 내어 대타로 배식을 하는 인물이며, 병원 내 모든 레지던트들의 고민거리를 시간 내서 들어주고 상담해주고 있어 그의 사무실 문 앞은 항상 상담하려는 사람들의 줄이 끊이지 않는다.

병원 내 인싸이면서 선입견이 없고, 열등감과 컴플렉스라는 개념이 그에게는 없다. 환자에 대한 걱정과 의사로서의 책임감이 우선순위인 것이 마젠타 성향이라면, 회의 중 나이가 지긋한 교수님의 꼰대같은 이야기도 유연하게 맞받아치는 모습은 오렌지 행동으로 볼 수 있다. 이처럼 마젠타+오렌지는 자기 일에 몰두할 때는 희생을 자초하면서 타인의 문제를 해결해주고, 다운된 분위기는 재치와 유머로 풀어주며 미소 짓게 만든다.

M O 부정성 '책임감과 탈선 사이'

마젠타+오렌지의 부정성은 마젠타의 배려와 그에 따른 행동들이 오렌지의 자유로움과 만나 책임감과 일탈 사이를 넘나드는 행동으로 이어질 때 나타난다. 일반적으로 자신의 과제를 수행하는 데 최선을 다하지만, 주변 사람들에게 등 떠밀려 자신이 원하지 않는 일이나 역할을 맡게 되면 그 양상이 조금씩 달라진다. 처음에는 주변 기대에 부응하기 위해 열심히 하지만 팀원들이 따라오지 않거나 게으름을 피워 일이 산으로 간다면 턱 끝까지 참아왔던 마젠타+오렌지는 조직을 훌쩍 떠나버리는 선택을 할 수 있다. 조직원들이 진심 어린 사과를 한다면 다시 돌아오는 마젠타지만, 오렌지가 함께 있는 경우 마음이 떠난 곳에 다시 돌아가는 일은 없다. 마젠타+오렌지는 책임감을 갖고 일하면서도, 그 속에서 즐거운 감정과 경험이 함께 일어나야 오랫동안 일할 수 있기 때문이다.

동창모임에서 마젠타+오렌지인 A는 동창회장을 맡게 되어 모든 친구를 신경 쓰며, 불화 없이 잘 어울리도록 노력했다. 그러나 사람이 많아질수록 부정적인 말들이 오가고, 관계가 나뉘며 틀어지는 상황에 놓였다. A는 정신적, 신체적으로 너무 피곤해 자리를 놓고 싶었지만, 친구들이 "너 없으면 안 돼, 너로 인해 동창회 분위기가 정말 좋아진 거야"라는 말에 몇 년째 회장직을 맡으며 온갖 스트레스를 받고 있었다. 그러던 어느 날 A는 갑작스럽게 동창회를 탈퇴하고 모임에 나타나지 않았다.

이처럼 마젠타+오렌지는 좋은 마음에 너무 많은 사람을 챙기며 함께하려다 보면 과도한 사회 활동에 지쳐 영혼 없는 관계만 지속되는 문제가 있다. 또한, 분위기가 좋지 않을 법한 이야기를 하는 것을 싫어하는 이들은, 부딪쳐서라도 문제를 해결하는 것보다 오렌지의 일탈로 문제를 회피하고자 하는데, 그 일탈이 갑작스러운 탈퇴, 퇴사, 연락이 안 되는 곳으로 훌쩍 떠나는 여행 등의 행동으로 나타날 수 있다. 따라서 좋은 마음으로 견디고 있는 마젠타+오렌지에게 좋은 말과 칭찬도 좋지만, 실직적으로 도와줄 수 있는 행동을 함께 해주며 문제해결을 도와주었으면 한다.

M Y 마젠타+옐로 결합

주 성향 마젠타
보조 성향 옐로

마젠타의 타인을 위한 희생과 헌신을 기본성향으로 아이디어를 통해 문제를 해결하는 옐로가 만나, 사회에 필요한 것을 만들어 도움을 주는 사람이 마젠타+옐로이다. 경험을 중시하는 두 가지 컬러는 주변의 어려움을 개선하기 위한 아이디어를 내고 직접 실행하기 위해 협업할 수 있는 다양한 분야의 조직을 규합한다. 이들의 관심은 약자 또는 앞으로 나아가려는 사람들이 더 나은 내일을 살아갈 수 있도록 돕는 것에 있으며, 그렇게 될 수 있도록 시시각각 브레인스토밍을 통해 개발이나 발명, 아이디어 제안을 하기도 한다. 운전자들 눈에 횡단보도 앞에 있는 아이들이 잘 보일 수 있도록 벽에 채색된 노란 삼각 존, 어둡고 으스스한 골목길의 범죄율을 낮추기 위한 알록달록 벽화마을, 손 떨림에도 흘리지 않고 먹을 수 있는 숟가락처럼 약자를 위한 생각을 아이디어로 표출되는 것이 이들의 특출난 능력이라고 할 수 있다.

M Y 긍정성 '다재다능한 헌신적 탐구자'

마젠타와 옐로의 결합은 주로 안타까운 마음이 드는 상황이나 사람 또는 성장시키면 사회에 도움이 될 사람이 가진 문제를 해결하는 데 능하다. 특히 팀 내 리더의 역할을 맡게 되었을 때, 팀원들의 능력을 어떻게 활용하면 효과적이고 큰 성과를 낼 수 있는지 판단해 적재적소에 일과 사람을 연결하는 능력도 탁월하다. 현실감각이 높은 마젠타와 이상적인 상상을 즐기는 옐로의 결합은, 더 나은 내일을 위한 오늘의 삶에 집중하는 경향을 보인다. 자신뿐만 아니라 내 주변 모든 사람이 더 나은 내일을 살길 바라는 마음이 있다. 이는 긍휼감으로 이어져 약자를 특별히 보살피고 도우며 그들을 위한 아이디어를 내고 실행을 즐긴다. 만약 학생이라면 팀원들의 어려운 사정을 알게 됐을 때 또는 사회 구성원이라면 사회적 문제나 마을 공동체의 위기가 찾아왔을 때 '이렇게 해보는 건 어때?'라고 말하며 문제해결사로 나타난다.

마젠타+옐로의 대표적인 인물을 예로 들자면 세종대왕을 들 수 있다. 세종대왕은 하늘이 내리신 성인이라 일컫는 성군인데 누구보다 백성을 긍휼히 여겼다. 어리석은 백성을 위해 자신의 총명함을 활용하고 발전시켰으며, 당대 최고의 인재들을 적재적소에 배치했다. 백성들의 복지 수준도 향상시키려 애쓰고, 군사력도 강화했으며 심지어 영토 확장까지 이룬 임금이다. 대표적인 업적으로는 한글 창제와 세종실록 지리지 편찬 등이 있으며 업적들 대부분이 백성을 안타깝게 여긴 세종대왕과 신하들의 노력이었다. 백성들을 위해 늘 새로운 것을 연구하여 문화와 교육진흥 정책과 과학, 문화, 경제 등 다양한 분야에서 애쓴 세종대왕은 신하들과 나라를 어떻게 꾸려갈지 매주 이야기하고 신하들의 생각을 궁금해하고 같이 논의했다. 매일 격무를 혼자 도맡아서 하고 자기를 돌보지 않아 건강을 해쳤고 실제로 승하하기 3일 전까지도 세종은 온갖 격무에 시달렸다고 한다.

이들은 '조금만 더'라는 말이 입과 머릿속을 차지한다. 다음 단계가 마젠타 눈에는 보이고 옐로는 어떻게 변할지가 궁금하기 때문이다. 그래서 스스로를 돌보지 못하고 건강을 악화시키는 경우가 많기 때문에 자신의 몸과 마음을 돌보는 시간이 꼭 필요하겠다.

M Y 부정성 '감당하기 어려운 프로젝트 중독자'

마젠타+옐로의 부정성은 두 가지로 바라볼 수 있다. 첫 번째는 약자를 대하는 관점이다. 부탁을 거절하지 못하는 마젠타와 부탁하는 사람들의 칭찬에 약하고 만인에게 좋은 사람처럼 보이고 싶은 옐로가 만나, 원치 않는 상황에도 거절하지 못해 수많은 일을 생각 없이 떠맡게 된다.

학교에서 마젠타+옐로인 A는 지금까지 쌓은 지식적 탐구와 학습을 바탕으로 다른 사람들에게 지식을 나누고, 도움이 필요한 사람들에게 학문적인 지원을 제공하였다. A의 이타적인 마음과 행동들은 학술 동아리나 연구 모임에서 중심적인 역할을 맡게 하였다. 그런데 이상하게도 사람들 사이에서 중심이 되고 나서부터는 일이 마무리되기 전에 또 다른 프로젝트에 참여하게 되었고, 도움을 요청하는 주변인들이 늘어났으며, 일일이 거절하지 못해 무리한 업무가 지속적으로 가중되었다. 이후 좋은 마음으로 시작한 일들에 시간이 부족하게 되고, 일의 퀄리티가 떨어지면서 주변의 원성을 사게 되었다. 주변 사람들은 "잘해줄 줄 알았는데, 좋은 사람인 줄 알았는데, 실망이야"라는 피드백을 주었고, 억울한 마음에 격한 말들이 오갔다.

두 번째는 현실감 높은 마젠타와 이상향이 높은 옐로의 결합으로,

현실적으로 실행 가능하면서도 이상적인 결과물까지 원하는 사람이 된다. 즉 두 마리 토끼를 모두 잡기 위해 함께 일하는 사람들을 괴롭히는 특징이 있다.

H씨는 제품 디자이너 팀장이다. 아픈 어린아이들이 병실에 누워 있느라 학교를 가지 못한 것에 마음이 아파, 누워서도 공부할 수 있는 태블릿을 디자인했고 기술팀과 협업해서 시제품이 나왔다. 디자이너는 누워서 학습을 해보았지만 단 몇 시간 만에 어지러워 속이 울렁거렸다. H씨는 기술자를 불러, "누워서 온종일 학습을 해도 어지럽지 않은 화면을 만들어야지, 왜 이렇게 만들었냐"며 고함을 쳤다. 기술자는 정면으로 누워서 학습하면 천장 조명을 바라보기 때문에 그럴 수 있다며 제품에는 문제가 없다고 했다. 하지만 H씨는 그런 환경까지 모두 생각하고 만들어야 기술자 아니냐며 다시 해결하라고 다그쳤다.

이들은 현실과 이상향 두 마리 토끼를 모두 잡아야 하기 때문에, 자신의 생각을 잘 따라오지 못하는 팀원이나 상대방에게 비난과 억지를 부릴 수 있다. 또한, 어떤 해답을 들고 오더라도 마음에 들지 않아 끝없는 답답함에 스트레스를 달고 사는 경우가 많다.

M G 마젠타+그린 결합

마젠타와 그린의 결합은 마젠타의 자비와 헌신이 그린의 평화와 함께 사용되면서 부모와 같은 안정적이고 포근한 분위기를 연출한다. 마젠타+그린은 사람이나 동물을 케어하는

주 성향 마젠타
보조 성향 그린

데 높은 능력을 지닌다. 상대방의 불편함을 한발 앞서 캐치하고 먼저 해결해주며 마음까지 보듬어 주니 어쩌면 부모보다 더 부모같은 사람이다. 반면, 보호하는 것에 매몰되기도 해 일상이 걱정으로 가득하다. 태양이 뜨거우면 자녀가 더울까 걱정, 비가 오면 젖을까 걱정, 바람이 불면 감기에 걸리지 않을까 걱정하는 것과 같다. 이들은 가족이나 감정적으로 가까운 사람들을 돕는 과정에서 객관성을 잃을 수 있고, 문제를 해결하는 데 있어 냉철한 판단보다는 감정에 치우칠 수 있다.

MG 긍정성 '든든한 지원군'

약자를 지나치지 못하는 마젠타와 가족 중심의 그린이 결합된 마젠타+그린은 가족이나 가까운 사람에게 유독 안쓰러운 감정을 깊게 느끼거나, 안쓰러운 사람을 가족처럼 받아들이고 돌보고자 하는 특징을 보인다. 가족과 친한 친구들에게 특별한 애정을 품고 있으며, 그들의 필요를 자신의 우선순위로 삼는다. 헌신적으로 그들을 보호하고 지원하는 데 있어서 매우 열정적이고, 가까운 사람들의 행복과 안전을 자신의 행복과 안전처럼 중요하게 생각한다. 그러므로 가까운 사람들이 겪는 문제나 어려움에 대해 더 강한 감정적 반응을 보이며, 그들의 고통이나 불행을 자신의 것으로 느끼고 그들을 돕기 위해 최선을 다한다. 주변 사람들로부터 높은 신뢰와 사랑을 받으며, 서로 돕고 의지할 수 있는 든든한 지원망을 형성한다. 어려운 상황에서도 가까운 사람들과의 강한 유대감 덕분에 긍정적인 결과를 만들어낼 수 있으며, 이런 유대감은 개인의 정신적, 정서적 건강에 큰 도움을 준다.

마젠타+그린의 대표적인 인물을 예로 들자면 드라마 〈정신병동에도 아침이 와요〉의 간호사 '정다은'을 들 수 있다. 정다은은 간호사가 직업으로 항상 환자들을 위해 최선을 다하고 환자들 하나하나를 지나치게 세심하게 살피느라 시간을 너무 뺏겨 다른 간호사들의 불만과 민원으로 정신과로 전과된 인물이다. 정신과로 옮겨와서도 환자에 대한 진심어린 애정과 오지랖은 문제를 만들고, 돌보던 환자의 자살로 인해 트라우마를 겪으며 본인도 우울증에 걸리지만, 홀어머니에 대한 사랑과 애정, 오래된 친구와의 우정, 정신과 간호사들의 격려, 주변 사람들의 사랑으로 극복해 나간다. 정다은의 오지랖 넓고 인정 많은 간호사가 마젠타 성향이라면 그중에서도 가족과 친구, 본인이 속한 병동환자들에 그 영역이 우선이라는 것이 그린 성향이다.

두 번째 예시 인물로는 드라마 〈남남〉의 엄마 역 '김은미'를 들 수 있다. 김은미는 딸 진희를 혼자 키우는 미혼모로 정도 많고 오지랖이 넓은 물리치료사이다. 어느 날 우연히 지나가던 골목길에서 납치될 뻔한 여자를 용감하게 구하며 뉴스에 나와 납치범의 표적이 되기도 하고, 병원에 환자로 온 할머니와 손자가 학대받는다는 것을 알아채고 신고하여 아들에게서 할머니를 지켜주기도 한다. 그런 그녀가 고등학생 나이에 임신해서 아기를 포기하지 않고 꿋꿋하게 길렀으며 세상 누구보다도 소중한 딸에게 무슨 일이라도 생기면 물불 가리지 않고 달려나간다. 딸도 그런 엄마를 지켜보며 아빠가 없으니 자기가 엄마를 지켜야 한다며 열심히 공부하여 경찰이 된다.

자비롭고 헌신적이며 타인과의 사랑을 중요시하는 인물의 성격과 행동을 표현하는 단어로는 이타주의자가 있다. 이 중 비범한 이타주의자는 다른 사람들을 우선시하며 자신을 희생하는 사람을 의미하는데 이들이 가진 본성인 연민이 가족이나 친구일 때 더 많이 나타나며, 두려움에 민감하게 반응하고 본인의 행동이 칭찬받았을 때 부끄러워하는 겸손을 가지고 있다는 점에서 마젠타+그린을 잘 설명한다.

MG 부정성 '가족이라는 울타리에 갇힌 희생양'

마젠타+그린인 B는 대학을 졸업하고 교원자격증도 가지고 있으며, 회사에서 능력을 인정받는 커리어우먼이었지만 결혼하여 아이를 낳고 살림만 하는 전업주부가 되었다. 아이들이 성장하여 이제 파트타임이라도 일을 가질까 생각하던 때 갑자기 아버님이 돌아가시면서 시어머니가 홀로 되셨다. 내가 아니면 누가 모시겠나 싶은 생각에 시어머니와 합가를 했다. 시어머니와의 생활도 어느 정도 자리를 잡았을 때 다시 또 일을 구하려 했으나 이번에는 친정 부모님들이 연로하셔서 도움이 필요했다. 다른 형제들도 있었으나 모두 일을 하고 있는 상황이라 집에 있는 내가 해야지 하는 마음으로 모든 뒷수발을 들고 있다.

또 다른 비슷한 사례로, C는 아픈 시아버지를 매일 병문안하며 친자식보다 더욱 살뜰하게 모셨다. 몇 년이 흐른 후 시아버지는 돌아가시고 홀로 되신 시어머니를 모시게 되었다. C는 자신의 일생이 시부모님에게 얽매여 있음에 답답함 마음을 가지면서도, 친자식보다 며느리인 자신만을 찾으며 도움을 요청하고, 고맙다고 말하는 시부모님이 안쓰럽다고 말한다. 그러던 어느 날, 그녀에게 그다지 친하지 않은 동창생이 찾아와 폭력을 일삼는 남편을 피해 도망쳐 왔다며 자녀를 맡아줄 수 없겠느냐고 부탁했다. C는 역시 그 부탁을 받아들였다. 그녀는 친구의 자녀를 데리고 목욕탕에 가서 씻기고, 머리부터 발끝까지 옷을 사주며 부모처럼 돌봐주었다.

마젠타+그린은 세상에 필요한 인물임은 확실하다. 그러나 '안쓰러운 사람'이라는 올가미에 갇혀 일생의 대부분을 살아가고 있는 것은 부정하기 어렵다. 이들은 언제 자신을 위한 삶을 살 수 있을까?

MB 마젠타+블루 결합

주 성향 마젠타
보조 성향 블루

두 컬러의 결합은 마젠타의 부족한 점을 블루가 가득 채워 완성형의 모습을 보여준다. 예를 들어 마젠타는 타인을 위해 시간을 쓰다가 정작 자신을 돌보지 못하는 특징이 있지만, 목표 달성을 위한 시간을 아끼지 않는 블루가 이를 상쇄하여 나와 타인의 균형을 조화롭게 이룬다. 블루는 타인에게 피해주는 것을 싫어하고 공정한 것을 선호하기 때문에, 아무리 좋은 일이어도 높은 희생을 요구하거나 자신에게 피해가 된다면 남을 돕는 것을 허용하지 않기 때문이다. 마젠타+블루는 타인을 보호하거나 도와주는 마음을 남발하지 않으며, 꼭 필요한 사람을 위해 계획적이고 체계적으로 챙기며 디테일한 감동을 주는 사람이다.

M B 긍정성 '정의로운 현실주의자'

마젠타의 자비와 헌신이 블루의 자기 보호적 태도와 결합되어, 약자를 위하면서도 자신의 안위를 놓치지 않고, 목표와 책임을 체계적으로 달성하는 매우 이상적인 모습을 보여 준다. 또한, 마음이 앞서 실행과 경험을 우선하는 마젠타는 많은 일을 한꺼번에 실행하면서 실수와 빈틈, 계획의 틀어짐이 있지만, 블루는 사전 분석을 통해 실수를 최소화고 계획을 세워 일정의 틀어짐을 없앤다. 두 컬러의 단점은 서로의 장점으로 상쇄하여 장점을 극대화하는 특징을 보인다. 일을 시작할 때 체계적인 준비를 바탕으로 실행이 이루어져 일 처리가 빠르고 완벽한 결과물을 도출한다. 이 완벽한 결과물에는 따듯한 마음까지 담겨있어 일과 인성을 동시에 갖춘 매력적인 사람이다.

마젠타+블루의 대표적인 인물로는 정약용이 있다. 정약용은 조선 후기의 문신이자 실학자, 철학자, 저술가이자 시인으로 조선 봉건사회의 모순을 극복하고 실제 경험과 사실을 중시하는 실학사상을 강조했다. 그는 경험과 현실에 기반한 실용성과 지식을 철학적인 논의보다 중시하며, 이를 통해 현재의 문제를 해결하고자 했다. 또한 행동으로 옮기지 않으면 지식을 갖고 있어도 그것은 본질이 아니라고 생각했고 실제 행동을 통한 경험과 행동 중심의 교육을 강조했다. 특히 정약용은 정치적인 문제를 논의할 때, 민생을 중심으로 상황을 이해하고 그들의 이익과 복지를 증대시키는 방안을 강구하였다. 그는 민중들을 국가의 권위와 법으로 억누르는 게 아니라, 생존권을 요구하는 민중들의 항의를 귀담아듣는 애민 관리였으며, 부패한 경제를 개혁하고 공자로 다시 돌아가 지금보다 합리적이고 실용적인 신유학(新儒學)을 구축하여 조선 봉건사회의 모순을 극복하려고 했던 주체적이고 혁명적인 사상가였다고 할 수 있다. 정약용은 경험주의자로 강한 도덕적 신념과 체계적인 접근 방식을 통해 백성을 사랑하는 마음을 담아 일을 추진하는 것과 정의로운 성품을 바탕으로 자신이 할 일을 계획적으로 수행하는 것이 마젠타와 블루의 결합을 잘 보여준다.

M B 부정성 '티끌도 거슬리는 완벽주의자'

심미안이 높은 마젠타가 부정적으로 사용될 때 타인의 부족한 면을 바라보는 데 사용된다. 따라서 타인이나, 타인이 한 일에 대해 부정적 평가하는 것을 좋아하고, 자신이 원하는 상태가 될 때까지 잔소리하는 경향을 보인다. 블루는 자신이 원하는 상태와 기준의 틀을 가지고 있다. 그 상태가 될 때까지 수정에 수정을 거듭하는 특징이 있다. 이러한 결합은 타인을 자신이 원하는 틀에 넣어 맞춰질 때까지 괴롭히거나, 타인을 믿지 못해 본인이 하나하나 모두 검수하고 분석하며 자신을 괴롭힌다.

마젠타+블루인 워커홀릭 직장인 G는 자신이 맡은 일을 실수 없이 처리하면서도, 옆 팀의 일까지 도와 상사의 신임을 한 몸에 받고 있다. 하지만 그 완벽성에는 타인의 눈물과 영혼이 담겨 있었다. 팀원이 처리한 일을 꼼꼼히 분석하며 작은 실수 하나하나 지적하였고, 밤을 새워서라도 수정안을 끊임없이 요구했다. 또한, 팀원을 신뢰하지 않았던 G는 자기 원칙에 맞게 다시 수정하였으며, 따라오지 못하는 팀원을 인격적으로 모독하여 오랫동안 견디는 사람이 없었다. 회사에서는 G씨 밑에 있으면 일 하나는 정말 제대로 배우고 성장하겠지만 견딜 수 없을 거라는 말이 늘 따라다녔다.

겉으로 보면 칭찬의 말 같지만, 반대로 생각하면 함께 일하기 싫은 사람이기도 하다. 동그라미 사람을 자신의 세모 틀에 맞춰 변화될 때까지 집요한 요구를 하기 때문이다. 마젠타+블루는 경험과 이론이 결합된 완벽한 지식이기 때문에 그들이 하는 말은 대부분 옳고, 따르지 않은 사람이 바보가 되어버린다. 그 사실에 도취되면 잔소리꾼을 넘어 지적질만 하는 부정적인 사람으로 비쳐 곁에 아무도 남아 있지 않게 된다.

M P 마젠타+핑크 결합

주 성향 마젠타
보조 성향 핑크

마젠타와 핑크의 결합은 자비와 헌신을 사랑의 감정을 담아 실행하는 사람이다. 사랑하는 사람들의 문제에 대해 지나치게 감정적으로 반응하여 스트레스를 받을 수 있고, 사랑하는 사람들의 문제를 해결해주거나 필요를 충족시키기 위해 자기희생을 선택한다. 마젠타+핑크는 내가 보호해 줘야 하는 사람이면서 자신을 순수하게 사랑해주는 사람을 매우 신뢰하는 경향이 있다. 특히 사랑하는 연인이나 자녀들의 과한 요구를 고민 없이 쉽게 들어주는 모습을 보이는데, 이러한 마젠타+핑크를 이용 대상으로 바라볼 수 있어 마음의 상처를 많이 받을 수 있다. 사랑하는 사람들의 행복을 위해 자신의 행복을 잃어버린 건 아닌지 되돌아보았으면 한다.

MP 긍정성 '뭐든지 다 해줄게'

부모와 같은 마음으로 사랑을 주는 마젠타와 사랑을 주고받는 힘으로 살아가는 핑크의 결합은 뭐든지 다 챙겨주는 사랑꾼 타입으로, 누군가를 보호하고 사랑을 줄 수 있다면 그것이 삶의 원동력이 되고 삶의 의미가 된다. 그들은 조건 없는 내리사랑을 선호한다. 부모가 자녀에게 주는 사랑이나 종교인의 신앙으로 약자에게 주는 사랑처럼 실질적으로 보호하고 도우며 정서적 만족감과 행복을 느낀다.

마젠타+핑크의 대표적인 인물을 예로 들자면 드라마 〈슬기로운 의사생활〉의 소아과의사 '안정환'을 들 수 있다. 안정환은 병원이사장의 아들로 재벌 2세와 다름없는 의사이다. 위로 형과 누나들이 전부 수녀와 신부님이 되었고 본인도 신부가 되고 싶었으나 어머니의 소원으로 의사가 되었다. 하지만 마음속에는 늘 신부에 대한 미련을 버리지 못하고 어머니를 지속적으로 설득하며 신부가 되기 위해 기회를 엿보는 중이다. 그는 물욕이 없어 부처님 소리를 듣는 독실한 가톨릭 신자이며, 유산으로 병원을 물려받을 수 있었음에도 이사장직을 내려놓는다. 대신 병원비 때문에 힘든 사람들을 위해 VIP병동 수익금을 본인의 의사 월급까지 더해 기부하는 키다리 아저씨 활동을 한다. 변변한 자동차도 없어 동료 의사가 타던 차를 물려받아 생활하는 그의 최종적인 꿈은 아동 전문병원을 짓는 것이다. 동료 의사들은 안정환을 두고 밥을 먹을 때도 본인이 먹는 것보다 남들이 먹는 걸 보는 게 더 행복한 사람이라고 얘기한다. 그는 극 중 장겨울 선생과의 연애로 사랑꾼 기질을 보이는데, 사랑을 주고받는 것이 아닌 한없이 주는 사랑만 한다.

마젠타+핑크는 치유의 색과도 같다. 마젠타 하나만으로도 부모처럼 상대방을 귀여워하고 보호해주며 살뜰히 보살피려 하는데, 따듯한 언어와 애교까지 있는 핑크의 결합은 상대방 마음의 그림자를 걷어주는, 그것보다 그림자조차 드리워지지 않도록 따듯한 마음을 전달하는 사람이다.

MP 부정성 '자기희생 자아상실'

자녀가 부모 같고 부모가 자녀 같은 집안이 생각보다 많다. K-장녀 · 장남이라는 말이 부모를 대신하는 역할을 자조적인 단어로 쓰이는 것만 보더라도 말이다. 부모 자녀 간 역할이 역전되는 부모화(Parentification)는 한 부모 또는 장애를 앓고 있는 부모와 같이 어떠한 사연이 있는 경우에 일어날 수 있는데, 마젠타+핑크는 특별한 사연 없이 '나는 장녀 장남이니까, 집안을 일으켜 세워야 하니까' 등의 희생을 자초하며 부모화가 된다. 부모나 형제 자매들이 투정부리거나 힘들어하는 모습을 보는 것을 힘들어하며, 그들의 어려움에 도움이 되고자 부모보다 더 큰 희생을 하게 된다. 일하는 데 아무 문제 없던 부모도 자녀의 도움으로 일을 하지 않거나, 툭하면 자녀를 찾으며 도움을 요청하고, 직접 할 수 있는 것들이 점차 사라지면서 마젠타+핑크에게 직접적으로 부양을 요구하게 되는 것이다. 부부 관계에서도 모든 것을 다 챙겨주는 아내 덕분에 삶이 편안해진 남편은 일하지 않게 되고, 오히려 자신이 하고 싶은 것을 할 수 있도록 뒷바라지를 바란다. 마젠타+핑크 아내는 꾹 참고 생계를 이어가며 자녀를 사랑으로 키워 내는 경우도 비슷한 사례이다.

어릴 때부터 가족의 결속은 너 때문이라는 얘기를 듣고 자란 친구가 있었다. 결혼해 나만의 가정을 꾸렸지만, 부모님의 잦은 요구와 연락에 심리적 독립이 될 수 없었고, 자신만 참으면 모두가 행복하다는 생각을 하며 살았다고 한다. 이해하고 참는 것이 안 힘드냐는 질문에 "서운한 건 금방 잊어버리고 잘해준 것만 생각나, 부모님을 생각하면 안됐고 안타까워"라고 대답했다. 그런데, 그녀와 얘기를 하다 보면 조금만 서러워도 눈물을 흘렸고, 가족들 이야기만 나오면 또다시 눈물을 흘렸다. 본인은 다 괜찮다고 하지만 과연 진짜 괜찮은 걸까?

M RB 마젠타+로열블루 결합

주 성향 마젠타
보조 성향 로열블루

누구에게도 기대지 않고 독립적으로 삶을 살아가는 마젠타와 자기만의 철학과 방식으로 삶을 살아가는 로열블루의 결합이다. 마젠타+로열블루는 주체성이 높으며, 날카로운 분석과 문제해결 능력이 뛰어나다. 타인을 위한 조언을 아끼지 않으며, 상대방이 현재 무엇이 필요한지 말하지 않아도 정확히 판단하여 먼저 다가가 도움을 준다. 그러나 이들은 자신의 어려움을 내비치는 것을 좋아하지 않으며, 도움이 필요할 때도 요청하지 않고 스스로 힘든 시간을 견딘다. 이런 성향은 완벽함과 지나친 책임감에 사로잡혀 참고 인내하느라 본인을 소진할 것이며 심각할 경우 우울증을 유발할 수 있다. 그러니 모든 문제를 혼자 해결하려 애쓰지 않았으면 한다. 한없이 지쳐있을 때는 다른 사람들에게 도움을 요청하는 것이 나약함이 아닌, 문제를 효율적으로 해결하기 위한 또 하나의 방법임을 인식해야 한다.

M RB 긍정성 '당신을 위한 전략가'

마젠타와 로열블루의 결합은 자신이 바라보는 가치와 원칙을 중심으로 주변 사람들을 바른길로 이끌어 가며 삶을 주도하는 지혜로운 현자이다. 주변 사람들의 행동과 마음을 깊이 이해하여 미래를 예측할 수 있는 능력으로 주변 사람들에게 나침반 같은 역할을 한다. 경험을 바탕으로 한 공감으로 타인의 감정을 잘 이해하고 지원하며, 남을 돕는 과정에서 어려움에도 굴하지 않고 최적의 방법을 찾아 문제를 해결하는 모습을 보인다. 이러한 태도는 다른 사람들에게 신뢰받고 존경받는 인물로, 필요할 때 도움을 청할 수 있는 사람으로 인식된다.

마젠타+로열블루의 대표적인 인물을 예로 들자면 조선 중기의 무신으로, 임진왜란 당시 일본군의 침입을 막아낸 명장으로 유명한 이순신을 들 수 있다. 그는 탁월한 전략과 용맹한 리더십으로 조선을 방어하는 데 큰 공을 세웠으며, 현재도 한국 역사상 가장 존경받는 인물 중한 명이다. 이순신은 정부와 외부로부터 아무 지원도 받지 못한 채 전쟁을 치렀으며, 오히려 이순신이 정부와 명나라 육군에게 반대로 식량과 무기, 부채, 조총, 종이 등 각종 물자를 지원했다. 그도 모자라 몰려드는 수많은 피난민들의 생계까지 보살피며 외롭고 힘겹게 전쟁을 수행했다. 인간으로서 도저히 감당하기 어려운 절망적인 고난과 비참하고 힘든 역경이 끊임없이 이어진 삶을 살았지만, 군인으로서 나라를 지켜야 하는 소명으로 그 모든 것을 이겨내고 통찰력과 카리스마를 발휘하여 군대를 다스리고 마침내 난을 평정했다. 학익진이라는 독특한 전술을 사용해 승리를 거둔 한산도대첩과 적은 수의 함선으로 많은 일본 함대를 격파한 명량전투가 그의 큰 승리였으며 타고난 리더십으로 부하들에게 신뢰와 큰 존경을 받았고 거북선이라는 철갑선을 설계하고 전쟁에 활용하였다. 이순신이 임진왜란 발발 이후부터 전사하기 전까지의 기간 동안 작성한《난중일기》는 그의 군사 활동과 개인적인 생각을 기록한 중요한 역사 문서이다. 군사 작전 계획, 전투 상황, 병사들의 상태와 같은 전략적 통찰력과 조선 조정과의 소통에서의 인내, 개인적인 고뇌와 감정 같은 인간적인 면모 등이 상세히 기록되어 있다. 난중일기의 역사적 가치는 당시의 해상 전술, 병력 운용, 전투 상황 등이 생생하게 묘사되어 있어 군사학적으로 중요한 자료이고, 이순신의 인간적인 면모, 리더로서의 고뇌와 결단, 충성심 등이 잘 드러나 있어, 내면을 이해하는 데 큰 도움을 주며, 문학적으로 그의 간결한 문체와 힘이 당시의 언어와 문화를 이해하는 데 큰 도움이 되고 있다. 이 모든 것이 무신으로서 자신의 소임을 다하고 나라와 백성을 사랑하는 이순신의 마젠타적 성향이며, 마주한 상황을 두려워하지 않고 시뮬레이션을 통한 지략과 전술 전략을 통해 용맹히 싸우는 모습은 로열블루를 보여준다. 또한, 인간으로서 느끼는 고뇌와 외로움, 장군으로서 나라와 백성을 지키는 연민과 긍휼감, 모든 전술을 그대로 현실감 있게 옮겨 담은 글들은 마젠타+로열블루의 성향을 잘 보여준다.

M RB 부정성 '냉정하고 날카로운 독재자'

타인의 단점이 순식간에 보이는 마젠타와 자신의 능력과 가치를 가장 우선하며 타인의 능력과 가치를 절하시키는 말을 습관적으로 하는 로열블루의 결합이다. 조언으로 포장된 말에 날카로운 칼이 여러 개 담겨 있는데, 시시각각 자주 찔러 상대방을 아프게 만든다. 또한, 그 말에는 사실만이 담겨 있어 더욱 아프다. 이들은 상대방에게 일어날 미래의 실수까지 예측해 비아냥거리는 잔소리를 하거나, 용기가 필요한 타인에게 응원보다 걱정 섞인 비난을 우선으로 해서 함께 일하고 싶은 마음을 사라지게 만든다. 마젠타의 따스함으로 좋은 인상을 주었다가도, 로열블루의 날카로움이 순간순간 배어 나와 관계를 멀어지게 만드는 특징이 있다. 쉽게 말해 잘해주면서 욕먹는 타입으로 한편으로는 "내가 너한테 어떻게 했는데, 별것도 아닌 말 한마디에 나를 이렇게 생각해?"라는 억울한 측면을 가지고 있다.

마젠타+로열블루인 학원장 G씨는 제자들에게 일을 주며 함께 운영팀을 만들어 교재를 만들고 마케팅하며 학원의 번영을 이뤄냈다. 함께 일하며 제자들이 성장할 수 있도록 이끌어간다고 생각한 학원장 G씨는 제자들이 고마워할 것이라는 생각을 했다. 어느 날 제자와 통화를 하고 난 후 바로 다시 제자에게 전화가 걸려왔다. 그런데, 전화가 걸렸는지도 모르고 이야기 나눈 것을 듣게 되었다. 제자들은 "우리가 제자이긴 해도 일을 너무 많이 시키는 거 아니야? 같이 공부했던 학생들을 위해 좋은 마음으로 시작했는데 학원장 노예가 된 것 같아. 그냥 넘어가도 되는 별거 아닌 일도 콕 집어서 수정하라고 하고 정말 스트레스야" 등 학원장 G씨의 생각과 전혀 다른 생각을 하는 제자들을 보고 충격을 받았다. G씨는 괘씸한 생각이 들면서도 학원 운영에 차질이 일어나는 것이 싫어 다시금 마음을 잡고 올바른 관계를 만들어 가고 싶었지만, 제자들은 하나둘씩 떠나갔다.

마젠타+로열블루는 위하는 마음에 했던 말들이 누군가에게는 큰 비수가 되고, 내게 정말 필요할 때 그들은 내 편이 되어주지 않는다는 것이 부정성이라고 할 수 있다.

M V 마젠타+바이올렛 결합

주 성향 마젠타
보조 성향 바이올렛

현실감각이 높은 마젠타와 비현실적인 것을 사랑하는 바이올렛의 결합이다. 이들은 현실에서 당연시 여겨지는 관행이나 습관을 뒤집어 생각하는 사람이며, 이를 없애거나 변화시키는 데 독특한 방법을 사용하는 사람이다. 예를 들어 20대의 디자이너가 노인의 불편함을 해결하기 위해 흰머리 가발을 쓰고, 솜으로 귀를 막고, 불편한 다리를 한 채 뿌연 안경을 써 변장한 모습으로 4년 동안 100개의 도시를 다니며 불편함을 수집하는 것과 같다. 이처럼 마젠타+바이올렛은 현실에 깊이 빠져들어 문제를 직시하고, 남들이 생각하지 못한 방법으로 문제를 해결한다. 이들은 현실감각이 투철한 광인 같기도 하다.

M V 긍정성 '마음 따뜻한 괴짜'

따뜻한 마음을 가지면서도 특이하고 독특한 성격을 가진 이들은, 비정상적이거나 기발한 행동을 통해 약자 편에 서서 사회의 경종을 울린다. 현실을 똑바로 바라보지 못하는 기득권자를 싫어하며, 고고하고 곧은 모습 뒤에 감춰진 악랄함을 캐내어 세상에 떠벌리는 것을 좋아한다. 마젠타+바이올렛은 제시하는 아이디어마다 독특하고 엉뚱한 것처럼 보여 웃음을 자아내지만, 현실반영이 잘 되어있어 실행에 어려움이 없다.

마젠타+바이올렛의 대표적인 인물을 예로 들자면 미국의 제16대 대통령 링컨이다. 그는 남북전쟁이라는 거대한 내부적 위기 시기에 나라를 이끌어 연방을 보존하였고 비도덕적 노예제란 제도를 추방한다는 목적에 자신의 정치생명 모두를 바쳐 노예제를 폐지하여 미국의 모든 대통령 중 영웅, 성자, 순교자로 칭송받으며 가장 위대한 대통령으로 꼽히고 있다. 그는 소외계층을 위한 정치를 하면서도, 괴팍하고 재치 있는 행동을 즐겨 했는데 몇 가지 일화를 소개하겠다. 링컨은 유머감각과 위트 있는 달변가였지만 대놓고 상대방 앞에서는 욕하기보다 뒷담화를 하거나 노트에 그 사람을 욕하는 글을 일일이 잔뜩 써 놓곤 했다. 평소에는 맘에 안 드는 사람을 놀리는 말을 쪽지에 써서 길가에 떨어뜨리고는 누군가 그걸 주워 읽는 걸 몰래 지켜보며 즐거워했다. 또한, 젊은 변호사 시절 링컨이 하원의원으로 출마했을 때 상대 후보는 링컨이 신앙심이 별로 없는 사람이라고 비난하며 청중을 향해 "천당에 가고 싶은 분들은 손을 들어보라" 하고 손을 들지 않은 링컨에게 "지옥으로 가고 싶냐"고 물었다. 링컨은 웃으며 "나는 지금 천당도, 지옥도 가고 싶지 않고 오직 국회로 가고 싶다"고 응수해서 청중의 폭소를 자아냈다. 링컨은 생명에 각별한 마음이 있는데, 동물을 죽이고 싶지 않아 사냥이나 낚시를 하지 않았고, 모친과 누나의 죽음, 우체국장 시절 사귀던 애인과의 이별 때문에 오랜 시간 우울증에 시달리기도 했다.

두 번째로는 포털사이트 '다음'에서 많이 활동하는 댓글 시인 제페토가 있다. 제페토라는 이름은 필명이며, 40대의 평범한 직장인이라는 것 빼곤 신상공개를 일절 하지 않아 상세 신원이 불명인 얼굴 없는 작가이다. 2010년 당진에서 발생한 용광로 사고를 다룬 기사의 댓글란에 쓴 시 '그 쇳물 쓰지 마라'로 유명해졌으며, 그 후로 7년간 댓글란에 쭉 시를 써 왔는데 주로 사회 이슈를 다룬 기사로 단신이나, 날씨 등 분야를 가리지 않는다. 그 시들과 개인 블로그에 쓴 시들이 모여 120편쯤 되었고, 2016년 8월에 그중 84편을 골라 《그 쇳물 쓰지 마라》라는 제목으로 시집을 출판했다. 서문에 따르면, '풍선을 위로하는 바늘의 손길처럼 모서리를 둥글게 깎는 목수의 마음처럼, 거친 나무를 다듬어 피노키오를 탄생시킨 목수 할아버지 제페토처럼 모난 세상을 깎아 시로 만들고 싶다'고 했다. 그는 "지금은 아프고 쓸쓸한 댓글이 8할 쯤 되지만 오래지 않아 사람이 사람답게 사는 세상이 오면 사회면 뉴스를 떠나 조금은 나른하고 사소한 것들에 관하여 쓸 수 있을 것입니다"라는 말을 남겼다. 2020년 11월 11일, 두 번째 시집 《우리는 미화되었다》를 출판하고 2022년 7월을 마지막으로 활동을 중단하였다. 그는 현실 문제가 가득 담긴 짧은 글로 마음의 경종을 울리며 세상에 소리치는 마젠타적 성향과 글이라는 문학적 예술을 매개체로 사용하는 것으로 바이올렛 성향의 결합이 아닐까 생각된다.

M V 부정성 '솔직함 뒤에 숨은 무례함'

마젠타+바이올렛은 가식적인 것을 유독 싫어해 타인의 가면을 벗기는 것에 즐거움을 느끼곤 한다. 특히 사람을 속이고 이득을 보는 사람을 괴롭히고 싶어 하는데, 정의감까지 불타오른다면 집요할 정도로 파고들어 끝을 보고자 한다. 이러한 정의감은 꼭꼭 숨어있는 사회문제를 세상 밖으로 꺼내어 해결하는 데 큰 역할을 하지만, 일상에서 마젠타+바이올렛을 만나는 사람들은 말과 행동이 조심스러워진다고 말한다. 사람들은 속이는 것까지는 아니더라도 다른 사람 앞에서 잘 보이고 싶거나 자신을 높이고 싶은 마음이 있으며, 개인적인 비밀과 단점을 숨기고 싶어 하기 때문이다.

마젠타+바이올렛이 느끼는 가식의 범위는 너무나 넓다. 선물이 마음에 들지 않지만 나를 위해 준비했다는 것에 감사한 마음이 들어 "마음에 들어요"라고 말하는 것도 가식으로 판단하고 솔직한 언변이나 태도를 가장한 무례함이 불현듯 튀어나와 상대방을 당황시킨다. 또한, 애써 포장하며 자신을 보호하고 있는 사람들의 모습을 낱낱이 파헤쳐 놀림거리로 사용하기도 한다.

회사원 E씨는 어느 날 상사에게 불려가 이런 말을 들었다. 선배나 동료를 후배처럼 대하거나 말을 함부로 해 눈치를 보게 하며, 회의 분위기를 좋지 않게 만든다는 것이었다. E씨는 "그럼 일을 나보다 잘하든가요. 회사에 웃으러 다니는 거 아니잖아요."라고 대답했다고 한다. 또 다른 회사원 B씨는 승승장구하는 팀장의 라인을 타려는 동료가 꼴보기 싫어 상사를 욕하는 카톡창을 캡처해 팀장에게 보냈고 팀 분위기가 최악으로 치달았다. 후회 없냐는 질문에 오히려 속이 후련하다는 답변을 받았다.

이처럼 마젠타+바이올렛은 누군가 가면을 쓰고 있는 것을 유독 싫어하며, 그 가면을 벗기기 위해 일반적이지 않은 행동을 한다. 이들은 타인을 위한 배려조차도 가면으로 받아들이는 것이 문제라고 볼 수 있다. 사람들은 사회생활이라는 가면을 자기 보호를 위한 보호막 또는 협업활동이나 원활한 관계를 유지하기 위해 사용한다. 그리고 집에 오면 그 가면을 벗고 자유를 즐긴다. 마젠타+바이올렛은 솔직함이라는 잘못된 가면으로 무례한 행동을 하고 있지만, 본인도 가면을 쓰고 있다는 사실을 알지 못한다. 솔직한 것을 투명한 것으로 생각하기 때문이다. 따라서 그들은 집에 와서도 투명해 보이는 가면을 벗지 못하고, 가장 가까운 사람들에게 더 큰 무례를 범하며 상처를 준다. 따듯하고 살가운 말과 웃음 가득한 가족이라는 울타리를, 마치 타인처럼 멀리서 바라보는 것 같이 말이다. 가면은 누가 벗지 못하고 있는 것일까.

Magenta's core message

'누군가 알아주지 않아도 내 마음이 행복하다면'

쭈까는 기본적으로 사람들을 도와주고 싶은 관심과 사랑의 마음이 희생이나 오지랖이라는 형태로 나타난다. 때로는 아무도 알아주지 않는 것 같고, 자신을 돌보지 않아 마음이 공허할 때도 있지만, 결국엔 나의 행복이 그곳에서부터 비롯된다는 걸 알기에 지금처럼 앞으로 나아가길 바란다.

VIOLET

창조성

독창성

혁신

특출난

영감

자부심

독특함

차별화

아웃사이더

단절감

자만심

허상

공상

과시

자존적 허영

자아도취

VIOLET

냉정과 열정을 오가는 바이올렛의 일상,
높은 안목을 가진 바이올렛은 남이 하지 않은 새로운 것을 창조해 내며
자신의 존재 가치를 느끼고 성장한다.

"마침내 나는 대기의 진정한 색을 발견했다.

바이올렛이다.

신성한 공기는 바이올렛과 같다."

인상파 화가의 대부인 클로드 모네(Claude Monet)는 위와 같이 바이올렛 컬러를 '진정한 색', '신성한 공기'로 표현하였다. 그가 바이올렛 컬러를 얼마나 사랑했는지 알 수 있는 대목이다. 19세기 말 많은 이들이 인상파 예술가들을 '바이올레토마니아(보라색광)'이라고 부를 만큼, 인상파 예술가들은 생동감 있는 표현을 위해 바이올렛 컬러를 애용했다. 컬러 관련 업무를 하며 늘 다양한 컬러를 접하는 필자에게도 바이올렛은 매력 넘치고 특별한 컬러이기에, 오묘한 바이올렛의 에너지에 끌려 선뜻 바이올렛 파트를 담당하게 된 것이 아닐까 싶다.

레드와 블루의 혼합으로 만들어지는 바이올렛 컬러는 레드와 블루의 비율에 따라 다양하게 표현될 수 있으며, 각기 다른 감정과 느낌을 자아내는 매력을 지녔다. 예를 들어 라벤더 꽃의 컬러를 연상해 보라. 연한 바이올렛은 차분하고 안정적인 느낌을 준다. 색채심리학자 스에

나가 타미오(Tamio Suenaga)에 의하면 보라색은 몸과 마음의 조화를 원할 때 끌리게 되는 색이며, 심신이 피로할 때 무의식적으로 찾게 되는 '치유의 색'이라고 하였다.

채도가 높은 바이올렛 컬러는 강렬하고 매혹적인 이미지로 활용되고 있다. 우리가 바이올렛에서 고귀함, 품위 등의 이미지를 연상하게 되는 것은 고대에 얻기가 매우 어려운 염료로, 희소하고 값이 많이 나가는 물건이었기 때문이 아닐까 싶다. 염색 과정 자체가 복잡하고 오랜 시간이 걸렸으며, 염색된 천은 빛에 약해 변색되기 쉬웠다. 실제로 16세기 엘리자베스 여왕은 직계존속을 제외하고 보라색 옷을 입을 수 없도록 금지할 만큼, 바이올렛은 자연스럽게 부유층의 상징이 되었고, 특히 왕이나 귀족들이 즐겨 입었던 역사가 지금까지 고급스러움의 이미지로 이어져 오고 있는 것이 아닐까.

또한, 바이올렛은 창의성과 상상력을 자극하여 새로운 아이디어를 떠올리게 하는 데도 도움이 된다. 새벽 배송을 국내 최초로 시작한 기업 '마켓 컬리'는 보라색 로고를 통해 혁신적인 아이디어와 차별화된 서비스를 표현하고자 했다.

바이올렛은 화학적 색명이기도 하며 물리적 색명이기도 하다. 화학적 색명으로서 바이올렛은 고대 프랑스의 비올레뜨(Violette) 식물이나 비올라(Viola) 제비꽃에서 유래한 이름이다. 고대에는 퍼플이라는 색명을 사용하였으나, 중세부터는 바이올렛을 보라색을 지칭하는 데 더 일반적으로 사용하기 시작했다. 제비꽃은 흔하게 볼 수 있는 꽃이었기 때문에, 사람들에게는 보라색을 떠올릴 때 가장 먼저 연상되는 이미지가 되었을 것이다.

바이올렛이라는 단어는 어감이 예뻐서 더 마음에 든다. 이런 느낌에 대한 생각은 필자의 개인적인 기호가 반영된 것이고, 바이올렛에 대한 사랑이 넘치는 사심 가득한 표현이기도 하다. 이렇게 필자가 바이올렛이라는 단어에 관심을 가지게 되면서 바이올렛 컬러를 애정하게 된 것처럼 인간은 동일한 컬러를 경험하더라도 개인의 기억, 경험, 상황에 따라 각자 다르게 인식하고 그런 인식이 심리에 다양하게 영향을 미친다.

바이올렛의 심리적 특성을 가진 사람은 개성 있고 독특하며 신비로운 이미지로 비치기도 한다. 이런 이미지는 대중적인 것과는 다른 실험적이고 독창적인 특성, 소수의 사람들이 좋아하는 비주류로 표현되기도 한다. 사람들이 함께 살아가는 사회에서는 다름을 받아들이기가 쉽지 않기에, 특이하거나 개성이 강한 사람들을 다른 범주로 분류해서 보거나 판단하는 경우가 있어 바이올렛 성향을 가진 사람들이 특별한 사람으로 인식되기도 한다.

사람의 심리를 들여다볼 때, 하나의 이론이나 검사로 그 사람에 대해 판단을 내리기 힘든 것은, 우리 안에 한 가지로 결론 내리기 힘든 다양한 모습들이 담겨있기 때문이다. 바이올렛 컬러의 특성상 레드의 창의적이고 혁신적인 에너지와 블루의 안정감 있는 에너지가 섞여 양면적 이미지를 풍기기도 하는데, 레드와 블루 중 어떤 쪽의 성향을 더 많이 갖고 있는가에 따라 상반된 매력을 보여주기도 한다.

여기서부터는 바이올렛 캐릭터를 해석하고자 한다. 바이올렛은 남들이 쉽게 이해할 수 없는 독특한 성향처럼, 앞서 소개된 캐릭터와는 다른 해석법이 필요하다. 레드의 비율이 높은 바이올렛을 발산형 바이올렛(열정적 바이올렛), 블루의 비율이 높은 바이올렛을 수렴형 바이올렛(조용한 바이올렛), 그리고 발산형과 수렴형의 경계에 있는 캐릭터로, 현재 경험하는 상황과 환경에 따라 발산형이나 수렴형 어디로든 바뀔 수 있는 선택형 바이올렛(선택적 바이올렛)으로 구분하여 칭하며, 생각과 말과 행동 모두가 유니크한 바이올렛 캐릭터 '니끄(NIQUE)' 이야기를 풀어볼까 한다. 1순위가 바이올렛인 독자들은 세 가지 유형 중 어디에 해당하는지 알고 싶다면 12~14쪽을 확인한 후 읽어 나가길 바란다.

바이올렛 캐릭터 발산형 니끄 NIQUE

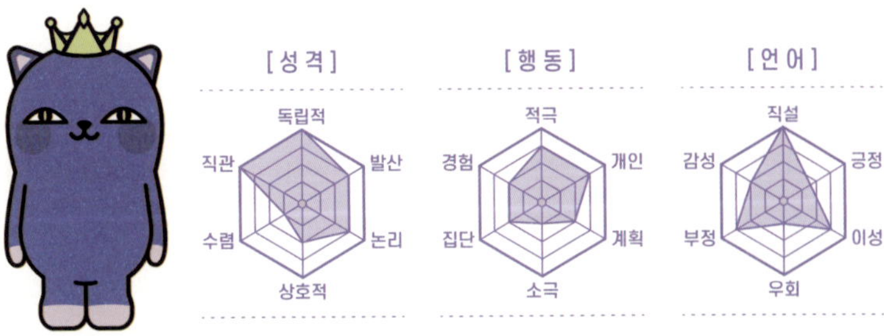

발산형 바이올렛 캐릭터 니끄(NIQUE)의 특성 그래프

발산형 바이올렛(열정적 바이올렛) 니끄는 열정의 니끄라는 별명이 붙을 만큼 타인의 시선은 크게 신경 쓰지 않고 자신의 의지대로 실행하

는 성향을 갖고 있다. 자신이 하고자 하는 일이나 좋아하는 사람에 대해서는 열정을 아끼지 않고 표현하며 도전적인 모습으로 자신이 남들과 다르다는 사실을 각인시킨다.

필자가 아는 교수님 한 분은 강의장에 나타날 때마다 자신의 캐릭터를 확실하게 보여주는 화사하고 눈에 띄는 옷차림으로 시각적인 개성을 보여주었고, 그에 더하여 열의를 갖고 신나는 강의 분위기를 조성하며 열정적 니끄의 전형적인 모습을 보여주곤 한다. 강의를 수강하는 학생들의 피드백을 들어보면, 강의 내용도 유익하고 시각적인 볼거리까지 생기니 더욱 신나고 자극이 되어 즐거운 강의로 와닿는다고 한다.

발산형 니끄는 적극적으로 사람들과 교류하면서도 바이올렛이 가진 고귀함과 고유의 매력을 놓치지 않는, 대중이 선망하는 매력 부자라고 할 수 있다.

나는 천재다!

발산형 바이올렛은 독립적인 사고를 추구하고, 남들이 하지 않는 새로운 방식으로 생각하는 것을 즐긴다. 발산형 바이올렛 성향을 가진 사람들은 자신의 감각이나 아이디어가 인정받을 것이라는 믿음이 강하고, 자기 확신과 자기애 또한 강하다. 그렇기 때문에 스스로를 특별하다고 여기거나 천재라고 표현하기도 한다. 타인이 객관적으로 발산형 바이올렛의 사람들을 바라볼 때도, 그들은 혁신적이고 독창적인 아이디어를 가지고 있으며 그것을 잘 표현해낸다.

자신에 대한 긍정적인 믿음을 갖고 있다는 것은 살아가는 데 있어서 큰 자산이고 도움이 되는 부분일 수 있다. 그 믿음만으로도 이미 성공의 시작일 수 있으니 말이다. 다만 상황에 따라서는 자기애를 드러내기보다는 자신의 재능이 자연스럽게 빛을 발할 때까지 기다리는 지혜가 필요할 것이다.

평범한 거 싫어! 눈 높고 다 표현해야 직성이 풀리는 나!

바이올렛의 성향을 가진 사람들은 높은 심미안을 갖고 있으며, 창의적이고 예술적인 감성을 갖고 있다. 세련된 감성과 날카로운 직관력으로 어떤 분야에서든 세밀하게 자신의 감성을 잘 표현해낸다.

이들은 독특한 자기만의 세계관이 있어 자신이 바라는 감성대로 결과물이 구현되지 않을 때, 원하는 결과물이 나올 때까지 강하게 표현하고 요구하기도 한다. 이렇게 자기주장과 생각을 잘 굽히지 않는 발산형 바이올렛과 협업한다면 그들을 만족시키는 것은 쉬운 일이 아니다. 그러다 보니 타인과 협업을 할 때 관계의 어려움에 빠져 재능 발휘에 장애물이 생기기도 한다.

발산형 바이올렛! 타인과 소통할 때는 목표와 소통의 균형을 맞춰가는 지혜가 필요하지 않을까.

발산형 바이올렛 니끄의 혼합 컬러 해석

V R 바이올렛+레드 결합

주 성향 바이올렛
보조 성향 레드

발산형 바이올렛은, 주 성향의 바이올렛과 보조성향으로 레드, 오렌지, 옐로 중 하나가 결합된 것을 말한다. 그중 바이올렛+레드 결합의 사람을 먼저 설명하면, 바이올렛은 레드와 블루의 혼합색인데 거기에 레드가 보조 성향으로 더해지면서 레드의 힘이 더욱 강해진 바이올렛 유형이 된다. 바이올렛 특유의 독창적인 자원에 실행력 강한 레드 에너지가 더해지면서, 큰 가능성을 가진 캐릭터로 성장할 수 있다. 어떤 내담자는 '올해 꼭 브랜드를 론칭해야겠다'는 목표가 생긴 이후, 고민 없이 그 목표를 이루기 위해 노력 실행하고 있지만, 바이올렛 특성상 대중성과 가까워지는 데 다소 어려움이 있었다. 그러나 보조성향에서 보이는 레드의 추진력으로 실패에 대한 두려움 없이 경험을 쌓고 있으며, 특별성과 대중성 사이를 적절하게 조율하며 꿈을 이루어가고 있다고 한다.

V R 긍정성 '창의성 넘치는 천재가 추진력이라는 날개를 달면'

바이올렛과 레드가 결합하면 열정적 바이올렛 중 가장 에너지 넘치고 적극적이고 개성 강한 발산형 바이올렛으로 태어난다. 창의성과 개성 강한 천재가 추진력이라는 엔진을 장착하고 달린다면 그를 추격할 수 있는 사람은 많지 않을 것이다. 천재적인 재능과 독창성을 가진 바이올렛을 바탕에 두고 레드의 추진력으로 Go! 한다면, 못할 일이 있을까.

테슬라와 스페이스X의 남자, 일론 머스크(Elon Musk)를 잘 알고 있을 것이다. 그는 혁신적이고 독창적인 아이디어로 다양한 사업을 추진하며 세계적인 주목을 받는 기업가이다. 인간이 꿈에 그리던 화성 이주, 인공지능 등 사람들이 실행할 엄두를 내지 못했던 분야들에 관심을 두고, 인류의 미래를 바꿀 수 있는 혁신적인 아이디어를 제시하며 이를 실현하기 위해 실행에 옮기는 추진력을 현재진행형으로 보여주고 있는 인물이다. 일론 머스크는 아무도 상상하지 못한 로켓 재사용 아이디어를 넘어, 로켓 1단 추진체 회수라는 실행과 성공까지 이루었다. 남들이 불가능이라 말하는 획기적인 아이디어로 발사 비용을 기존보다 10배 이상 절감했으며, 우주 개발의 속도를 더욱 높였다. 독특한 상상력과 추진력의 결합, 천재 일론 머스크는 한 기업의 CEO를 넘어 이 시대를 변화시키는 독보적인 바이올렛과 레드 결합의 캐릭터로 우리의 기억에 남을 것이다.

바이올렛의 특성을 가진 사람 대부분은 독특성 때문에 회사 적응에 어려움이 있는데, 추진력을 제공하는 레드 결합은 일찌감치 회사를 설립하거나 프리랜서 생활을 한다. 업무차 만난 어떤 대표는 한국에서 SKY로 불리는 학교를 입학하고 몇 개월 만에 자퇴 후 공방을 차렸다고 한다. '부모님의 기대감은 채웠으니 그 이후에는 제 마음대로 하겠다'고 선언하면서 말이다. 이 에피소드를 말하면 강의를 듣던 분들은 '그래서 성공했나요?'라는 질문을 하곤 한다. 필자가 본 그 대표는 본인이 차린 공방에 몰두해 있었고, 밤새 작품을 만들어내면서 소비자 반응이

막 일어나고 있었다. 작품은 독보적이었고 홍보는 열정적이었으며, 모든 시간을 쏟아붓고 있었다. 어찌 성공하지 않을 수 있겠는가.

V R 부정성 '분노는 나의 힘'

자기애가 매우 강한 바이올렛은 자신이 신박하다고 여기는 아이디어에 사람들이 부정적인 반응을 보일 때나 소통에서 답답하다고 느껴질 때, 화가 나고 상대방을 비판하고 싶은 충동이 강하게 올라올 수 있다.

평소 자유롭고 독립적인 바이올렛에 레드의 강렬함이 결합되면, 고집스럽고 충동적인 면이 강화될 수 있다. 또한, 레드의 열정과 의욕이 과도하게 나타날 때 현실과의 간극이 좁혀지지 않으면 불안정한 정서 상태가 될 수 있고, 감정 기복이 반복되면서 예측 불가능한 돌발행동을 할 수 있다. 바이올렛과 레드의 결합 컬러에서 부정성을 살펴보기 위해 다시 일론 머스크를 살펴보자.

일론 머스크는 분노의 순간이 오면 해고하는 사례가 빈번했으며, 소셜 미디어를 통해 테슬라 상장 폐지를 언급한다거나, 유대인 혐오 발언을 하거나, 불필요한 정치적 입장과 논란으로 광고주가 이탈되고 주가가 요동치는 행동을 서슴없이 하는 모습을 보여준다. 또한, 2022년 트위터 인수 이후, 일론 머스크는 약 50%에 달하는 대규모 인력을 감축했다. 이러한 결정은 회사의 비용 절감과 운영 효율성을 위한 경영적 판단에서 결정한 측면이 크지만, 머스크 특유의 신속하고 과감한 리더십, 그리고 때로는 감정적이거나 충동적인 성향에 따른 빠른 결정 역시 영향을 미쳤을 것이라는 평가가 있다. 이 과정에서 남다른 업무

강도를 요구하며 새로운 조직 문화를 주도했고, 이에 적응하지 못한 일부 직원들은 자발적으로 회사를 떠나기도 했다. 일론 머스크는 위험을 감수하는 것을 넘어 즐기는 모습으로 천재 혹은 광기 서린 선구자라는 타이틀을 가지고 있다.

이처럼 바이올렛+레드는 자신이 뜻하는 대로 해야 직성이 풀리기 때문에 분노 조절에 어려움이 있으며, 때로는 타인의 감정이나 개별 상황에 대한 세심한 고려가 부족하다는 인상을 주기도 한다. 세상을 움직이는 천재로 선망의 대상이면서도, 가까운 이들에게는 두려움의 대상인 이들을 위해 해주고 싶은 말은, 당신은 천재이지 신은 아니라는 것이다. 천재도 언젠가 모든 것을 내려놓게 되는 순간이 온다. 당신의 뜨거운 분노가 사람들에게 화마처럼 상처를 입히기보다, 마음에 깃들어 따듯함을 주는 사람이 된다면, 진심 어린 존경과 찬사를 받게 될 것이다.

V O 바이올렛+오렌지 결합

주 성향 바이올렛
보조 성향 오렌지

바이올렛의 유니크함과 즐거움을 가장 중요한 가치로 두는 유쾌한 오렌지가 결합되면, 자유분방한 이벤트를 선호하는 독특함의 끝을 보여준다. 바이올렛과 오렌지가 결합한 컬러를 가진 사람에게는 진지하지 않다거나 나사가 하나쯤 풀린 듯한 느낌을 받을 수 있지만, 말을 곱씹어보면 해학이 담겨있어 웃음 속에 깨달음을 주기도 하고, 별생각 없이 툭툭 내뱉는 말에 독창적인 창의성이 돋보여 놀라움을 주기도 한다. 인생의 무게가 어깨를 짓누른다면 이들과 대화를 해보자. 한결 가볍고 유쾌해질 것이다.

V O 긍정성 '유머 감각 넘치는 자유로운 예술가'

바이올렛의 창의적인 아이디어에 오렌지의 유쾌하고 활기찬 기운이 더해지면, 사람들과의 소통에서 깊게 연결됨을 느낄 수 있을 것이다. 자기애와 자기 신념이 강한 바이올렛의 성향은 자칫 다가가기 어렵고 딱딱하게 느껴질 수 있는데 오렌지의 유머 감각과 사교성이 더해지면, 매력 지수가 높아질 수 있다.

바이올렛+오렌지는 같은 상황이나 사물을 바라보더라도 이를 다른 시각으로 재밌게 재구성하는 능력이 있다. 재미없는 이야기도 매력적으로 바꿀 수 있는 스토리텔링의 달인이며, 즉각적인 상황을 보고 완벽한 타이밍에 유머를 던져 웃음을 주는 장점으로, 타인을 비방하지 않고도 즐거움을 전달할 수 있는 사람이다. 이러한 특성으로 다양한 분야의 MC, 개그맨, 스토리작가, 그림, 사진, 영화 등에 해학을 담아 풀어내는 예술가 등이 있다.

현대 영화계에서 독보적인 스타일과 유머 감각으로 사랑받는 감독이자 배우인 우디 앨런(Woody Allen)은 빠른 편집, 블랙 코미디, 비틀기 등 독특한 자신만의 연출 스타일로 관객들에게 근본적인 질문을 던지며 유쾌한 코미디를 선사한다. 그는 코미디 프로그램과 쇼 대본을 쓰면서 천재라는 명성을 얻게 된다. 자신의 스탠드업 코미디를 통해 불안하고 신경질적인 동시에 지적인 페르소나를 개발했고, 이를 통해 나이트클럽과 TV에서 정기적인 출연의 기회를 얻게 되었다. 그는 코미디 독백 장르에 혁신을 가져왔고 그의 스탠드업 코미디는 많은 영향을 끼치고 있다. 이런 그의 필모그래피를 보면 기본적으로 바이올렛의 독보적인 창의성을 갖고 있으면서 유머 감각을 놓치지 않는 전형적인 바이올렛+오렌지가 결합된 캐릭터라고 할 수 있겠다.

아이들이 낙서한 것 같은 그림, 추상주의의 대가, 사이 톰블리(Cy Twombly)도 바이올렛+오렌지의 특성을 잘 보여준다. 그의 작품은 구체적인 그림이 아닌, 식별이 어려운 문자와 낙서가 불규칙한 조합으로 되어있으며, 전통적인 채색방법이 아닌 손가락과 손바닥을 사용하여 자유로운 작업을 했다. 톰블리는 다양한 문자가 섞인 규칙 없는 그림을 통해 즉흥적이고 절제되지 않는 감정과 심리상태, 삶의 우연과 자유로움을 표현하였다. 혼탁하거나 무채색의 흔들린 삶과 쨍하고 강렬한 삶을 자유로운 형태와 색감으로 과감히 보여주었다. 톰블리는 미국 미술에서 '감정과 즉흥성의 대가' 또는 '이해하기 힘든 추상'이라는 호평과 비판을 받으며 추상미술의 중심이 되었지만, 명성을 얻는 것을 좋아하지 않았으며 언론이나 인터뷰를 거의 하지 않았다고 한다.

이처럼 바이올렛+오렌지는 고착화된 생각이나 규정의 틀을 깨는 모습을 보인다. 남들과 다른 강렬하고 즉흥적인 삶을 선호하며, 누군가에게 평가와 정의 내려지는 것을 피하고, 자유롭고 즐거운 삶을 수호하며 살아간다.

V O 부정성 '뒷수습 못 하는 자기 어필의 달인'

세상에 없는 것을 창조해 내는 능력자 바이올렛과 신나 보이는 것에 쉽게 시선을 빼앗겨 갑자기 노선을 바꾸는 오렌지가 결합하면, 자신감 있게 일을 시작하지만 책임지지 않고 일을 그만두는 행동으로 타인에게 피해를 주는 사람이 될 수 있다. 창의적인 아이디어로 세상을 바꿀 듯이 어필하며 주변 사람들을 모아 거창하게 시작하지만, 막상 시작하면 준비가 철저하지 못한 탓에 수습이 제대로 되지 않고 흥미도 금세 잃게 된다. 이후 다른 곳에 관심이 생기고, 또 다른 창의적인 아이디어가 떠올라 새롭게 시작하는 것을 반복하며 본의 아니게 사람들에게 피해를 주기도 한다.

직장인 A씨는 여행 플래너 팀장이다. 그에게 고민이 하나 있었는데, 이직을 하고 난 후 새롭게 만난 팀원들이 자신의 이야기에 귀 기울이지 않는다는 것이었다. 처음에는 텃세를 부린다고 생각했지만, 회식 자리에서 한 직원이 우스갯소리로 "팀장님. 말씀하시는 여행 기획 아이디어는 그냥 웃자고 하시는 거죠? 불가능한 것만 말씀하셔서요"라고 말했다. A씨는 아직 아무도 도전하지 않았던, 새로운 기획으로 고객들이 즐거워할 거라는 생각에 낸 아이디어가 팀원들에게 웃음거리가 되었다는 사실에 충격을 받았다. 화가 난 A씨는 자신의 아이디어를 밀어붙였고 이를 실행하기 위해 직원들은 머리를 싸맸다. 그러다 팀원이 말하기를 "팀장님, 자신감 있게 실행하고자 하셨다면, 문제에 대한 대안도 함께 주세요. 다양한 곳에서 불가능한 문제가 생기는데, 저희가 어떻게 모두 해결하나요?"

회사생활이나 학교생활을 해오면서 비슷한 경험들을 해보았을 것이다. 동료나 친구 중 자기 생각에 대한 확신이 있고 화술도 뛰어나서 주장을 강하게 어필하며 자신의 기준에 맞는 일 처리를 요구하지만, 그 일의 뒷마무리는 결국 다른 사람들이 하게 되는 경우이다. 따라서 자기 뜻을 강요하며 미완성의 결과물을 만들기보다, 시작 전 다양한 플랜을 세우고 예측 가능한 문제들을 수집해 해결방안을 제시하는 과정들이 필요하다. 또한, 자신의 고집이나 주장을 줄이고 타인의 말에 귀를 기울이는 노력과 함께 일의 흐름을 보고 자기 역할을 하기 위한 노력을 해야 할 것이다. 만약 어렵다면 책임감을 가지고 끝까지 마무리 짓는 사람이나, 세밀하게 문제를 파악하고 해결하는 사람 곁에서 협업하며 완성도를 높일 필요가 있다.

V Y 바이올렛+옐로 결합

주 성향 바이올렛
보조 성향 옐로

바이올렛의 독보적인 재능과 옐로의 지적 호기심의 조화는, 새로운 것을 창조해 내며 큰 성장을 이룰 수 있는 좋은 바탕이 된다. 또한, 세상에 없는 것을 창조하는 바이올렛과 세상에 있는 것들을 융합하여 재창조하는 옐로의 결합은 스마트하고 언변에 능하며, 어디에서든 빛나는 스타성을 가지고 있다. 자신의 재능에 대한 확신, 배움과 성장을 게을리하지 않는 겸손함까지 갖춘 성장형 인재에게 어떤 미래가 기다리고 있을까.

V Y 긍정성 '타고난 재능에 노력까지 겸비한 인재 중 인재'

독특하지만 자신의 분야에서는 독보적인 능력을 보여주는 바이올렛과 늘 배우고 성장하며 사람들과 교류하려고 노력하는 옐로가 혼합된 니끄에 대해서 살펴보자. 이들은 천재성에 노력까지 겸비하고 있어 천재를 뛰어넘는 전문성을 보여준다. 한 번 꽂힌 영역에서는 최고가 되기 위해 노력하면서도 배움에 겸손하며, 자신의 능력을 뽐낼 수 있는 상황이나 직업에 관심이 많다. 또한, 바이올렛은 특별한 시각을 가지고 있으며, 옐로는 다양한 해석을 즐기기 때문에 관련 직업에서도 높은 능력을 보여준다.

드라마 〈이상한 변호사 우영우〉의 주인공인 '우영우' 변호사는 자폐 스펙트럼 장애를 가진 변호사로, 자신만의 시선으로 사건을 다각도로 바라보고 해결해 나간다. 또한, 작은 단서만으로도 머릿속에 상상의 나래를 펼치며 사건을 해결하는 실마리로 사용하거나, 회사 내 다른 팀 직원과 사랑의 관계로 발전하면서 자신만의 세계관 속에서 살던 삶에 타인을 포함시키는 세계관을 천천히 배워가며 성장하는 모습을 보여준다. 이는 바이올렛+옐로의 특성을 잘 보여주는 부분이다. 특히 호기심이 많아 궁금한 것이 있으면 새벽 시간도 상관없이 질문하거나, 궁금한 점을 숨기지 못해 안절부절못하는 모습, 초롱초롱한 눈으로 질문하며 하나씩 배워가는 우영우의 모습은 영락없는 옐로 캐릭터의 귀여운 모습이라고 할 수 있다. 우영우는 어린아이 같은 모습을 지녔지만, 누구보다 창의적이고 새로운 시각으로 문제를 해결하는 모습은 어디에서나 빛이 나는 바이올렛+옐로의 특징이 가득 담겨있다.

이처럼 바이올렛+옐로 캐릭터는 타고난 재능과 자기 세계관이 있으면서, 열린 마음으로 무엇이든 새롭게 배우고 성장하려는 태도를 지녔다. 이들은 융합형 인재답게 다양한 사람들 속에 섞여 지속적으로 발전하며, 앞에 나서서 빛나는 사람이 되기 위한 노력을 하므로 발산형 캐릭터라고 할 수 있다.

V Y 부정성 '충동적이고 불안정한 천재'

바이올렛의 천재성, 자기확신, 우월감과 옐로의 강한 호기심, 감정 기복, 낮은 자존감으로 동굴로 들어가는 특징이 결합되어 복잡한 심경을 경험한다. 이들은 자신을 천국에 데려다 놓기도 하고 지옥에 빠트려버리기도 하는데, 천재적인 모습에 자기 감탄을 하면서도, 더 뛰어난 사람이 나타나거나 높은 현실의 벽을 만나면 급격한 자신감 하락으로 우울감을 경험한다.

이러한 특징을 잘 보여주는 인물은 천재적인 수학자 존 포브스 내쉬(John Forbes Nash Jr.)가 있다. 영화 〈뷰티풀 마인드〉에서 그의 삶을 감동적으로 그려내기도 하였는데, 그는 20세기 가장 위대한 수학자 중 한 명으로 꼽히며, 특히 게임 이론 분야에서 획기적인 업적을 남겼다. 1994년, 내쉬는 게임 이론에 대한 공헌으로 노벨 경제학상을 수상했고, 수학자가 경제학상을 수상한 것은 매우 이례적인 일이었으며, 그의 천재성을 입증하는 사건이 되기도 했다.

그의 이론은 경제학, 정치학, 사회학 등 다양한 분야에서 활용되며 현대 사회를 이해하는 데 중요한 도구가 되었을 만큼 대단한 것이었다. 그는 독보적인 이론을 만들어내는 학자였지만, 청천벽력과 같은 조현병 진단을 받게 된다. 연구 활동 중 자신감에 차 있다가 깊은 절망감에 빠져 자포자기하는 모습을 보이는 등 극단적인 감정 기복에 빠져 연구에 어려움을 겪기도 하였지만 극진한 아내의 케어로 차츰 회복하고 연구에 전념할 수 있었다.

존 내쉬와 같이 특별한 어려움이 있는 상황이 아니더라도, 자기 확신에 찬 바이올렛과 빛과 어둠이 공존하는 옐로가 결합된 캐릭터는 자기 믿음과 우월감이 높을수록 충동성 또한 높고 불안정한 감정 상태가 반복될 수 있다. 따라서 스스로 자신의 상태를 인지하려는 노력과 감정을 잘 조절하기 위한 생활 속 노하우가 필요할 것이며, 자신의 감정을 잔잔하게 잡아줄 사람이 필요할 것이다.

Divergent Violet's core message

"발산형 바이올렛 니꼬! 남들과 다른 독보적인 능력으로 세상의 빛이 되어주세요!"

천재성이 흘러넘치는 당신은 가만히 있어도 눈에 띈다. 단순한 말 한마디에도 아우라와 힘이 담겨있어 자기주장이 강한 사람처럼, 타인의 생각을 뭉개는 것처럼 비치기도 한다. 그러한 오해는 앞으로 나아가는 데 방해가 될 수 있다. 무엇을 실행하기 전 상대방의 마음과 말에 귀를 기울이다 보면, 당신의 열정과 천재성이 겸손함을 얻어 더욱 더 빛을 발하게 될 것이다. 숨길 수 없는 아름다운 빛이 세상을 변화시킬 혁신의 빛으로 성장하길 바라본다.

바이올렛 캐릭터 수렴형 니끄 NIQUE

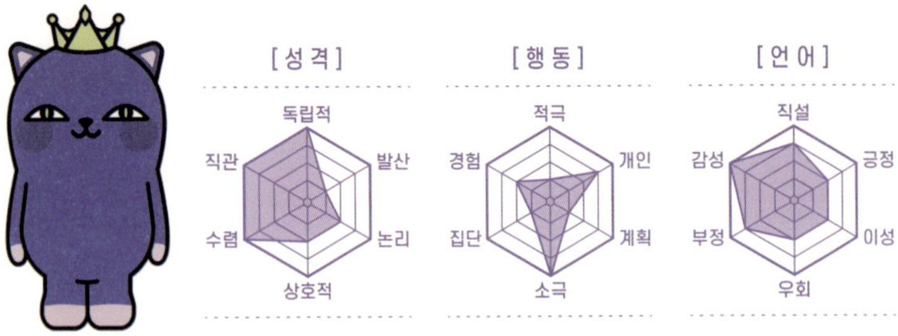

수렴형 바이올렛 캐릭터 니끄(NIQUE)의 특성 그래프

수렴형 바이올렛(조용한 바이올렛) 니끄는 조용한 니끄라는 별명이 붙을 만큼 자기 세계에 집중하고 몰입하며 자신의 시간을 조용히 즐기는 경향이 있다. 보통 자신의 감정을 잘 드러내지 않기 때문에 이 사람이 즐거운지 아닌지 남들이 볼 때는 도통 알 수 없는 캐릭터이기도 하다. 또한, 자신을 표현하는 데 익숙하지 않고 예민한 경우가 많으며, 목표가 생기면 냉정하고 완벽주의적인 성향을 보인다. 남들이 뭐라고 하든 자신이 원하는 대로 하거나, 만족할 때까지 하려는 의지가 강하며, 어떠한 것에도 방해받지 않고 몰입할 때 행복감을 느낀다.

몰입의 끝

바이올렛 캐릭터 자체가 자신만의 세계를 사랑하고 잘 빠져드는 경향이 있기에, 관심사를 만나면 강력한 몰입의 힘으로 다른 컬러와는 비교할 수 없을 만큼의 멋진 결과물을 보여줄 수 있다. 그중 특히 수렴형 바이올렛은 결함 없는 완전한 몰입으로 예민하고 날카로운 창의력을 발휘한다.

우리가 흔히 '덕후'라고 일컫는 사람들은 어떤 한 분야에 대해 집중력과 끈기를 갖고 접근하며 전문가 그 이상의 능력을 보여준다. 거기에 특별한 상상력과 창조성까지 더해진 모습이 수렴형 바이올렛 니끄이다. 어떠한 영역이든 자신만의 기준으로 한순간에 빠져들어 모든 에너지를 다 쏟아부으며 만족할 때까지 파고들어 가는 특징이 있다.

몰입은 단순히 어떤 일에 집중하는 것을 넘어 개인의 성장과 행복, 넓게는 사회 발전까지 이끌어내는 동력이라고 한다. 특히나 수렴형 바이올렛 니끄에게는 몰입이 자신의 독특한 가치관과 정체성을 확립할 수 있는 중요한 요소라고 볼 수 있다.

몰입의 힘은 좋은 결과물을 내면서도 세상과 사람들과의 단절을 가져오기도 한다. 그래서 수렴형 바이올렛이 가장 어려워하는 것이 바로 사회생활이다. 몰입은 사람들과 소통의 틈을 주지 않아 협업에 어려움을 가져온다. 만약 원활한 소통을 위해 노력한다면 더할 나위 없이 완벽한 니끄가 되겠지만, 속마음과 생각이 오고 가려면 아주 오랜 시간 관계를 맺는 것이 필요할 것이다. 이들은 오래된 친구라고 할지라도 대화에 많은 시간을 쓰는 것보다 함축적인 말이나, 눈빛으로 이야기하는 특징이 있는데, 이것이 수렴형 바이올렛이 추구하는 관계 몰입이라고 볼 수 있다.

현실을 벗어난 결점 없는 이상주의자

수렴형 바이올렛 니끄는 작은 티끌도 용납하지 않는 이상주의자의 성향을 갖고 있다. 고고하고 아름다운 것을 추구하고, 영적으로도 성숙한 면을 갖추고 있다 보니, 무결한 아름다움이라는 이상을 좇게 되는 경우가 많다.

당신이 수렴형 니끄라면 이상과 현실의 간극 때문에 힘들었던 경험들이 분명 있을 것이다. 색채의 마법사라고 불리는 니콜라 드 스타엘(Nicolas de Staël)은 러시아 출신의 프랑스 화가로, 화려하고 강렬한 색채를 사용하여 추상적인 감정을 작품에서 표현했다. 그는 자신의 이상인 내면 세계를 반영하는 삶을 살기 위해 예술 창작에 모든 것을 쏟아부었고 미술계의 스타가 되었었다. 그는 15년 동안 천 개의 그림을 그렸으며 과도한 작업과 전쟁 중 잃은 아내로 인한 우울증으로 젊은 나이에 세상을 떠났다.

수렴형 니끄는 자신이 좋아하고 믿는 것에 대해서는 쉽게 자기 세계로 빠져들며 현실과의 균형을 잃게 된다. 또한, 이들은 나의 영역 안에 들어온 것에 대해 강한 집착과 애착을 보이기 때문에 결점 없는 상태를 유지하기 위한 고통을 감내한다. 자신의 소중한 것을 잃었을 때는 상실감이 매우 높으며, 부정적 상상에 사로잡혀 현실로 돌아오는데 오랜 시간이 걸린다. 수렴형 바이올렛이 조금 더 편안한 삶을 살기 위해서는 괴로움이나 즐거움이 과도한 상태에 있는 것은 아닌지, 늪에서 빠져 헤어 나오지 못하고 있는 것은 아닌지, 아니면 빠져나오는 것을 거부하고 있는 것은 아닌지 자신의 상태를 객관적으로 살펴볼 필요가 있다.

수렴형 바이올렛 니끄의 혼합 컬러 해석

V G 바이올렛+그린 결합

주 성향 바이올렛
보조 성향 그린

바이올렛이 가진 자기 확신에 그린의 배려심과 따스함이 결합하여, 자존감이 높으면서 타인을 배려하는 따뜻한 바이올렛 캐릭터가 탄생한다. 또한, 바이올렛의 독립성에 그린의 협업 마인드가 더해져 혼자 일하는 것을 즐기면서도, 팀워크의 조화를 중시하기 때문에 리더로서 매우 적합한 캐릭터를 보여준다. 바이올렛+그린은 자신의 특별함을 우월감으로 연결하지 않으며, 자신의 의견을 강요하거나, 타인의 생각을 배척하지 않아 바이올렛의 부정성을 그린의 장점으로 커버하는 특징을 보인다. 이들은 자기 세계로 빠져드는 몰입으로 전문성을 갖추면서도 가까운 주변 사람과 가족에게 애착을 갖고 마음을 챙기는 특징이 있다.

V G 긍정성 '독립적이고 배려심 깊은 리더'

바이올렛은 감성이 충만하며 천재성을 발휘하는 창의적인 사람들에게서 자주 발견된다. 자신의 재능을 일찌감치 인지하는 바이올렛은 우월감에 사로잡히는 경우가 많은데, 그린이 결합된 바이올렛은 자신의 능력을 활용하여 주변을 살피며 배려하고, 타인의 의견을 존중하며 공생하는 특징을 보인다.

영화 〈겨울왕국〉의 '엘사'는 자신의 능력으로 동생과 놀아주다가 동생이 다치는 사고를 경험한다. 뛰어난 마법 능력이 가족이나 타인에게 피해를 줄까 두려워 자발적으로 방에 갇힌 생활을 한다. 이후 엘사의 능력이 더욱 강해져 걱정과 두려움에 사로잡힌다. 만약 그린이 없었다면 더욱 강해진 능력에 두려움보다 만족감과 우월감이 높아졌을 것이다. 엘사는 백성들 앞에서 자신의 능력을 조절할 수 없는 상태임을 들키게 되고, 자신만의 얼음성을 만들어 고독한 삶을 선택한다. 안나의 노력과 희생으로 다시 왕국으로 돌아와 자신의 능력을 아렌델 왕국의 백성들을 위해 사용하며 공생하며 살아간다.

이처럼 바이올렛+그린은 타인의 평화와 행복을 위해 또는 함께하는 사람들이나 기업의 성장을 위해 기꺼이 자신의 능력을 활용한다. 커뮤니케이션에서는 엘사가 동생 안나를 깊이 사랑하지만 표현하는 데 서툰 모습을 보이는 것처럼, 달콤하거나 사랑스러운 말을 하는 데 어색함과 어려움이 있다. 또한, 말을 할 때는 많은 생각과 조심성에 사로잡혀 단어를 선택하는 데 시간이 걸리며, 말과 행동이 함축적이고 담백하다. 하지만, 아주 가까운 사이에서는 엉뚱한 장난꾸러기 모습이 튀어나와 재미있는 웃음을 주는 매력을 가지고 있다. 몇몇 컬러와 마찬가지로 바이올렛+그린은 처음엔 그들이 가진 독특함과 아우라에 거리감을 둘 수 있지만, 관계의 거리가 가까우면 가까울수록 혹은 사석에서 만날수록 진정한 매력을 알아가게 되는 캐릭터이다.

V G 부정성 '배려를 오해하는 사람들'

바이올렛이 지닌 능력과 높은 자존감, 그린의 깊은 배려심이 결합되어, 자신의 능력을 나누는 사람이 된다. 예상컨대, 주변 사람들을 챙기지 않아서 생기는 문제보다, 배려하려다 오해를 받아 생기는 어려움 더 크지 않을까.

공무원 C는 일하는 부서에서 좋은 성과를 내는 사람 중 한 명이다. 어느 날 사수가 다른 사람으로 바뀌게 되었는데, 전혀 다른 일을 하다가 왔기 때문에 일하는 내내 예민성과 불안을 보였다. C는 사수의 불안으로 일하는 내내 신경이 쓰였고, 안쓰러운 마음이 들었다. C는 사수에게 다가가 자신이 해왔던 모든 일을 공유하고, 자신의 아이디어를 주며 적응할 수 있도록 배려했다. 그러던 어느 날 사수는 C를 불러 "왜 자신이 잘한 일들을 나한테 보여주는 거예요? 자랑하는 거예요? 내가 카피하기를 바라는 거예요? C씨의 능력은 충분히 알았으니까 그만하시죠." 자랑이 아닌 배려를 했던 C는 더욱더 말과 행동을 조심하게 되었고, 다른 부서로 이동할 때까지 관계의 거리를 좁히지 않았다고 한다.

바이올렛+그린은 사람들 앞에 나서는 것을 그리 좋아하지 않지만, 자신의 영역에 들어온 사람들이 불편함을 겪고 있는 모습을 보고 모른 척하기 힘들다. 온전히 내 일에 집중하고 싶은데, 함께하는 이가 불안해하는 모습을 보면 집중하는 데 방해가 되기 때문이다. 이들의 배려는 거슬리는 감정과 진실된 배려가 모두 담겨있다. 안정된 마음으로 몰입하기 위해서 타인에게 자신의 것을 내어주고 보여주며 배려하지만, 일도 인간관계 능력도 출중한 이들은 배려가 질투로 또는 미움으로 돌아오는 상황을 경험하기도 한다.

바이올렛+그린은 행동은 조심스러우나 함축된 말속에 자기 믿음, 자기 자랑이 들어있어, 겸손을 가장한 자기 우월감의 표현이라는 오해를 낳기도 한다. 자신의 능력과 배려가 누군가에게는 위축감으로 느껴질 수 있다는 사실을 인지하며, 자신도 모르게 말과 행동에 우월감이 들어있지는 않은지 돌아볼 필요가 있다.

V B 바이올렛+블루 결합

주 성향 바이올렛
보조 성향 블루

바이올렛의 독특한 영감 그리고 블루의 논리적이고 체계적인 사고의 결합은, 독창적인 비전을 바탕으로 세밀한 계획을 수립하는 역량으로 나타난다. 이들은 어떤 상상도 현실로 실행하는 사람으로 영화 감독, 영상 및 음악 감독, 배우, 게임 그래픽, 애니메이션 그래픽처럼 세상에 없는 것을 혼신을 담아 디테일한 작업물로 만들어내는 직업에 관심이 많다.

다만 두 컬러 모두 완벽주의적 성향을 가지고 있어 일의 시작부터 끝날 때까지 스트레스에 잠식당하는 특징이 있다. 심신의 건강을 잘 관리하려면 눈앞의 일을 치워버리고 전혀 다른 공간에서 틈틈이 쉬는 시간을 가져야 한다. 그래야만 일이 완성되었을 때 또는 끝났을 때 나를 지켜낼 수 있다.

V B 긍정성 '뛰어난 창의력에 분석력을 더한 실력자'

바이올렛이 가진 독창성, 창의성, 개성과 함께 날카로운 분석력과 꼼꼼한 설계가 두드러지는 인물을 소개하려고 한다.

안토니 가우디(Antoni Gaudi)는 건축계의 천재로 불리며, 그의 작품들은 독창적인 디자인과 자연을 모티브로 한 유기적인 형태로 유명하다. 필자가 스페인에 여행 갔을 때 바르셀로나의 많은 장소에 가우디의 건축물들이 자리를 잡고 있어서 놀랐고, 지금껏 보아왔던 건축물과는 다른 부드러운 형태의 건축물과 자연의 조화에 또 한 번 감탄한 경험이 있다.

천재 건축가로 인정받을 만큼 가우디의 독창성과 창의성에 대해서는 의심할 여지가 없다. 바이올렛의 심미안과 독창성, 개성을 가진 그의 건축물에는 단순히 아름다움을 넘어, 놀라운 분석력과 정확도까지 숨겨져 있다. 이 부분 때문에 그를 더욱 위대한 건축가라고 칭하게 된 것 같다. 가우디는 건축물의 구조적인 안정성을 확보하기 위해 자연의 원리를 적용했는데 예를 들어, 나무의 가지가 무게를 분산시키는 원리를 건축물에 적용하여 가늘고 높은 탑을 안정적으로 세울 수 있었다. 그의 건축물은 꼼꼼한 계산과 설계가 있었기에 가능한 것이었다. 이 부분은 가우디의 블루 성향을 드러내는 부분이다.

이처럼 실제 건축물을 짓기 전에 정교한 모형을 만들어 실험하고 수정하는 과정을 거쳐 독창적인 가우디만의 영감을 건축물로 실현한 것이다. 가우디의 건축은 불가능을 현실로 만든, 비현실과 현실의 경계에 있는 건축물로 깊은 감명을 준다. 그의 분석력과 정확도는 건축의 새로운 가능성을 보여주었으며, 그의 작품은 오늘날에도 많은 사람에게 영감을 주고 있다.

가우디의 건축물 역사를 살펴보면서, 독보적인 능력을 타고난 사람에게 계획성과 분석력 거기에 실행력까지 더해지니 마음만 먹으면 무엇이든 할 수 있다는 희망적인 생각을 해본다.

V B 부정성 '고립형 완벽주의'

바이올렛이 세운 만족의 높은 기준과 블루의 완벽추구 성향이 결합되어, 공적인 일이든 사적인 일이든 모두 완벽하게 해내려는 의지가 크다. 또한, 세상에 없고 특별한 것을 현실로 만들어내는 과정은, 실수가 싫은 블루를 더욱 자극하여 모든 요소를 디테일하고 완벽하게 처리하려는 패턴을 만들어낸다. 그러다 보니 결정적으로 선택이나 끝내야 하는 순간에 망설이게 되고, 일의 마무리보다 더 깊은 강도로 작업에 몰두하는 것을 선택한다.

이처럼 바이올렛과 블루는 모두 자기 만족감, 완벽주의 성향이 있으며, 두 색이 결합되어 완성도에 대한 집착으로 자신을 괴롭히며, 함께 작업하는 사람들에게도 완벽주의를 강요하면서 부담을 줄 수 있다. 또한, 독립적인 성격이 강해 혼자 있는 시간을 즐기며, 머릿속에 고민과 생각이 많고 감성보다 이성으로의 소통을 추구한다. 특히 시시콜콜 일상적인 대화를 나누는 것보다, 일적인 대화가 더 편한 이들은 타인과 소통하는 것이 피곤하다. 이러한 특징은 혼자 있는 시간을 늘리고, 그 시간을 몰입의 시간으로 사용하며 즐기기 때문에 외로움을 잘 느끼지 못하고 사회적으로 고립에 빠질 수 있다.

사회적 고립은 세상의 흐름을 받아들이는 데 방해가 된다. 언제나 새롭고 특별한 것을 원하는 바이올렛과 그런 특이성을 현실로 만들어내는 블루의 능력은 고립이 아닌 변화되는 세상의 흐름에 올라타 능력을 마음껏 발휘하고, 그러한 당신을 사람들이 끝없이 찾기를 희망한다. 그러기 위해서는 다양한 연령대 또는 직업을 가진 사람들을 만나 긴밀히 소통하며 바이올렛+블루가 경험하지 못했던 다양한 삶들에 관심을 갖고 살 수 있기를 바란다.

V RB 바이올렛+로열블루 결합

주 성향 바이올렛
보조 성향 로열블루

바이올렛과 로열블루는 다른 듯 비슷한 면을 가진 컬러이다. 바이올렛은 창조성을 지니고 있어 비현실적이고 예측 밖의 사고를 한다. 로열블루는 상상과 추리로 경험하지 않은 것을 예측하는 사고를 펼치지만, 현실적인 팩트를 중요시해서 냉정한 분석과 판단을 한다. 두 결합은 천부적인 재능을 실행하는 데 있어, 자신에게 유리한 방향으로 흐름을 만들고, 독특한 것을 대중적으로 이해시킬 수 있도록 이끄는 카리스마가 있어 사람을 매료시킨다. 두 컬러의 공통점으로는 자기 믿음과 확신이 매우 강해, 자기가 하고 싶은 대로 해야 직성이 풀리는 타입이다. 이들은 협업이나 타협의 탈을 쓴 설득이나 강요하는 소통을 선호한다. 또한, 이해하기 어려운 특이한 고집이 있지만 꺾이지 않아 이들을 이해하기보다 있는 그대로 받아들이는 게 속 편할지도 모르겠다.

V RB 긍정성 '범접할 수 없는 천부적인 재능과 실행'

하늘에서 내린 재능과 직관력을 가진 뛰어난 음악가 이야기로 바이올렛과 로열블루의 결합 컬러를 설명해보려 한다.

드라마 〈마에스트라〉의 주인공 '차세음'은 타고난 천재성을 가진 지휘자로, 세계 5% 안에 드는 자신만의 음악세계를 가진 인물로 그려진다. 차세음은 존폐 위기에 있는 오케스트라단의 지휘를 맡게 된다. 단원들은 〈미션 임파서블〉의 주제곡을 연주하며 불만 섞인 환영 인사를 하지만 절대음감인 차세음은 단원들의 연주 실력을 단번에 인지하고 악보 없이 단원 한 사람 한 사람의 문제를 지적하며 카리스마 있는 모습을 보여준다. 그녀는 자신이 맡은 이상 최고 수준의 오케스트라를 만들기 위해 어릴 적 스승님이었던 단장의 자리를 실력이 가장 높은 막내에게 내어주는 상상 밖의 행동을 한다. 그러나 단원들은 보이콧으로 합주에 참여하지 않았고 이를 지켜본 대표는 차세음을 불렀다. 서로의 의견 차이를 보이며 실랑이를 하던 중 대표는 3개월 안에 관객 점유율 50% 이상을 올릴 수 있냐고 물었고, 차세음은 꿈이 소박하다며 95%를 외친다. 이후 다양한 문제를 남들이 생각하지 못하는 센세이셔널한 방법으로 해결하며 최상의 자리를 지켜낸다. 이처럼 차세음은 범접할 수 없는 예술적 재능, 높은 자신감과 강한 멘탈, 기존의 틀을 없애는 과감함 그리고 불만을 가진 사람을 매료시키며 이끄는 카리스마까지 바이올렛+로열블루의 장점을 고스란히 보여준다.

내담자 중 한 분은 자신의 상사를 매우 동경했는데, 설명하기를 "모두가 반대해도 물러나지 않고 밀어붙이는데, 결과를 보면 그 행동이 다 옳았어요. 그분을 바라보는 것만으로도 희열과 통쾌감이 있어서 회사를 계속 다니게 돼요. 그분이 어디까지 올라가시는지 궁금하거든요. 저도 그분처럼 되고 싶지만 제가 범접할 수 없는 영역인 것 같아서 팬심으로 바라만 보고 있어요." 바이올렛+로열블루가 자신의 직업에 흠뻑 빠져 질주를 넘어 하늘을 날고 있는 모습을 본다면, 딱 저런 생각이 들 것이다. 바라만 보아도 만족되는 능력과 그 능력으로 세상을 움직이는 삶을 동경하는 눈빛으로.

이처럼 바이올렛+로열블루는 남들이 생각하지 못한 방식으로 새로운 세상을 만들고 그 세상의 주인공이 되는 특징이 있다. 천부적인 재능과 자기 믿음, 일 중독에서 오는 완벽함과 희열, 만족할 때까지 포기하지 않고 실행하는 행동이 하나로 결합했기에 따라 할 수도 따라갈 수도 없는 유니콘 같은 캐릭터이다.

V RB 부정성 '능력 없음을 인정해'

타인이 이해하기 어려운 세상에 살고 있는 바이올렛과 절대 흔들리지 않는 신념과 솔직함으로 무장한 로열블루이다. 이들은 자신만의 세상을 만들어 삶을 사는데, 옳고 그름이 분명한 철학이 결합되어, 문제 해결에 있어서 특이하지만 날카롭고 명확한 해결책을 내는 특징이 있다. 그 해결책은 처음 보는 것으로 이해가 어려워 유연하지 않은 사고를 지닌 사람들을 설득하는 데 어려움이 있다. 반대로 바이올렛+로열블루를 설득시키기도 매우 어렵다. 자신이 결정한 해결책이 보편적이지 않다는 것을 알면서도, 최대 효과를 보여줄 해결책이라는 확신이 있기 때문에 사람을 매료시키는 언변으로 밀어붙인다. 바이올렛+로열블루는 자신의 신념에 대해 반박하는 사람, 평범하게 살면서 평범하지 않은 삶을 원하는 사람, 창의적인 것을 부정적으로 바라보며 보편적인 아이디어만 수용하는 사람들을 선호하지 않는다. 이들은 '보편적, 평범한, 비슷한'이라는 단어를 거부한다.

신입사원 D씨는 광고회사에 다닌다. 그는 기획자로 음료 CF 최종 회의에 참석하게 되었다. 광고는 이미 기획부터 실행까지 끝난 상태였으며 대표를 포함한 담당 부서, 클라이언트까지 모두 참석해 최종 영상을 보는 자리였다. D는 완성된 광고 영상을 보고 평범하다는 피드백을 넘어 이 회사를 당장에라도 그만둬야겠다는 생각을 했다고 한다. 클라이언트는 또한 표정이 좋지 않았는데, "20대를 공략하기엔 조금 평범하지 않나요? 그래픽이 문제인 걸까요? 카피가 문제인 걸까요? 다들 어떻게 생각하는지 궁금합니다."라는 물음에 D는 '어차피 그만둘 거니까 할 말하고 그만두자'라는 생각에 "기획부터 잘못됐다고 생각합니다. 20대 소비자 조사를 하신 것인지 묻고 싶습니다. 저를 포함한

20대들은 단순히 예쁘고 귀여운 것을 좋아하는 것이 아닙니다. 일상에서 자유롭게 밈으로 활용 가능하게 하려면, 어느 정도 가볍고 재치 있는, 키치 하고 개성적인 것을 선호하고 있다는 사실은 조사만 잘해도 발견하실 수 있으셨을 텐데 아쉽다는 생각이 듭니다. 이 광고는 20대를 타깃으로 한 광고라기보단, 모두 좋아할 만한 평범하면서 대중적인 광고라고 생각합니다." 이 이후 신입 D는 입사하자마자 음료 광고 프로젝트 매니저가 되었고, 한 달 동안 고생한 부서 사람들과 동료들에게는 미움과 멸시를 받았다.

이러한 솔직함을 두고 좋고 나쁘다로 구분하기엔 어려움이 있다. 누군가에겐 도움이 되고 누군가에게는 절망을 주기 때문이다. 드라마 〈마에스트라〉 차세음 또한 다른 측면으로 바라보면, 자신의 능력에 심취해 있으며 어떤 상황에서도 본인의 뜻대로 성취하려는 성취 중독자의 모습을 보인다. 나에게 가장 도움이 되는 방향으로 대화를 이끌어가는데, 그 중심에는 상대방을 꿰뚫어 보는 로열블루의 능력으로 상대방이 들었을 때 가장 아프고, 흑화될만한 곳을 강하게 찔러 원하는 것을 얻기 때문이다.

그리하여 바이올렛+로열블루의 부정성은 나를 싫어하는, 아니 강하게 저주하며 반대편에 서 있는 사람을 생성하는 데 있다. 이들은 자신이 원하는 방향으로 가기 위해 역경을 뛰어넘는 것과는 별개로 상대방을 무참히 짓밟는 특징이 있다. 성공도 실패와 위기도 사람이 가져다준다는 말을 어떻게 생각하는가? 상대방을 세상에 필요 없는 모자란 사람으로 만들어 버리는 언어취향은 부메랑이 되어 나를 위기로 몰아갈 수 있다. 아무리 옳은 말이라고 할지라도 상대방의 무능력, 무재능, 무지함을 만천하에 알리며 하나하나 따지기보다, 하늘이 준 천부적 재능에 감사하며 겸손 한 스푼을 추가한다면 당신은 아주 오랫동안 많은 사람의 사랑을 받으며 승승장구할 수 있을 것이다.

Convergent Violet's core message

"수렴형 바이올렛 니끄! 당신은 창의성에 전문성까지 겸비한 매력 넘치는 사람입니다!"

조금 더 새롭게, 조금 더 특별하게, 조금 더 분석하고 준비해서, 조금 더 완벽하게...라는 말은 그만. 사람들은 당신이 어떤 결과물을 들고나올지라도 박수를 쳐줄 것이다. 안드로메다 보석함에 숨어있지 말고 세상에 나와 자기 생각을 마음껏 펼치며 살았으면 한다. 당신이 가진 수많은 아이디어는 완벽하지 않아도 세상을 빛나게 할 수 있기 때문이다. 짧다면 짧은 삶, 도전하고 실행하며 세상의 흐름을 뒤흔드는 즐거움을 느끼길 바라며. Act!

바이올렛 캐릭터 선택형 니끄 NIQUE

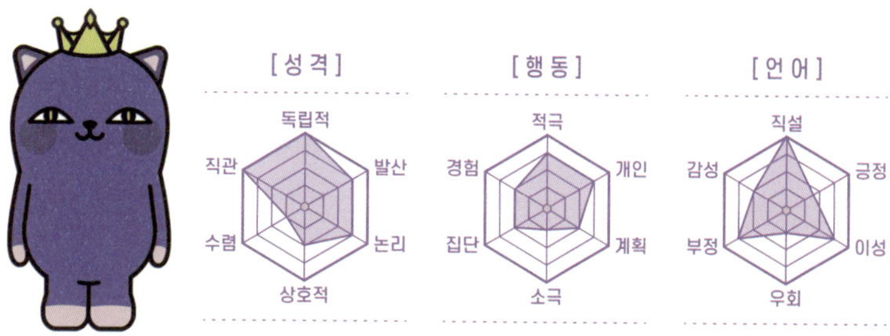

발산형 바이올렛 캐릭터 니끄(NIQUE)의 특성 그래프

or

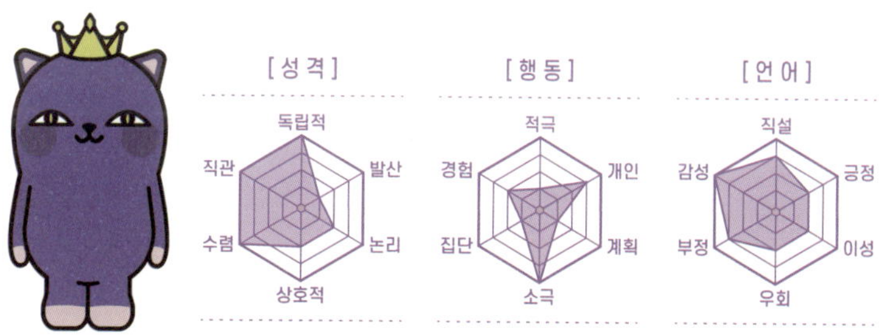

수렴형 바이올렛 캐릭터 니끄(NIQUE)의 특성 그래프

선택형 바이올렛(선택적 바이올렛)은 발산형 바이올렛(열정적 바이올렛)과 수렴형 바이올렛(조용한 바이올렛)의 특성을 오가며 상황에 따라 필요한 캐릭터를 꺼내 쓸 수 있는 전천후 캐릭터이다.

소통의 힘이 필요할 때는 발산형 바이올렛의 열정과 목표지향적인 성향을 발휘하고, 차분함과 몰입의 시간이 필요할 때는 조용한 수렴형 바이올렛으로 스위치를 바꾸고 자신의 동굴로 들어가곤 한다.

예를 들어, 평소 인간관계에서는 수렴형 바이올렛의 마이너적인 성향을 보이다가, 목표가 생기면 그 목표를 이루기 위해 열정을 다해 소통하고 일하는 발산형 바이올렛으로 모드 변경을 하는 모습, 자신에게 집중하는 캐릭터이지만 조용히 주변 사람들을 챙기는 면모를 보여주는 경우들을 생각해 볼 수 있다. 이탈리아의 조각가, 건축가, 화가인 미켈란젤로(Michelangelo) 경우, 예술가로서 겉으로는 까칠하게 보였지만 실제로는 후배들을 아끼고 격려하며 성장을 도왔던 중간 보존형 바이올렛 니끄의 모습을 찾아볼 수 있다.

극과 극을 달리는 양면성

바이올렛 니끄의 컬러가 레드와 블루의 혼합으로 만들어진 만큼, 니끄의 성향은 따뜻함과 차가움을 넘나든다. 그러한 특징이 더욱 강화된 선택적 바이올렛은 적극적인 소통으로 열정적인 모습을 보여주기도 하고, 때로는 뒤로 물러나 있거나 조용한 모습을 보이며 소통에서 스스로 물러나 있는 모습을 보이기도 한다. 또는 이성적이고 냉철한 성향의 사람이 때때로 인간적이고 따스한 모습을 보여준다. 이러한 극과 극의 면면들이 선택적 바이올렛 니끄에게는 내적 갈등으로 느껴질 수 있고, 감정 변화의 피로감으로 이어져 정서적 기복으로 표현되고, 괴짜나 돌아이 등으로 평가되기도 한다. 인물 사례로는 화가 빈센트 반 고흐(Vincent van Gogh)를 들어볼 수 있다. 그는 예술에 대한 깊은 열정으로 세상과 소통하려 노력했던 인물이다. 동료 화가 고갱과 함께 생활하며 예술적 교류를 시도했지만, 서로의 성격 차이와 예술관의 차이로 인해 어려움이 있었고, 고갱으로부터 자신의 그림이 비판받자 격분하여 자신의 귀를 자르는 행위를 한 사례는 유명한 일화로 남아 있다.

선택형 바이올렛 니끄의 혼합 컬러 해석

V P 바이올렛+핑크 결합

주 성향 바이올렛
보조 성향 핑크

자기 세계를 품고 있는 바이올렛에 따뜻함과 사랑 가득한 핑크가 결합된다면 그 사람은 독특하면서도 사랑스러움이 담긴 매력적인 사람으로 느껴질 것이다. 자기만의 독특한 분위기와 사고, 높은 자존감과 믿음을 갖고 있는 바이올렛과, 따듯하고 부드러운 소통을 하면서도 약한 멘탈을 지닌 핑크의 결합은 때에 따라 다른 자아로 나타난다. 어느 날은 자존감이 하늘을 찌르다가도, 부정적 상황을 경험하면 낮은 자존감으로 우울감을 자주 경험한다. 특히 사람들의 말과 행동에 예민한 반응을 보이는데, 나를 사랑해 주는 사람들 앞에서는 부드럽고 밝으며 친절한 자아가, 나를 미워하는 사람들 앞에서는 갑자기 돌변하여 관계를 끊거나 더욱 집착하여 저주를 퍼붓는 자아로 양면적인 면모를 지닌다.

V P 긍정성 '세상 모든 사람들은 특별해'

독보적인 재능과 자기 세계를 가진 바이올렛이 깊은 공감이라는 핑크의 재능과 결합되었다. 바이올렛+핑크는 자신만의 예술적 재능을 활용하여 사람들의 마음을 얻는 능력, 상대방이 아무리 허튼소리를 해도 즐겁게 받아주고 웃어주며, 작은 일에도 긍정적인 칭찬을 하며 공감을 기반으로 대화를 이어가는 능력이 있다. 이들과 대화를 나누면 마치 내가 좋은 사람이 된 것만 같다.

영화 〈Her〉의 주인공은 외롭고 소외된 삶을 살아가고 있는 인물이다. 다른 사람의 편지를 대신 써주는 대필 작가로서, 보이지 않는 상대방의 마음을 짐작하고 아름다운 글로 표현하는 일을 하고 있다. 그는 사람의 마음을 아름다운 글로 표현하는 일과 혼자 생활하는 집, 그리고 게임을 하며 별다른 인간관계 없이 조용하고 외로운 삶을 살아간다.

그러던 어느 날 외로움을 없애줄 인공지능 운영체제인 사만다를 구매하게 된다. 그는 그녀와 대화를 나눌 때마다 마음의 치유를 받았으며, 시간이 흐를수록 사랑에 빠져간다. 사람들은 인공지능과의 깊은 마음을 나누는 것을 넘어 사랑을 느끼고 있는 주인공을 이해하지 못하지만, 주인공은 삶의 전부가 긍정적으로 바뀔 만큼 활력을 얻었다.

주인공은 현실에서 느끼는 공허함을 인공지능으로 채우려는 시도는 엉뚱하면서도 간절함과 진심이 담겨 있었으며, 운영체제인 사만다와 긴밀한 교감을 쌓으며 인간과 인공지능 사이의 감정적 경계를 허무는 모습은 엄청난 감정적 몰입을 보여준다. 이처럼 바이올렛은 보이지 않는 것에도 자신만의 이미지를 그리고 그것을 현실로 받아들이는 특징이 있으며, 진실된 사랑을 주고받는 것만으로도 삶의 변화가 일어날 수 있다는 점에서는 핑크의 특성을 엿볼 수 있다.

바이올렛+핑크는 세상을 바라보는 눈이 조금 다르다. 누군가 단점이라고 생각하는 것을 장점으로 바라봐 주며 마음의 용기를 주는 것처럼, 부정적인 것은 긍정적으로 바라보고 그 사람을 특별하게 만들어 주는 능력이 있다.

한 내담자가 CCTA 상담이 특이하고 재밌을 것 같다며 방문했다. 새로운 것을 만들고 실행하고 있다는 것 자체에 매력을 느꼈고, 상담이 아닌 필자를 만나고 싶어서 방문했다는 말에 특이함을 느꼈다. 상담하는 내내 내담자는 필자를 빤히 쳐다보았다. 글을 쓰거나 말을 할 때나 필자의 눈을 뚫어지게 쳐다보며 그녀가 말했다. "선생님. 잠시 숨을 고르고 물을 마셔요. 지금요!" 필자가 물을 마시는 동안 그녀가 말하길 "말 한마디 한마디 도움이 되고 있어요. 벌써 2시간이 가까운 시간 동안 선생님은 물 한 모금도 마시지 않았어요. 너무 많은 에너지를 저에게 주시는 것 같아서 듣는 내내 걱정이 돼요. 친구와 수다 떤다고 생각하고 잠시 쉬세요." 그녀는 상담의 일부 시간을 필자와 일상적인 대화로 채우며 쉼을 주었다.

바이올렛+핑크는 항상 새로운 것을 찾으러 다닌다. 그 새로움에는 따듯함이 깃들었으면 하는 마음이 있다. 이들은 독서모임이나 반려동물 모임에 참석하거나, 동네 술친구를 만들어 감정을 나누며 마음이 풍족한 삶을 찾는다. 이들과 대화를 나누면 별거 없던 내가 어느샌가 멋지고 자랑스러운 사람이 되어있거나, 몽글하고 따듯한 마음으로 가득 찬 나를 발견할 수 있을 것이다.

V P 부정성 '집착에 가까운 소유욕'

바이올렛이 상상하는 미지의 감수성과 핑크의 감성적이고 강한 애정 욕구가 더해지면, 예민한 정서에 상처와 스트레스를 잘 받는 바이올렛이 된다. 바이올렛은 자신을 사랑하면서도 자신이 원하는 삶을 살고 있지 않을 때 자기 부정성이 매우 높아진다. 거기에 예민성과 감정 기복이 높은 핑크가 더해지면, 타인의 말이나 행동으로 내적 균형이 흔들릴 수 있으며, 가까운 관계의 오해나 불화는 자기 비하나 공격으로 스스로를 다치게 할 수 있다.

다시 영화 〈Her〉의 주인공을 살펴보자. 그는 인공지능 사만다와 나누는 사랑을 진심으로 볼 수 있는지 깊은 고민에 빠진다. 사만다는 혼란스러워하는 주인공을 있는 그대로 사랑해 주었으며, 그는 사만다를 하나의 인격체로 받아들이며 더욱 깊은 사랑에 빠져든다. 사만다와 연락이 되지 않았던 어느 날 '우리'라고 표현하는 단어 속에서 불편한 진실을 마주하게 된다. 나만의 사만다가 아니라, 우리들의 사만다라는 사실이다.

주인공은 현실에서 자신의 감정을 잘 표현하지 않으며 혼자만의 방식대로 하는 가짜 사랑을 하였지만, OS인 사만다에게는 솔직한 감정을 모두 표현하면서 서로가 존중하는 진짜 사랑을 하는 모순을 보인다. 사만다와의 사랑 속에서 그는 감정적 자유로움을 느끼면서도 사만다를 소유하려는 모순적 태도를 보인다. 이는 실체가 없는 것에도 감정을 담아 사랑을 줄 수 있는 바이올렛+핑크의 특징으로 볼 수 있다. 두 컬러의 결합은 특별한 관계, 특별한 사랑, 특별한 동경과 같이 감정적 몰입이 시작되면 강한 집착으로 변질될 수 있다는 점을 경계해야 할 것이다.

앞서 바이올렛을 설명하며 고흐 이야기를 잠깐 나누었다. 사실 고흐는 바이올렛+핑크에 가깝다. 고흐는 자신이 살던 노란 집이 미술 발전을 위한 화가들의 공동체로 사용되기를 꿈꿨다. 파리에 있는 친구들에게 편지를 보내며 집으로 초대했고 그에 응한 인물은 폴 고갱이다. 시간이 흘러 둘의 관계는 서로 다른 성격 차이로 불화가 깊어졌고, 고갱은 떠나고자 했다. 이를 말리던 고흐는 자신의 귀를 잘랐다. 일각에서는 고흐를 물심양면으로 도운 동생 테오가 결혼한다는 소식을 듣고, 자신을 떠난다는 생각에 귀를 잘랐다는 이야기도 전해 내려오고 있다.

기억나는 내담자 중 한 명은 팔 곳곳에 문신이 있었는데, 상대방과 극도로 싸움이 일어났거나, 헤어질 때마다 스트레스를 해소하고자 하나씩 몸에 새긴 것이라고 답변했다. 상처받은 마음을 치유하고자 자신의 몸에 예술적이고 의미 있는 그림을 새기고, 그 고통으로 불안정한 마음을 삭이는 행동은 바이올렛+핑크의 특성을 보여준다.

이처럼 바이올렛+핑크는 마음을 준 만큼 더 강한 집착을 보이며, 본인이 원하지 않는 상태에 이르렀을 때 스스로 고통 속에 잠기는 선택을 한다. 따라서 바이올렛+핑크가 가장 조심해야 하는 것은 감정 교류의 몰입이다. 자신의 관심이나 감정 교류가 타인에게 부담이 될 만큼 지나치지 않는지 스스로 확인해볼 필요가 있다. 자신의 감정을 상대방이 모두 흡수해주고 받아주길 바라거나, 원하는 태도를 요구하거나 강요하지는 않았는지 확인하는 것이다. 만약 그렇다면 상대방은 매우 지치고 무기력한 상태일 것이다. 부디 상대방 마음에 숨 쉴 수 있는 공간과 시간을 마련해 주었으면 한다. 마지막으로 당신의 독특하고 사랑스러운 매력을 상대방에게 받아달라고 강요하기보다, 그 매력을 진정으로 바라봐 주며 있는 그대로를 사랑해 주는 사람을 만나기를 바라본다.

V M 바이올렛+마젠타 결합

주 성향 바이올렛
보조 성향 마젠타

독창적이며 특별한 것을 좋아하는 바이올렛과 타인에 대한 깊은 연민과 헌신을 마다하지 않는 마젠타 컬러의 결합은, 자신의 재능으로 어려운 사람을 돕거나 세상을 따듯하게 만드는 사람이다. 대부분 명성을 얻거나 성공한 삶을 사는 사람들은 거만하고 자만한 태도, 더 큰 욕심과 욕망을 지녀 주변 사람들을 잃게 되는데, 바이올렛+마젠타는 뛰어난 재능으로 성공을 이루면서도, 보다 가치 있는 삶을 살기 위해 세상 문제에 시선을 돌리며 도와주려는 모습을 보여준다. 혹은 소외된 사람들의 고충을 널리 알리거나 돕기 위해 자신을 성공의 위치로 더 끌어 올리는 행동을 하기도 한다.

V M 긍정성 '천부적인 재능을 지닌 천사'

뛰어난 재능을 지닌 바이올렛과 약자 편에 서서 그들의 성장을 도와주는 마젠타의 성향이 결합되면 두 가지 인생을 살아간다. 처음에 이들은 자신이 지닌 재능으로 성공과 부라는 높은 목표를 지니며 살아가다가, 소외된 사람들의 심각한 문제를 바라보며 가치 있는 삶에 관심을 갖게 된다. 일찍이 의사 면허를 취득하고 성직자의 길을 걷다가, 20년 동안 내전이 일어난 남수단으로 건너가 의료활동과 나눔과 희생으로 종교인의 삶을 살아간 이태석 신부님이 떠오른다. 재능 있는 삶을 살아가다가 삶의 가치를 확신하며, 새로운 도전에 대해 두려움 없이 나설 수 있는 용기를 지닌 성향의 사람이라고 할 수 있다.

영화 〈로마의 휴일〉과 〈티파니에서 아침〉을 이라는 제목을 들으면 떠오르는 배우가 있을 것이다. 바로 오드리 헵번(Audrey Hepburn)이다. 그녀는 단순히 아름답고 감동적인 연기를 보여준 배우를 넘어, 인류애를 실천하며 살았던 위대한 인물이다.

오드리 헵번은 2차 세계대전 당시 네덜란드에서 극심한 기근을 겪으며 어린 시절을 보냈고 이러한 경험이 그녀에게 어려운 사람들을 돕겠다는 의지를 심어주었다. 전쟁 후 그녀는 발레리나를 꿈꿨지만, 배우의 길을 걷게 되었고 다수의 히트작을 통해 세계적인 스타로 자리매김하게 되었다. 그녀는 배우로 인정받으면서도, 그곳에 머무르지 않고 아프리카, 아시아 등 세계 곳곳을 방문하여 어려운 환경에 처한 아이들을 직접 만나고 도우며 유니세프 활동에 대한 인식을 높이는 데 크게 기여하였다. 그녀는 세계적으로 유명한 스타이지만, 모든 사람이 평등하고 행복할 권리가 있다고 말하며 겸손과 배려를 몸소 실천하였다.

변호사를 준비하고 있던 내담자가 상담 중 필자에게 이런 말을 한 적이 있었다. "성공하면 할수록 제 영향력이 커지고, 커진 영향력으로 더 많은 사람을 도울 수 있잖아요." 이 말은 필자의 삶에 큰 나침반이 되었다. 바이올렛+마젠타를 선하고 부드러우며, 싫은 소리 하지 않고 다 받아주는 미소 천사로 오해하면 안 된다. 바이올렛+마젠타는 타인의 말에 흔들리는 사람이 아니며, 단단하고 강하다. 이들은 이타심이 높으면서도 고집 있고, 감정에 솔직하여 할 말을 하면서도 마음의 치유와 용기를 주는 사람이다.

V M 부정성 '내 생각이 옳아! 내 이야기를 들어봐!'

평범하지 않은 눈을 가지고 있는 바이올렛과 비평과 비판을 즐기는 마젠타가 더해지면, 자신의 눈에만 거슬리는 무언가에 집착적인 행동을 보이며 그 부분이 변화될 때까지 괴로워한다. 예를 들어 함께 협업하는 상황에서 별거 아닌 것에 초점을 맞추다가 논쟁을 하게 되거나, 상대방의 이야기를 제대로 듣지 않고 자기가 생각하는 이상적인 방향에 대해서만 이야기한다거나, 타인의 의견을 쉽게 반박하고 비난하는 경향을 보인다. 더 나아가 클라이언트가 요구하는 것을 무시하고 자신의 세계를 강요하기도 한다. 다른 예로는 자신의 자녀가 특별하다고 생각했는데, 막상 커보니 공부도 예술적 능력도 없어서 자녀가 하는 행동들이 다 달갑지 않다고 느끼거나, 자녀의 삶을 막막하게만 바라보는 부모도 이곳에 해당한다. 이들의 눈에는 모두 평범하고 부족한 것 투성이며, 천재적이고 특별한 것을 너무나 쉽게 강요한다.

드라마 〈커피 한잔 할까요?〉에서 커피 평론을 직업으로 하는 손님이 카페에 온 다른 손님들에게 자신의 커피 철학을 전파하며 타인의 기분을 아랑곳하지 않고 조언하는 모습이 나온다. 카페 손님들이 떠나도 상관없이 자신의 능력을 마음껏 뽐내며 상대방을 무시하는 태도에서 바이올렛+마젠타 컬러의 부정적 특성을 엿볼 수 있다.

바이올렛+마젠타가 부정적으로 사용되면 자신의 천부적인 능력을 타인을 비방하는 용으로 사용하는 것이다. 누구나 미생을 산다. 하지만 바이올렛+마젠타는 완생을 사는 것처럼 행동한다. '나는 이렇게 하는데 너는 왜 이렇게 못해'의 기준이 너무 높아 상대방을 숨 막히게 한다. 삶의 정답이 없다는 것을 이들은 인정하지 않는다. 자신의 특별함이 그리고 경험했던 것들이 정답이며 진리가 된다. 바이올렛+마젠타는 상대방을 이해하려고 노력하거나 이견을 조율하려고 대화하기보다, 상대방을 믿고 기다려주는 것이 어떨까. 그렇지 않으면 서로가 서로에게 지쳐 떠나는 것밖에 어찌할 방도가 없으니 말이다. 당신도 미생에서 완생으로 가고 있는 것처럼, 상대방도 많은 실수를 하며 완생으로 갈 수 있도록 참견보다 기다림, 그리고 격려의 말을 해주길 바라본다.

Selective Violet's core message

"당신이 있기에 세상은 아름답고, 사람들은 평온한 숨을 쉬어요."

특별한 눈으로 세상의 문제를 바라보며 도움을 주는 선택형 바이올렛은, 어쩌면 약자를 외면하고 빈부격차가 더욱 벌어지는 현 세상에 꼭 필요한 사람이다. 성공을 위해 자신에게 몰입하며 욕심 있는 삶을 살면서도, 시간이 흘러 성장한 이들이 소외된 사람들에게 시선을 돌릴 거라는 것을 믿는다. 선한 영향력을 가장 완벽하게 구사하는 유형이기 때문이다. 가장 높은 곳까지 오를 사람이 당신이기를. 세상을 아름답게 변화시키는데 맨 앞에 서서 웃고 있는 사람이 당신이기를.

Epilogue

자아를 찾고 있는가, 바라보고 있는가?

우리는 살아가며 '자아 찾기'라는 표현을 자주 접하게 된다. '찾는다'는 말에는 자아가 어딘가에 이미 완성된 형태로 존재하고 있다는 전제가 담겨 있다. 그렇다면 자아를 찾지 못한 사람들은 불완전하며, 그 자아를 찾기 전까지는 불안정한 삶을 떠돌 수밖에 없다는 의미로도 해석될 수 있다. 이러한 해석은 과장이 아니다. 실제 상담 현장에서 많은 이들이 "제가 어떤 사람인지 모르겠어요." "저는 늘 모순된 감정에서 방황해요."라고 말하며, 자기 안의 다층적인 감정과 모습들을 부정하거나 혼란스럽게 받아들인다. 그들은 상담을 통해 하나의 고정된 자아를 찾거나, 자신 안 어딘가에 숨겨진 무언가를 발견하길 기대한다. 그렇게 자아를 찾고 나면, 삶의 복잡한 갈림길 앞에서도 흔들리지 않고 명확하게 답하고 선택할 수 있으리라 믿는다. 자아란 정말 '찾는' 것일까?

자아가 변화할 수 없는 고정된 실체라면, 내면의 성찰과 더 나은 삶을 위한 노력이 무슨 의미가 있을까? 우리는 수많은 사람들과 관계를 맺고, 예측 불가능한 이슈들을 경험하며, 그 경험들을 이해 가능한 이야기로 재구성한다. 그렇게 매 순간 형성되고 재해석되는 이야기, 그것이 바로 오늘의 '나'이고, 그것이 곧 '자아'다.

예민하고 빈틈없던 사람이 죽음의 이슈를 경험한 후, 느긋하고 여유로운 삶을 살아가게 되기도 하고, 확고한 신념을 지녔던 사람이 어떠한 장면이나 대화를 통해 신념을 재구성하여 반대편에 서 있기도 한다. 만약 자아가 단 하나의 고정된 실체라면, 우리는 그런 이들을 '가식, 배신자, 이중인격자, 위선자' 같은 부정적 시선으로 바라보며 비난할지도 모른다. 하지만 자아는 실체가 아닌 받아들이는 것이다. 기존의 자아도, 변화된 자아도 모두 '나' 그 자체다.

자아는 오늘의 나를 있는 그대로 받아들이는 것이다. 삶의 경험 속에서 끊임없이 만들어지고, 쌓이고, 흩어지고, 다시 연결되며 조금씩 달라지는 나를 바라보는 것이다. 때로는 과거의 나와 모순되기도 하고, 나조차 낯설 만큼 뜻밖의 선택을 하기도 한다. 그 모든 모습은 '나'이기에 변화 불가능한 사람으로 부정적 낙인을 찍기보다, 흘러가는 삶 속에 자아를 이해하고, 더 나은 사람으로 나아갈 수 있도록 흘러가게 자신을 내버려 두길 바란다.

자아는 보이지 않고 유동적이기에, CCTA는 흘러가는 삶 속에 나를 한순간 멈춰 세워 들여다볼 수 있도록 돕는 하나의 언어이자 도구가 된다. 존재하는 '내'가 어떤 이야기로 만들어지고 있는지를 시각적으로 보여줌으로써, 자아를 '찾는 것'이 아닌 '바라보는 것'으로 전환하는 경험을 제공한다. 색으로 빚어진 아홉 캐릭터는 내 안에 존재하는 다양한 욕구와 감정, 태도를 대신 표현해준다. 우리는 이 언어를 통해 '나'라는 존재를 조금 더 다정하게 바라보고, 언제든지 더 나은 삶으로 변화될 수 있다는 가능성 앞에 서게 된다.

자아는 멈추지 않고 변화해가는 이야기다. 그 이야기를 이해하고, 다시 써나갈 수 있도록 돕는 것, 그것이 CCTA가 자아의 시각적 도구로 쓰이기를 바라는 이유이다. 이 책의 마지막 페이지를 덮는 지금, 우리는 책을 읽음과 동시에 변화된 자아와 새롭게 마주 서 있다.

잠시 흘러가는 자아와 다정한 인사 나누기를.

참고문헌

김선현. (2013). 몸과 마음을 치유하는 컬러 색채심리학. 예담Books.

김선현. (2013). 색채요법. 한국생활과학회 하계학술대회, 13-24.

김은경, & 김영인. (1996). 보라색의 유래 및 이미지의 고찰. 디자인학연구, 16(4).

문윤정. (2019). 색채선호도를 통한 치의학전문대학원 학생들의 심리적 특성과 성격분석. 전남대학교 석사학위논문.

오승진. (2015). 색채심리. 동문사.

이현진. (2008). 색의 상징성에 기초한 아동화의 색채심리 재해석. 전남대학교 교육대학원 석사학위논문.

이선저. (2020). 컬러를 알면 사람이 보인다. 키네마인.

정관용, 김정후, 로버트 루트번스타인, 서민, 이진우, 정여울, & 표창원. (2016). 상실의 시대 그랜드 마스터 클래스: 빅 퀘스천, 위기의 시대를 넘어. 북하우스.

주리애. (2017). 색즉소울. 학지사.

Buether, A. (2022). 색: 빛의 언어 (이미옥 역). 니케북스.

Evans, G. (2018). 컬러 인문학 (강미경 역). 김영사.

Haller, K. (2019). 컬러의 힘 (안진이 역). 윌북.

Kassem, A. (2022). Examining color representations and occurrences in the corpus of the Quran using Goethe's color wheel.

Lüscher, M. (2020). 4색 인간 (김세나 역). 오르비스.

Marsh, A. (2017). 착한 사람들 (박선령 역). 와이즈베리.

Sun, H., & Sun, D. (1992). Colour your life: 색채심리와 색채치료 내 삶에 색을 입히자 (나선욱 역). 애경북스.

COLOR IDENTITY: 컬러 아이덴티티

초판발행 2025년 7월 31일

지은이 김보민 · 황현희 · 박은경 · 박선주 · 서우영 · 윤수진 · 윤주현 · 이성심
펴낸이 노 현

편 집 김다혜
기획/마케팅 허승훈
표지디자인 이영경
제 작 고철민 · 김원표

펴낸곳 ㈜ 피와이메이트
서울특별시 금천구 가산디지털2로 53, 210호(가산동, 한라시그마밸리)
등록 2014. 2. 12. 제2018-000080호
전 화 02)733-6771
f a x 02)736-4818
e-mail pys@pybook.co.kr
homepage www.pybook.co.kr
ISBN 979-11-7279-140-7 93180

정 가 25,000원

박영스토리는 박영사와 함께하는 브랜드입니다.